Totschl

Alice Duer Miller

Writat

Diese Ausgabe erschien im Jahr 2023

ISBN: 9789359253947

Herausgegeben von
Writat
E-Mail: info@writat.com

Inhalt

KAPITEL I

Wann immer sie und Lydia eine Szene hatten, dachte Miss Bennett an die erste Szene, die sie im Thorne-Haushalt gesehen hatte. Sie sah vor sich einen zinnoberroten Teppich auf einer gesprenkelten Marmortreppe zwischen hohen, polierten Marmorwänden. Das Geländer war vergoldet, und in Majolikatöpfen standen hohe, schlaksige Palmen. Diese Treppe hinauf trug ein wütender Mann ein noch wütenderes Kind. Miss Bennett konnte diesen breiten Rücken in seinem schweren blauen Mantel und seinen Hals sehen, über dem das Haar immer noch schwarz war und vor Wut und Anstrengung purpurrot war. Auf der einen Seite konnte sie die dünnen Arme und umklammernden Hände des kleinen Mädchens sehen, auf der anderen die schlanken, strampelnden Beine, die in jeder krampfhaften Bewegung leidenschaftliche Rebellion zum Ausdruck brachten. Die umklammerten Hände erwischten im Vorbeigehen die Spitze einer Handfläche, und der Porzellantopf rollte die Treppe hinunter und zerbrach, wodurch die beiden riesigen Deutschen Doggenwelpen erschreckt wurden, die den ganzen Ärger verursacht hatten.

Die beiden Gestalten stiegen schwankend und kämpfend weiter hinauf; Denn obwohl der Mann stark war, ist ein sich windendes zehnjähriges Kind keine leichte Last; und die Treppen waren trotz ihrer Erhabenheit steil und der Teppich so dick, dass der Fuß darin versank wie in Neuschnee. Gerade als sie außer Sichtweite waren, sah Miss Bennett, wie die Hände des Kindes, jetzt zu Fäusten geballt, begannen, auf die Arme des Mannes zu schlagen, und sie hörte die klare, trotzige junge Stimme wiederholen: „Ich werde sie behalten! Das werde ich!" Das „Das wirst du nicht" des Mannes wurde nicht ausgesprochen, aber dennoch verstanden. Miss Bennett wusste, dass die Schläge mit Interesse erwidert würden, wenn sie die Treppenstufen erreichten.

Normalerweise war Miss Bennett in dem langen Kampf zwischen diesen beiden unbeugsamen Willen auf der Seite von Joe Thorne gewesen, obwohl er ein grober und gewalttätiger Mann war, denn sie war altmodisch und glaubte, dass Kinder gehorchen sollten. Aber in dieser Nacht hatte er ihr Mitgefühl entfremdet, indem er ihr gegenüber unhöflich war – zum ersten und letzten Mal. Er war nach einer seiner langen Abwesenheiten in das schreckliche Haus in der Fifth Avenue zurückgekehrt, auf das er so stolz war, und hatte diese beiden neuen Haustiere von Lydia wie junge Kälber im Flur herumlaufen sehen. Er hatte sich gegen Miss Bennett gewandt.

„Warum zum Teufel lässt du sie solche Dinge tun?" er hatte gefragt, und Miss Bennett hatte mit ungewöhnlichem Elan geantwortet.

„Weil sie so schlecht erzogen ist, Mr. Thorne, dass niemand etwas mit ihr anfangen kann."

Lydia hatte trotzig daneben gestanden und von einem zum anderen geblickt, mit einer Hand im Halsband jedes ihrer Hunde, ihr Gesicht war blass, ihr Kiefer war angespannt, ihr Kopf war nicht viel über den glatten, schlachtschiffgrauen Köpfen der großen Dänen, ihr Der kleine Körper wurde von ihren Gambols erst in die eine und dann in die andere Richtung gezogen. Die ganze Zeit über sagte sie immer wieder: „Ich werde sie behalten! Das werde ich! Das werde ich!"

Sie hatte sie nicht behalten; Sie hatte dieses besondere Gefecht in dem langen Krieg verloren. Erst einige Jahre später begann sie zu gewinnen; Aber egal, ob sie verlor oder gewann, Miss Bennett verspürte stets ein Anflug von Mitleid mit dem schlanken, schwarzäugigen kleinen Mädchen, das ihren eisernen Willen so furchtlos dem des Mannes entgegensetzte, von dem sie ihn geerbt hatte.

Und für die Lydia von heute, die nun damit beschäftigt war, ihren Willen gegen den Willen der Welt durchzusetzen, empfand Miss Bennett dasselbe unvernünftige Mitleid – Mitleid, das sie in ihrer eigenen Verteidigung schwach machte, wenn es zu Streitigkeiten zwischen ihnen kam. Sie und Lydia hatten gerade eine Szene; nur eine kleine Szene – kaum mehr als eine Diskussion.

Morson sah es deutlich, als er nach dem Mittagessen hereinkam, um die Kaffeetassen zu holen, obwohl bei seinem Eintreten völlige und anständige Stille herrschte. Er sah es an der Art und Weise, wie seine junge Arbeitgeberin aufrecht wie eine Indianerin dastand und ihre Begleiterin schräg über die Wange blickte. Miss Bennett saß mit gekreuzten Füßen in hochhackigen Satinpantoffeln auf dem Sofa und ließ die Ringe nervös mit ihren feinen, dünnen Fingern auf und ab gleiten.

Sie war eine kleine, gut gebaute Frau, die mit ihren grauen Haaren hübsch wirkte. Die Perfektion all ihrer Termine, die einst als Eitelkeit der Jugend gedeutet werden konnte, entpuppte sich als feste Feinheit, die ihr im mittleren Alter zugute kam und sie mit fünfundfünfzig auszeichnete – eine gepflegte, elegante kleine Figur unter ihnen ihre Zeitgenossen.

Das Wissen, dass er eine Diskussion unterbrach, beeilte Morson ebenso wenig, wie ihn die leiseste Neugier aufhielt. Er wischte den Kamin sauber, drehte einen verschobenen Stuhl um, sammelte die Tassen auf seinem Tablett ein und verließ den Raum in genau demselben Tempo, in dem er ihn betreten hatte. Er hatte zu seiner Zeit viele Szenen erlebt.

Sobald sich die Tür hinter ihm schloss, sagte Miss Bennett: „Natürlich, wenn Sie meinten, Sie wollten nicht, dass ich meine Freunde zu Ihnen nach Hause einlade, haben Sie vollkommen Ihr Recht, aber ich konnte nicht bei Ihnen bleiben, Lydia."

„Du weißt, dass ich das nicht so meine, Benny", sagte das Mädchen ohne Wut oder Entschuldigung in der Stimme. „Ich freue mich, dass du überhaupt jemanden hast, wenn ich nicht hier bin, und jemanden, der Spaß macht, wenn ich da bin. Der Punkt ist, dass diese alten Frauen ermüdend waren. Sie haben dich gelangweilt, und du wusstest, dass sie mich langweilen würden. Dich opferte mich, um ihnen einen römischen Feiertag zu bereiten."

Miss Bennett konnte das nicht durchgehen lassen.

„Sie sollten es als Ehre empfinden – eine Frau wie Mrs. Galton, deren Arbeit unter den weiblichen Gefangenen dieses –"

„Edle Frauen, edle Frauen, daran habe ich keinen Zweifel, aber Langeweile, und es macht mich krank, im wahrsten Sinne des Wortes krank, gelangweilt zu sein."

„Sei nicht grob, Lydia."

„Krank – hier", sagte Lydia und drückte mit ihren langen Fingern scharf auf ihr Zwerchfell. „Lass uns das klarstellen, Benny. Ich kann es nicht ertragen, meine eigenen lästigen Freunde in der Nähe zu haben, und ich werde es nicht ertragen, deine zu haben."

Lydia war nach einem Einkaufsmorgen in der Stadt nach Hause gekommen. Unangenehme Dinge waren passiert, nur wusste Benny das nicht. Sie hatte einen Hut gekauft – einen tomatenfarbenen Hut –, hatte ihn einen Block getragen und entschieden, dass es ein Fehler war, und war zurückgegangen und wollte ihn wechseln, und die Frau hatte sich geweigert, ihn zurückzunehmen. Es war wenig tröstlich gewesen, ihren Hut für immer aus dem Geschäft zu entfernen – sie war gezwungen worden, den Hut zu behalten. Als sie dann mit dem Auto zurück nach Long Island fuhr, war ein Reifen kaputt, und als sie zu spät zum Mittagessen kam, stellte sie fest, dass Benny die beiden alten Damen freundlich bewirtete.

Allein die Tatsache, dass sie, wie sie sagte, edle Frauen waren und dass ihr Geist mit der schwerfälligen Genauigkeit bewegte, die für so viele gute Führungskräfte charakteristisch ist, machte ihre Gesellschaft für Lydia umso anstrengender. Sie wurde ihrer überdrüssig, müde, wie Mariana im Moated Grange. Sie hatte Benny so oft gebeten, ihr das nicht anzutun, und schließlich war es ihr Haus.

„Du bist sehr hart, meine Liebe", sagte ihre Begleiterin – „sehr hart und sehr unwissend und sehr jung. Wenn du nur Interesse an einer solchen Arbeit finden könntest, wie Mrs. Galton sie macht –"

„Mein Gott, war das eine wohlwollende Verschwörung Ihrerseits, um Interesse an mir zu wecken?"

Miss Bennett sah würdevoll und ein wenig stur aus, als sei sie es gewohnt, missverstanden zu werden, als hätte Lydia wissen müssen, dass sie einen Grund für das hatte, was sie tat. Tatsächlich hatte sie keinen Plan; Sie war keine Verschwörerin. Das war eine der Schwierigkeiten zwischen ihr und Lydia. Lydia ordnete ihr Leben, kontrollierte ihre Zeit und ihre Umgebung. Miss Bennett ließ sich freundlich treiben und überließ den Ereignissen und ihren Freunden die Kontrolle. Sie konnte nie verstehen, warum Lydia sie für Situationen verantwortlich machte, die ihrer Meinung nach einfach passierten, und dennoch konnte sie nicht widerstehen, so zu tun, als hätte sie sie absichtlich herbeigeführt. Sie begann zu glauben, dass es ihre Idee und nicht die von Mrs. Galton gewesen war, Lydia für eine Gefängnisreform zu interessieren.

„Niemand kann glücklich sein, Lydia, ohne ein selbstloses Interesse, etwas außerhalb seiner selbst."

Lydia lächelte. Es lag etwas Erbärmliches darin, dass die arme kleine, ineffiziente Benny versuchte, ihr Leben für sie zu regeln.

„Ich schaffe es, ziemlich glücklich zu sein, danke, Benny. Ich muss dich verlassen, weil ich um vier Uhr bei Eleanor verabredet bin, und es sind noch zehn Minuten."

„Lydia, es sind zehn Meilen!"

„Zehn Meilen – zehn Minuten."

„Du wirst getötet, wenn du so rücksichtslos fährst."

„Nein Benny, denn ich fahre sehr gut."

„Dann werden Sie verhaftet."

"Sogar weniger."

"Wie kannst du dir so sicher sein?"

Das sollte man besser nicht sagen, also ging Lydia lachend weg und Miss Bennett fragte sich, wie sie es immer nach einem dieser Interviews tat, wie es möglich war, sich Lydia so überlegen zu fühlen, wenn sie getrennt und so wirkungslos waren als sie zusammen waren. Sie kam immer zu dem gleichen Schluss – dass sie von ihrer eigenen Feinheit betrogen wurde; dass sie sich der Schattierungen und Traditionen bewusster war als diese kleine Arbeitertochter. Lydia war nicht klein. Sie war einen halben Fuß größer als Adeline Bennetts bescheidene 1,70 m, aber das Adjektiv drückte einen latenten Wunsch aus. Miss Bennett brachte es oft in ihre Beschreibungen ein.

Ein netter kleiner Mann, eine kluge kleine Frau, ein lieber kleiner Mensch waren einige ihrer Lieblingsbegriffe. Sie ließen ihre Masse in ihrer eigenen Vision größer erscheinen.

Die kleine Tochter des Arbeiters rannte nach oben, um ihren Hut zu holen. Sie fand ihre Dienerin Evans damit beschäftigt, ihren Schmuck zu polieren. Der Ritus, Miss Thornes Juwelen zu polieren, fand im Badezimmer statt, das auch als Ankleidezimmer diente und lange Spiegel, einen Schminktisch und Schränke mit Glastüren enthielt, durch die Miss Thornes helle Hüte und mit Bändern verzierte Unterwäsche schwach zu sehen waren. Es war mit Teppichboden und Vorhängen ausgelegt und größer als viele Schlafzimmer im Flur.

Hier breitete Evans, ein blasses, wehmütiges englisches Mädchen, den Schmuck aus, als sie jedes Stück fertiggestellt hatte, und legte ihn auf ein weißes Handtuch, wo die Strahlen der Nachmittagssonne auf ihn fielen – der Cabochon-Rubin wie eine Kuppel aus gefrorenem Blut, der flache , ein klarer Diamant, so blau wie Eis, und das Band aus Smaragden und Diamanten für ihr Haar, das grüne und orangefarbene Lichtstrahlen aufblitzen lässt. Lydia gefiel ihr Schmuck aus dem besten aller Gründe – sie hatte das meiste davon selbst gekauft. Besonders gut gefiel ihr das Smaragdband, das sie wie eine orientalische Prinzessin in einem russischen Ballett aussehen ließ und ihrer Meinung nach genau zu ihrem Typ passte. Aber ihre Schönheit ließ sich nicht so leicht einordnen, wie sie dachte. Sie mit Worten zu beschreiben hieße, ein Bild von Cabanel vom „Stern des Harems" zu beschreiben – ein Bild, wie es die Galerien der zweiten Hälfte des 19. Jahrhunderts mit Sicherheit enthielten – das ovale Gesicht, die prächtigen dunklen Augen, das feine Schwarz Augenbrauen, das Rabenhaar; Aber Lydias Haut war nicht durchsichtig weiß, und eine leichte Erhöhung ihrer Wangenknochen und eine Vorwärtsbewegung ihres Kiefers deuteten auf etwas hin, das eher indisch als östlich war, etwas, das sie auf einem Bergpfad eher zu Hause erscheinen ließ als am Rande eines Marmorbeckens .

Als sie eintrat, wischte Evans die letzten Puderspuren von einem kleinen Diamantarmband, das weniger modern war als die anderen Stücke. Lydia nahm es in die Hand.

„Ich hätte fast vergessen, dass ich das hatte", sagte sie.

Drei oder vier Jahre zuvor, als sie Bobby Dorset zum ersten Mal kennengelernt hatte, als sie noch sehr jung gewesen waren, hatte er es ihr geschenkt. Es gehörte seiner Mutter und sie hatte es etwa ein Jahr lang ständig getragen. Ein Anflug von Zärtlichkeit veranlasste sie, es jetzt auf ihren Arm zu legen, und als es dort wie ein lebendiger Druck haftete, ließ das schwere Gefühl einen ganzen Kreislauf alter Gefühle wieder aufleben. Sie dachte bei sich, dass sie doch einige menschliche Zuneigungen hatte.

„Es sollte zurückgesetzt werden, Miss", sagte Evans. „Das Gold verdirbt die Diamanten."

„Du verwahrst meine Sachen wirklich wunderbar, Evans."

Das Mädchen errötete bei dem Lob, das ihre sich schnell bewegende junge Herrin nicht oft schenkte, und die Muskeln in ihrer Kehle zuckten.

„Einen Hut – jeden Hut, Evans."

Sie zog es mit einem kurzen, ruhigen Blick ins Glas an und war mit dem halb vergessenen Armband am Arm verschwunden.

Während der wenigen Minuten, die Lydia oben gewesen war, war in Miss Bennett unten ein Konflikt im Kopf gewesen. Sollte sie beleidigt sein oder sollte sie überlegen sein? War es würdevoller, wütend zu sein, weil sie es wirklich nicht zulassen konnte, so behandelt zu werden? Oder sollte sie verzeihen, weil sie offensichtlich so viel älter und weiser war als Lydia?

Sie entschied sich – wie immer – für Vergebung, und als sie Lydias schnelle, leichte Schritte durch den Flur hörte, rief sie: „Fahr das kleine Auto nicht zu schnell!"

„Nicht über sechzig", antwortete Lydias Stimme.

Als sie in den grauen Flitzer sprang, der mit einladend nach außen gedrehten Vorderrädern vor der Tür wartete, mit dem Fuß auf den Selbststarter drückte und lautlos die Gänge einlegte, schien es, als wollte sie ihre Antwort wörtlich nehmen. Aber der Tacho zeigte bei ihrer eigenen Fahrt nur dreißig an – fünfunddreißig, als sie auf der Autobahn geradeaus fuhr. Wie sie sagte, sei sie nie ohne guten Grund schnell gefahren.

Wie die meisten Menschen ihres Typs und ihrer Situation kam Lydia gewöhnlich zu spät. Als Grund gab sie sich selbst an, dass sie in den 24 Stunden etwas mehr Aktivität hineindrängte als diejenigen, die es schafften, pünktlich zu sein. Aber der wahre Grund war, dass sie es vorzog, auf sich warten zu lassen, anstatt das Risiko einzugehen, selbst zu warten. Es schien ihr eine deutliche Demütigung zu sein, dass sie auf die Bequemlichkeit anderer warten musste. Heute jedoch hatte sie ein Motiv dafür, pünktlich zu sein – nämlich nicht mehr als zwanzig Minuten zu spät zu kommen. Sie wollten bei Eleanor Bridge spielen und Bobby würde da sein; und aus irgendeinem Grund verstand sie nie, dass es Bobby aufregte, wenn sie zu spät kam und alle anfingen, sie hinter ihrem Rücken zu beschimpfen; Und wenn Bobby sich aufregte , verlor er Geld, und er konnte es sich nicht leisten, es zu verlieren. Sie hasste es, dass Bobby Geld verlor – sie kümmerte sich mehr um ihn als um sich selbst.

Eine der Tatsachen, die sie in Bezug auf ihr eigenes Leben am deutlichsten erkannte, war, dass der Mann, den sie heiratete, ein Mann von Bedeutung sein musste, nicht nur, weil ihre Freunde das von ihr erwarteten, sondern weil sie ein Ziel brauchte, ein gesteigertes Interesse – ein großes Mann in ihrem Leben. Doch seltsamerweise waren die einzigen Männer, für die sich ihr Herz jemals erweicht hatte, müßige, wertlose Männer, von denen Bobby nur ein Beispiel war. Bei Frauen gefielen ihr die positiven Eigenschaften – Mut, Brillanz, Leistung; Aber unter den Männern schien sie diejenigen ausgewählt zu haben, die eine starke, kontrollierende Hand für ihr Schicksal brauchten. Benny sagte, es sei die Mütterlichkeit in ihr, aber weniger freundliche Kritiker sagten, es sei der Boss. Vielleicht sind die beiden nicht so dissoziiert, wie allgemein angenommen wird. Lydia lehnte die mütterliche Erklärung ab, ohne eine andere zu finden. Nur sie wusste, dass genau das, was sie an Männern wie Bobby interessierte, sie daran hinderte, sich in sie zu verlieben; wohingegen die Männer, in die man sich verlieben konnte, Männer waren, mit denen sie sich immer stritt, so dass es statt Liebe nicht einmal Freundschaft gab.

Ilseboro , verlobt – obwohl die Verlobung nie bekannt gegeben worden war . Sie war nicht in ihn verliebt, obwohl er ein Mann war, in den sich Frauen verliebten. Benny war verrückt nach ihm gewesen. Er war auf eine stille Art umgänglich, liebte sie mit äußerster Sicherheit und wusste viel über das Leben und Frauen.

Aber von Anfang an waren ihre beiden Willen in Kleinigkeiten aneinandergeraten – in Fragen der Einladungen, der Manieren, Lydias Kleidung. Wieder und wieder hatte Ilseboro nachgegeben, aber mit einer Entschlossenheit, die nicht auf eine Niederlage hindeutete. Diese Kämpfe, die in den meisten Beziehungen außer Sichtweite und unter Bewusstsein stattfinden, werden nie durch das tatsächliche Ereignis entschieden, sondern durch die Stärke der Position, in der die Kämpfer zurückgelassen werden. Benny zum Beispiel tat manchmal die widerspenstigsten Dinge, aber er tat sie in einer Art hektischer Panik, gefolgt von ungewollten Erklärungen. Ilseboro war genau das Gegenteil. Er gab nach, weil er den positiven Wunsch verspürte, sich ihren Wünschen so weit wie möglich anzupassen. Lydia begann, keine Angst mehr vor ihm zu haben, denn wie Cäsar hatte sie keine Angst vor ihm, war sich aber dunkel darüber im Klaren, dass er eine stärkere Natur hatte als ihre eigene. Das bedeutet entweder Liebe oder Hass. Eines Abends hatte es ein paar Stunden gegeben, in denen sie sich dankbar und bewundernd gefühlt hatte und bereit war, aufzugeben; Wenn sie ihn überhaupt geliebt hätte, hätte sie ihn anbeten können. Aber sie liebte ihn nicht, und als sie sah, dass er sich darauf freute, sie in eine Nische zu integrieren, die er seit Jahrhunderten für die Frauen der Ilseboros aufgebaut hatte , hasste sie ihn wirklich.

Seit ihrer Kindheit hatte die Aussicht, ihren eigenen Willen aufzugeben, sie zum Aufstand angeregt. Sie konnte sich noch daran erinnern, wie sie mit einem Schrecken aufwachte, als sie daran dachte, dass sie im Schlaf so viele Stunden lang ihren Willen aufgeben würde. Später hatte ihr Vater sie auf ein schickes Internat schicken wollen; aber sie hatte bei dem Gedanken, eingesperrt zu werden – einer Gemeinschaft anzugehören – so wilde Szenen gemacht, dass der Plan aufgegeben worden war. Sie hätte jeden geheiratet, um frei zu sein, aber da sie bereits ungewöhnlich frei war, lehnte sie sich gegen den Gedanken auf, ihre Individualität durch Heirat aufzugeben, insbesondere durch die Heirat mit Ilseboro . Sie löste ihre Verlobung. Ilseboro hatte sie geliebt und sich unangenehm gemacht. Sie vergaß nie den Abschiedsfluch, den er ihr auferlegte.

„Das Problem daran, so ein verdammter Tyrann zu sein wie du, meine liebe Lydia", sagte er, „ist, dass du immer so zweitklassige Spielkameraden bekommst."

Sie antwortete, dass niemand es besser wissen sollte als er. Sein Verhalten gegenüber ihren Dienern hatte sie schon lange insgeheim schockiert. Er sprach zu ihnen, ohne den geringsten Anflug von Menschlichkeit in seinem Tonfall, doch seltsamerweise mochten ihn alle, außer dem Chauffeur, der Amerikaner war und ihn nicht ertragen konnte, da er in diesem Tonfall den wahren Kern der Klassenüberlegenheit spürte.

Ein paar Monate später zeigte sie Miss Bennett eine englische Illustration.

„Ein Bild des Mädchens, das Ilseboro heiraten wird."

Es entstand eine Pause, während Miss Bennett diese romantischen Worte las: „Eine Hochzeit wurde arrangiert und wird in Kürze zwischen George Frederick Albert Reade, Marquis von Ilseboro , und –" stattfinden.

„Sie sieht aus wie eine Dame", sagte Miss Bennett.

„Sie sieht aus wie ein Kaninchen", sagte Lydia. „Denk nur daran, wie Freddy sie herumkommandieren wird!"

Es lag nicht in ihrer Natur, Reue für ihre wohlüberlegten Taten zu empfinden, und sie vergaß bald, dass Ilseboro jemals existiert hatte, abgesehen von bestimmten Dingen, die sie von ihm gelernt hatte – eine Art zu schweigen, während die Leute einem erklärten, dass man das nicht könne tun Sie etwas, was Sie vorhatten, und tun Sie es dann, anstatt darüber zu streiten, wie es ihre alte Gewohnheit gewesen war; und auch ein ausgezeichneter Umgang mit Butlern.

Als die Straße gerade wurde, drückte sie sanft aufs Gaspedal und hielt das Auto nun auf vierzig Meilen. Auf beiden Seiten der Straße wuchsen Purpurkohl wie ein büscheliger Teppich bis zum äußersten Rand des

Schotterwegs, ohne Zäune oder Hecken, die sie schützten. Es war genug Nebel in der Herbstluft, um die niedrigen Hügel entlang des Sunds zu einer imposanten, vagen Masse erscheinen zu lassen und den wolkenlosen Himmel in ein bedrohliches bläuliches Grau zu verwandeln. In alle anderen Richtungen erstreckten sich ununterbrochen die flachen, fruchtbaren Sandebenen von Long Island.

Es war wirklich ein wunderschöner Nachmittag – zu schön, um in einem stickigen Raum Bridge zu spielen. Es wäre vielleicht sinnvoller, dachte sie, die Party abzubrechen, Bobby zu entführen und ihn zu fahren, damit er sich an den Rand des Wassers setzt und den Mondaufgang beobachtet; nur fürchtete sie eher, dass der Mond vorbei sei. Natürlich speiste sie an diesem Abend im Restaurant Leonard Piers, aber es war eine Party, auf der man wirklich schmunzeln konnte – das heißt, sie wollte ihnen und nicht sich selbst eine Freude machen. Wie auch immer, sie würde Eleanor bitten, den Bridge-Tisch auf die Terrasse zu stellen. Eleanor war so dumm, lieber drinnen zu spielen.

Eine winzige Gestalt, kleiner als die Hand eines Mannes, blitzte in dem kleinen Spiegel zu ihrer Linken auf. War es – nein – ja? Ein Fahrradpolizist! Nun ja, sie würde ihm wegen seiner Dummheit, sie nicht erkannt zu haben, ein wenig Konkurrenz machen. Sie liebte Geschwindigkeit – es machte sie ein wenig betrunken. Die Nadel schwang auf fünfundvierzig – auf fünfzig, und blieb dort hängen. Sie kam an einem Gouvernantenwagen voller Kinder vorbei, der wie ein „Whist" klang, als der Wind vorbeizog. Jetzt war die Straße gerade und frei.

Die Miniaturfigur wuchs und wuchs, bis sie den ganzen Kreis des Spiegels auszufüllen schien. Das Geräusch des Motorrads übertönte das Geräusch ihres eigenen Autos. Eine Stimme rief „Stopp!" fast in ihrem Ohr. Sie drehte ihren Kopf leicht nach links und sah, dass eine khakifarbene Gestalt neben ihr stand. Sie bremste das Auto ab und stoppte es. Ein sonnenverbranntes junges Gesicht, gerötet vor Wut, starrte sie an.

„Hier, was denkst du ist das? Eine Rennstrecke ? "

Lydia antwortete nicht und starrte geradeaus. Sie hielt es für eine dumme Verschwendung von Steuergeldern, die Polizisten immer wieder auszuwechseln. Gerade als Sie mit einem von ihnen eine zufriedenstellende Vereinbarung getroffen hatten, sahen Sie sich mit einem anderen konfrontiert. Sie war nicht im Geringsten beunruhigt, obwohl er sie grob ausschaltete – um ehrlich zu sein, ganz ähnlich, wie es ihr eigener Vater getan hatte. Sie hatte keine Einwände gegen seine Worte, aber sie hasste die Macht des Gesetzes dahinter – hasste die Vorstellung, dass sie selbst nicht die letzte Entscheidung darüber war, wie schnell sie fahren sollte.

Jetzt bereitete er seine Vorladung vor. Als sie müßig in ihren Spiegel blickte, sah sie in weiter Ferne, wie auf einem kleinen bewegten Bild, den Wagen der Gouvernante in Sicht kommen. Sie hatte vor, die Angelegenheit zu klären, bevor diese kichernden, starrenden Kinder auf sie zukamen. Sie war eine Person, bei der aus der Entscheidung zum Handeln leicht und unmittelbar Taten folgten . Die meisten Menschen zögern nach einer Entscheidung wie ein Bach über einem Wasserfall und stürzen sich dann zu schnell in Schaum und Strudel. Aber Lydias Wille, ob gut oder böse, floss mit einem stetigen Strom.

Sie blickte auf den Sitz neben sich nach ihrer Netztasche, öffnete sie und stellte fest, dass Evans, der eine ziemliche Gans war, vergessen hatte, ihre Handtasche hineinzustecken, obwohl sie wusste, dass Bridge gespielt werden sollte. Lydia blickte auf und sah, dass der Gesetzeshüter ihrer Geste mit den Augen gefolgt war. Sie nahm Bobbys Armband vom Arm und ließ es auf die Straße fallen, während sie ihre Hand weit über die Kante des Autos hielt. Sie hörte es auf der harten Oberfläche klingeln.

„Du hast etwas fallen lassen", sagte er.

"NEIN."

Er schwang ein Gamaschenbein vom Motorrad und hob das Armband auf.

„Ist das nicht deins?"

Sie lächelte ganz leicht und schüttelte den Kopf, wieder einmal in völliger Beherrschung der Situation.

„Wem gehört es dann?"

„Ich glaube, es muss deins sein", antwortete sie mit einer Art süßer Verachtung, blickte ihm immer noch direkt in die Augen, beugte sich vor und legte zuerst ihre Ausrüstung hinein. Er sagte nichts und ihr Auto begann sich vorwärts zu bewegen. Plötzlich hörte sie das Geräusch eines Motorrads, das in die entgegengesetzte Richtung fuhr. Sie lächelte vor sich hin. Es gab immer einen Weg.

Sie fand sie bei Eleanor, die auf sie warteten, und spürte sofort, dass die Atmosphäre feindselig war; Aber wenn Lydia die Menschen wirklich mochte und alle drei, die warteten, wirklich mochte, beherrschte sie eine wunderbar freundliche, kooperative Art von Fröhlichkeit, der man nur schwer widerstehen konnte.

Sie mochte Eleanor Bellington mehr als jede andere Frau, die sie kannte. Sie waren seit ihrer Schulzeit befreundet. Eleanor hatte Verstand und eine trockene, bittere Zunge, die normalerweise schweigsam war, und sie hatte nicht die geringste Angst vor Lydia. Sie war blond, schlicht, aristokratisch, unabhängig und einige Jahre älter als Lydia. Sie war in ihren Gedanken furchtlos und in ihrem Verhalten konservativ. Alle ihre Aktivitäten fanden im intellektuellen Bereich oder auch stellvertretend durch die Aktivitäten anderer statt. Es gab immer zwei oder drei interessante Männer, kommende Männer, von denen einer sagte, als er über sie sprach: „Weißt du, er ist der Mann …", die eng mit Eleanors Alltagsleben verbunden zu sein schienen. Ein nie endendes Diskussionsthema unter Miss Bellingtons Freunden war der genaue emotionale Status dieser Intimitäten von Nellie.

Lydia mochte auch Tim Andrews – einen jungen Mann mit universellen Freundschaften und keinerlei Gefühlen; Am wichtigsten für ihr Vergnügen war jedoch Bobby Dorset, der ihr entgegenkam und mit den Händen in den Taschen die Stufen hinunterschlenderte. Er sah genau so aus, wie ein junger Mann aussehen sollte – körperlich fit, männlich. Er war jung – jünger als seine sechsundzwanzig Jahre. In seinem glattrasierten Gesicht war keinerlei Falte zu erkennen, und die Zeit war gekommen – war fast gekommen –, in der dort etwas hätte stehen sollen. Die Seite blieb zu lange leer. Das war die einzig mögliche Kritik an Bobbys Aussehen, und vielleicht wäre nur ein älterer Kritiker auf die Idee gekommen, sie zu äußern. Lydia tat es sicherlich nicht. Als er sie anlächelte und seine regelmäßigen, schönen Zähne zeigte, dachte sie, er sei der hübscheste Mensch, den sie kannte.

Wie sie erwartet hatte, wurde der Bridge-Tisch im Inneren des Hauses aufgestellt, und während sie protestierte und ihn auf die Terrasse stellen ließ , erwähnte sie, dass sie zu spät gekommen sei, weil sie einen Krach mit Miss Bennett gehabt habe.

„Lieber kleiner Benny", sagte Andrews. „Sie ist wie ein hübsches Tier mit braunen Augen und grauem Fell, nicht wahr?"

„Tim redet immer, als wäre er in Benny verliebt."

„Sie ist so sanft, Lydia, und du bist so rücksichtslos zu ihr", sagte Dorset.

„Das muss ich sein, Bobby", antwortete Lydia, und vielleicht hätte sie sich zu niemandem sonst herabgelassen, um eine Erklärung anzubieten. „Sie ist sanft, aber wunderbar hartnäckig. Sie setzt sich durch langsames Eindringen durch. Ich wünschte, ihr würdet mir alle sagen, was ich tun soll. Benny ist eine Person, bei der das, was man kritisch sagt, erst dann Eindruck macht, wenn man es sagt." als ihre Gefühle zu verletzen, und dann macht es keinen Eindruck, weil sie so sehr damit beschäftigt ist, dass ihre Gefühle verletzt werden. Das ist mein Problem mit ihr."

„Es ist jedermanns Problem mit jedem", antwortete Eleanor.

„Sie lädt ihre langweiligen Freunde gerne zu sich nach Hause ein, wenn ich da bin, um sie zu unterhalten."

„Unterhalten Sie sie mit einem Blackjack", sagte Bobby.

„Sie hatte heute zwei Gefängnisreformer da – alte Frauen mit birnenförmigen Gesichtern, und ich hatte einen völlig schrecklichen Morgen in der Stadt, als ich versuchte, ein paar Lumpen zu bekommen, die ich mir auf den Rücken legen konnte, und – Nell, kannst du mir sagen, warum du es empfohlen hast? Lurline für mich? Ich habe noch nie so schreckliche Klamotten gesehen.

„Ich habe sie nicht empfohlen", antwortete Nellie, unbeeindruckt von der Attacke. „Ich habe dir von der blassen, perlmuttartigen Chorsängerin erzählt, die dort gekleidet ist, und von deinem latenten Wunsch, dich wie eine Chorsängerin zu kleiden –"

„Oh, Lydia will sich nicht wie ein Chormädchen kleiden!"

„Danke, Bobby."

„Sie möchte sich wie die Wilden in Aïda kleiden."

„In lila *Trikots* und Ketten?"

„In Tigerfellen und Perlen und duck dich durch den Dschungel."

„Ich war so schmollend, dass ich keinen Cent für die Gefängnisreform gegeben habe. Glauben Sie, dass Gefängnisse zu komfortabel gestaltet werden sollten? Ich möchte nicht grausam sein, aber –"

„Nun, es ist etwas, meine Liebe, das du nicht sein willst."

„Du meinst, ich bin es? Das sagt Benny. Aber ich bin es nicht. Sind das zehn Cent ein Punkt?"

Eleanor, die wie viele Intellektuelle ihre Begeisterung in Bereichen fand, in denen der Zufall ausgeschlossen war, protestierte, dass zehn Cent pro Punkt zu hoch seien, aber ihre Einwände wurden von Lydia beiseite gewischt.

„Oh nein, Eleanor; spielen Sie um Bohnen, wenn Sie wollen; aber wenn Sie überhaupt spielen wollen –"

Tim Andrews unterbrach ihn.

„Meine liebe Lydia", sagte er, „ich finde es nur richtig, dir zu sagen, dass der Anti-Lydia-Club gerade gegründet wurde, als du ankamst. Zu seinen Mitgliedern zählen alle, die du gemobbt hast, und sein Ziel ist es, dich in allem zu bekämpfen." Kleinigkeiten."

„Ob ich Recht habe oder nicht, Tim?"

„Jeder ist am schlimmsten, wenn er Recht hat", murmelte Eleanor.

„Bevor Sie kamen, haben wir beschlossen, dass wir alle fünf Cent pro Punkt spielen wollen", fuhr Tim entschieden fort.

„In Ordnung", sagte Lydia energisch. „Nur du weißt, dass es mich langweilt, und es langweilt auch Bobby, nicht wahr, Bobby?"

„Nicht besonders", antwortete Dorset; „Aber ich weiß, wenn es dich langweilt, wird keiner von uns eine angenehme Zeit haben."

Lydia lächelte.

„Ist das eine Beleidigung oder eine Hommage?"

Bobby lächelte sie an.

„Ich denke, es ist eine Beleidigung, aber du magst es lieber."

Eine halbe Stunde später spielten sie um zehn Cent pro Punkt.

KAPITEL II

Lydia hatte angeboten, Bobby auf dem Heimweg am Bahnhof abzusetzen, obwohl sie dafür ein paar Meilen zurücklegen musste. Er wollte zurück in die Stadt. Es war dunkel, als sie begannen. Sie mochte das Gefühl, ihn an ihrer Seite zu haben, während sie für die nächste halbe Stunde absolut die Kontrolle über sein Schicksal hatte. Sie ging sogar gerne Risiken mit seinem Leben ein, das ihr zumindest vorübergehend wichtiger war als jedes andere, in der Hoffnung, dass er protestieren würde, aber er tat es nie. Er verstand seine Lydia.

Nach ein paar Minuten bemerkte sie: „Ich nehme an, Sie wissen, dass Eleanor einen neuen jungen Mann hat."

„Hochinteressant oder absolut lohnenswert ?" er hat gefragt.

„Beides, ihrer Meinung nach. Sie bringt ihn heute Abend zu den Piers. Sie wollte mich nur bitten, nett zu ihm zu sein."

„Als würde man die Boa constrictor bitten, nett zu einem neugeborenen Lamm zu sein, nicht wahr?"

„Wenn ich nett zu ihren Männern bin, gibt ihr das ein Gefühl des Vertrauens ihnen gegenüber."

„Wenn du nett zu ihnen bist, nimmst du sie ihr weg."

„Nein, Bobby. Es ist eine lustige Sache, aber es ist nicht so einfach, wie du denkst, Eleanors Männer von ihr wegzubekommen."

„Ah, du hast es versucht?"

„Sie hat einen seltsamen Einfluss auf sie. Es ist ihr Verstand. Sie hat Verstand, und sie schätzen ihn. Ich will nicht oft ihre Männer. Sie neigen dazu, so schrecklich zu sein. Erinnern Sie sich an den Biologen mit der Perle?" Knöpfe an seinen Stiefeln? Dieser hier ist in der Politik – oder so. Er hat einen komischen Namen – O'Bannon."

„Oh ja – Dan O'Bannon."

"Sie kennen ihn?"

„Ich kannte ihn im College. Herr, er war damals ein wilder Mann!" Bobby kicherte nachdenklich. „Und jetzt ist er der örtliche Bezirksstaatsanwalt."

„Was macht ein Bezirksstaatsanwalt, Bobby?"

„Na ja, er ist ein von der Grafschaft gewählter Bursche, der die Strafverfolgung übernimmt –"

„Schau mal, Bobby, wenn die Emmons dich bitten, den kommenden Sonntag mit ihnen zu verbringen, dann geh, denn ich gehe." Sie unterbrach ihn, weil es die Art von Erklärung war, auf die sie noch nie hätte hören können. Tatsächlich hatte sie so völlig aufgehört zuzuhören, dass sie nicht bemerkte, dass sie die Antwort auf ihre eigene Frage unterbrochen hatte, und Bobby hatte keine Lust, sie auf die Angelegenheit aufmerksam zu machen, aus Angst, ihre Einladung zu den Emmons könnte in der anschließenden Rauferei verloren gehen. Außerdem hielt er es für seine eigene Schuld. Die meisten Leute, die Ihnen eine solche Frage stellen, wollen eigentlich sagen: „Wäre an der Antwort auf diese Frage etwas Interessantes für mich? Wenn nicht, beantworten Sie sie um Himmels willen nicht." Deshalb verzichtete er gerne darauf, die Pflichten des Bezirksstaatsanwalts zu definieren und beantwortete ihre wichtigere Aussage.

„ Natürlich gehe ich hin, nur haben sie mich nicht gefragt."

„Das werden sie – sonst gehe ich nicht. Du kommst am Freitagnachmittag raus."

„Ich kann erst am Samstag, Lydia."

„Nun, Bobby, sei nicht albern. Lass dich nicht von diesem alten Mann wie einen Sklaven behandeln."

Lydias Einstellung zu Bobbys Arbeit war ein wenig verwirrend. Sie wünschte sich, dass er eine führende Position in der Finanzwelt erlangte, hatte aber keine Geduld mit seiner Branche, wenn diese ihre eigenen Pläne durchkreuzte. Das Erreichen irgendeiner Position schien in Bobbys Fall unwahrscheinlich. Er war Angestellter im großen Bankhaus Gordon & Co., einem Unternehmen, das sich im Laufe von einhundertfünfundzwanzig Jahren zu einem wichtigen Bestandteil der Finanzwelt des Landes entwickelt hatte. In fast jedem Teil der zivilisierten Welt war es eine stolze Prahlerei, zu sagen, dass man bei Gordon & Co. war. Aber Stolz war das Einzige, was ein Mann wie Bobby davon haben würde. Die Werbung verlief langsam. Lydia sprach eines Tages von einer Junior-Partnerschaft , aber Bobby wusste, dass Partnerschaften bei Gordon & Co. auf Qualitäten abzielten, die positiver waren als seine. Manchmal dachte er daran, sie zu verlassen, aber er konnte es nicht ertragen, die leichte Ehre der Verbindung aufzugeben.

Es war besser, Türhüter bei Gordon & Co. zu sein, als Teilhaber einer kurzlebigen Firma.

Es amüsierte ihn, sie darüber sprechen zu hören, wie Peter Gordon ihn wie einen Sklaven behandelte. Der würdevolle Firmenchef mittleren Alters, dessen Geschäft für ihn wie eine angestammte Religion war, kannte seine Angestellten kaum vom Sehen.

„Es ist nicht gerade unterwürfig, am Samstag einen halben Tag zu arbeiten", sagte er milde.

„Sie würden dich mehr respektieren, wenn du dich behaupten würdest. Komm am Freitag, Bobby. Mir wird so langweilig, wenn du nicht da bist."

Er überlegte, dass er doch lieber von Gordon & Co. entlassen werden würde als von der jungen Dame neben ihm.

„Liebste Lydia, wie nett du sein kannst, wenn du willst – wie alle Tyrannen."

Sie hatten die kleine verlassene Holzhütte erreicht, die als Bahnhof diente, und Lydia hielt den Wagen an.

„Ich denke, es ist albern, aber ich wünschte, du würdest das nicht sagen – dass ich ein Tyrann bin", sagte sie appellierend. „Das möchte ich nicht sein, nur manchmal weiß ich besser, was zu tun ist. Heute Nachmittag zum Beispiel wäre es für uns alle nicht viel besser gewesen, draußen zu spielen, als in dem stickigen kleinen Zimmer von Eleanor „War das ein Tyrann?"

„Ja, Lydia, das war es; aber es gefällt mir. Alles, was ich verlange, ist ein kleiner Tyrann in meinem Zuhause."

Sie seufzte so tief, dass er sich vorbeugte und ihre kühle Wange küsste.

„Auf Wiedersehen, meine Liebe", sagte er.

Der Kuss verlief nicht schlecht. Er hatte es getan, als ob er, obwohl er sich des Erfolgs nicht sicher war, kein völlig unerprobtes Terrain betrat.

„Ich denke, das solltest du besser nicht tun, Bobby."

„Hasst du es?"

„Nicht besonders, ich möchte nur nicht, dass du davon abhängig wirst."

Er lachte, als er die Autotür schloss. Das Licht der Lokomotive war über dem niedrigen Wald zu ihrer Linken sichtbar.

„Ich werde mein Risiko eingehen", sagte er.

Als sie wegfuhr, spürte sie die Ungerechtigkeit der Welt. Jeder hat Sie um Rat gefragt; Sie wollten zwar, dass Sie Interesse zeigten, aber sie beschwerten sich, wenn dieses Interesse dazu führte, dass Sie auch nur den geringsten Druck auf sie ausübten, das zu tun, was Sie für das Beste hielten. Das war so unlogisch. Man konnte einer Person keinen guten Rat geben, wenn man sich nicht einmischte und ihr Problem zu dem eigenen machte, und natürlich, wenn man das tat – wie wenige Menschen außer ihr jemals für ihre Freunde taten –, dann war man besorgt, persönlich besorgt dass sie deinem Rat folgen sollten. Sie waren auch alle zufrieden, dachte sie, als sich ihre Tyrannei zu ihrem Besten auswirkte. Bobby zum Beispiel hatte sich nicht darüber beschwert, dass sie die Emmons gezwungen hatte, ihn um Sonntag zu bitten. Er fand das lobenswert. Vielleicht hatten die Emmons das nicht getan. Und doch wäre es viel besser, klar zu sein. Sie wollte den Sonntag mit niemandem verbringen, es sei denn, sie hatte jemanden, der sie unterhielt. Angenommen, sie wäre dorthin gegangen und hätte festgestellt, dass sie sie wie Benny benutzten, um einige ihrer langweiligen Freunde zu unterhalten. Das hätte sie wütend gemacht. Sie könnte unangenehm gewesen sein und eine Freundschaft zerstört haben. Auf diese Weise war es sicher.

Sie kam erst um halb sieben nach Hause und aß um acht, eine Viertelstunde Autofahrt entfernt.

Ein angenehmer Duft von Rosen und Holzrauch begrüßte sie, als sie das Haus betrat. Sie liebte ihr Haus, dessen breite Schindeln und klassische Pilaster an der Vorderseite noch unberührt waren. Vor zehn Jahren hatte ihr Vater es gekauft – ein schönes altes Bauernhaus mit einem Zierband unterhalb der Dachtraufe und einer perfekten kleinen Veranda vor der Tür. Seitdem fühlte sie sich immer mehr damit verbunden, da es mehr und mehr zu einem Werk ihrer eigenen Schöpfung wurde . Sie hatte alles hinzugefügt, was sie brauchte, ohne viel Rücksicht auf die Wirkung des Ganzen zu nehmen – einen großen getäfelten Raum, der vor allem englisch war, einen Innengarten, der an einen spanischen Patio erinnerte, einen gefliesten italienischen Saal und einen langen Dienerflügel, der überhaupt nichts war .

Sie steckte ihren Kopf ins Esszimmer, wo Miss Bennett in einem stattlichen Teekleid gerade mit einem einsamen Abendessen begann.

„Hallo, Benny! Gutes Abendessen. Ich habe vergessen, dir zu sagen, dass ich am Sonntag ins Emmonses gehe . Wenn du also jemanden einladen möchtest, der dir Gesellschaft leistet, dann tu das. Ich werde zu spät zum Abendessen kommen." "

Miss Bennett lächelte und nickte, da sie erkannte, dass es sich um eine Friedensdemonstration handelte. Vierzehn Jahre hatten sie gelehrt, dass es Lydia nicht an Großzügigkeit mangelte.

Vor vierzehn Jahren , im kommenden Winter, waren die Thornes in Miss Bennetts Leben getreten. Der alte Joe Thorne war nach Vereinbarung in ihre kleine New Yorker Wohnung gekommen. Der Termin war von einer Freundin von Miss Bennett vereinbart worden – Miss Bennetts Freunde waren damals immer auf der Suche nach etwas Begehrenswertem für sie. Das Vermögen ihrer Familie, die seit 150 Jahren mit New York verbunden war, hatte allmählich abgenommen, bis die Panik von 1893 das kleine Vermögen von Adeline und ihrer Mutter, der letzten der Familie, fast ausgelöscht hatte. Adeline war nicht im Luxus, sondern in einem bequemen, unveränderlichen weiblichen Müßiggang aufgewachsen. Sie hatte immer alle Kleidungsstücke gehabt, die sie brauchte, um unter den Menschen, die sie kannte, unterwegs zu sein, und sie waren die Menschen, die alles hatten. Die Bennetts hatten nie eine Kutsche besessen, aber sie hatten auch nie in Droschken gespart. Die Wahrheit war, dass sie sich bei nichts, was sie wirklich wollten, nie gespart hatten. Und als Adeline mit dreißig allein auf der Welt war und nur ein paar Tausend Dollar verdiente, setzte sie die Familientradition fort, das zu haben, was sie wollte. Sie bezog eine kleine Wohnung, die sie bezaubernd zu gestalten vermochte, und sie lebte gut mit der Hilfe ihrer alten französischen Kinderfrau, die kam und für sie kochte, sie anzog und sie so perfekt herstellte wie eh und je. Sie ging weiterhin jeden Abend auswärts essen, und obwohl sie ihre Sommer nominell in New York verbrachte, war sie immer auf einer Yacht oder in einem Landhaus. Sie stattete unzählige Besuche ab und genoss das Leben mehr als die meisten Menschen.

Ihre Freunde waren jedoch nicht so zufrieden, da sie die Fähigkeit hatte, echte Bindungen aufzubauen. Zuerst waren sie davon überzeugt, dass Adeline heiraten würde – das war so offensichtlich das Richtige für Adeline –, aber sie hatte weder Pläne noch war sie romantisch . Ihr fehlte sowohl die rücksichtslose Emotionalität, die dazu führen kann, dass man schlecht heiratet, als auch die kaltblütige Entschlossenheit, gut zu heiraten.

Sie war gerade über vierzig, als Joe Thorne kam. Sie konnte ihn noch sehen, als er in seinem blauen Mantel mit Samtkragen eintrat. Ein großer, kräftiger Mann mit hervorstehenden Augen wie Bismarcks und einem dicken dunkelbraunen Schnurrbart, der über seiner Oberlippe hervorsteht. Er rechnete nicht damit, dem Interview viel Zeit zu widmen. Er war gekommen, um zu sehen, ob Miss Bennett sich um die Erziehung seiner Tochter kümmern würde, die ihm mit zehn Jahren Schwierigkeiten bereitete. Er wollte, dass sie auf die sozialen Möglichkeiten vorbereitet war, die er für sie vorgesehen hatte. Es kam ihm seltsam vor, dass eine Person, die so einfach lebte wie Miss Bennett, tatsächlich über diese sozialen Möglichkeiten verfügen konnte, aber Menschen, denen er vertraute, hatten ihn darauf hingewiesen, dass dies eine Tatsache sei, und er akzeptierte es.

Er war der Sohn eines Bauern aus Kansas, hatte als Junge die Farm verlassen und sich in einer kleinen Stadt niedergelassen und das Maurerhandwerk erlernt. Durch harte Arbeit sammelte er nach und nach ein paar hundert Dollar, die er in eine Kiesbank etwas außerhalb der Stadt investierte. Es war die einzige Kiesbank in der Nachbarschaft und brachte ihm eine hohe Rendite. Dann, gerade als der Kies aufgebraucht war, begann sich die Stadt in diese Richtung auszudehnen, und Thorne bereitete gerade vor, sein Grundstück dem Erdboden gleichzumachen und es in Baugrundstücken zu verkaufen, als eine noch unerwartetere Entwicklung stattfand. In der Nachbarschaft wurde Öl gefunden, und unter Thornes Kies lag ein Brunnen.

Wenn das Schicksal gewollt hätte, dass er arm wäre , hätte sie ihm niemals erlauben dürfen, seine ersten tausend Dollar zu verdienen, denn von dem Moment an, als er einen Überschuss hatte, lief alles, was er anfasste, gut. Auf einer seiner Reisen in das Ölviertel von Louisiana lernte er eine einheimische Schönheit kennen und heiratete sie, ein schlankes, blasses Mädchen mit riesigen schwarzen Augen mit dunklen Ringen und einer Haut wie eine Gardenie. Sie folgte ihm demütig durch das Land, von Ölquellen bis zu Finanzzentren, bis nach der Geburt ihrer Tochter. Dann ließ sie sich in Kansas City nieder und wartete auf seine seltenen Besuche. Das einzig Rücksichtslose, was sie ihm jemals angetan hatte, war, zu sterben und ihn mit einer achtjährigen Tochter zurückzulassen.

Mehrere stürmische Jahre lang probierte er verschiedene Lösungen aus — ausländische Gouvernanten, die versuchten, ihn zu heiraten, amerikanische College-Mädchen, die versuchten, ihn dazu zu bringen, seinen gerechten Anteil an der elterlichen Verantwortung zu übernehmen, und eine alte Cousine, die Lehrerin gewesen war und es wagte, seine Lebensweise zu kritisieren . Schließlich führten ihn seine wachsenden Geschäfte nach New York und er hörte von Miss Bennett . Durch Wiley, seinen Anwalt, hörte er von ihr. Viele Menschen hielten Wiley, einen Mann in den Vierzigern, der damals als Bar in New York eine herausragende Stellung erlangte, für den idealen Ehemann für Adeline. Sie waren alte Freunde. Er bewunderte sie, wünschte ihr alles Gute und dachte sofort an sie, als sein neuer Kunde ihn um Hilfe bat.

Als Thorne Miss Bennett sah, wusste er, dass sie es perfekt machen würde. Er machte ihr ein gutes Gehaltsangebot. Er konnte nicht glauben, dass sie es ablehnen würde. Sie konnte es selbst kaum glauben, denn sie war es nicht gewohnt, ihren Willen gegen den geringsten Willen eines anderen einzusetzen, schon gar nicht gegen einen Mann wie Joe Thorne, der sich erfolgreich gegen den Willen der Welt durchgesetzt hatte. Der Wettbewerb dauerte Wochen und Wochen. Die arme Miss Bennett beriet sich ständig mit ihren Freunden, war fast bereit zu gehen, als sie Thorne sah, und rief ihn dann an, dass sie es sich anders überlegt hatte, und brachte ihn in ihre Wohnung – was genau das war, was sie nicht wollte –, um sie einzureden es wieder.

Einige ihrer Freunde lehnten es ab, zum Haus eines Witwers zu gehen, dessen Ruf in Bezug auf Frauen nicht makellos war. Andere dachten — obwohl sie es nicht sagten —, dass es ihr besser gehen würde, als sie erwarten durfte, wenn es ihr gelingen würde, ihn zu heiraten. Wenn Miss Bennett sich in Lydia hätte verlieben können, hätte sie vielleicht nachgegeben, aber selbst mit zehn löste Lydia, eine schwarzäugige, entschlossene kleine Person, mehr Angst als Liebe aus.

Die arme Adeline wurde durch den Kampf blass und dünn. Schließlich beschloss sie, nach gebührender Beratung mit Freunden, die Sache zu beenden, indem sie etwas unhöflich wurde und Thorne sagte, dass ihr die ganze Aussicht einfach nicht gefiel ; dass sie ihren eigenen kleinen Ort und ihr eigenes kleines Leben vorzog.

„Gefällt es Ihnen – wie diesem engen kleinen Ort?" sagte er und blickte sich im Sonnenschein, im Chintz und in den Topfgänseblümchen ihres geliebten Zuhauses um. „Aber ich würde es dir bequem machen und dir geben, was du haben solltest – Europa, deine Freunde, deine Kutsche, alles."

Er argumentierte weiter mit ihr, dass es völlig falsch liege, ihr eigenes Leben zu mögen. Ihre letzte Karte hat nicht gewonnen. Sie gab schließlich aus keinem besseren Grund nach, als dass ihre Widerstandskraft erschöpft war.

Thorne lebte damals in einem Haus an einer Ecke der oberen Fifth Avenue, mit einem blassrosa Brokat-Ballsaal an der Vorderseite, der die ganze Morgensonne einnahm, und einem Wohnzimmer und einer Bibliothek an der Rückseite, so dunkel, dass man nicht lesen konnte mittags darin, mit Marmortreppen und riesigen Kaminen, die nicht zogen – ein schreckliches Haus. Einige Jahre später hatte er unter dem Einfluss von Miss Bennett in den Siebzigern das bescheidenere Haus gekauft, in dem Lydia nun ihre Winter verbrachte. Aber es war das Haus an der Fifth Avenue, zu dem Miss Bennett kam, und fand sich in einem der verzweifeltsten Probleme der Welt wieder. Thorne, der sich ständig für das Geschäft interessierte, versuchte, Lydia in Krisensituationen zu beherrschen – durch Szenen, Szenen einer Gewalt, die Miss Bennett noch nie zuvor erlebt hatte. Wie sich herausstellte, schwächte ihr Kommen Thornes Macht; Nicht, dass sie normalerweise nicht auf seiner Seite war – das war sie –, aber sie war ein Publikum, und Thorne empfand ein gewisses Schamgefühl vor einem Publikum, während Lydia überhaupt keines davon hatte.

Sie hatte oft gesehen, wie er Lydia eine Ohrfeige verpasste, und obwohl sie milde war, war sie froh gewesen, ihn das tun zu sehen. Aber es war seine Gewalt, die ihn zerstörte. In diesem Moment wurde Lydia plötzlich würdevoller und schaffte es ungebrochen, ihn wie ein Ungeheuer erscheinen zu lassen.

Es gibt nichts Unzerbrechlicheres als ein Kind, das weder auf sein körperliches Wohlbefinden noch auf die öffentliche Meinung Rücksicht nimmt. Ein älterer Mensch, wie gewalttätig er auch sein mag, hat gelernt, dass er über solche Fragen nachdenken muss, und es ist eine Schwäche einer Gewaltkampagne, an alles andere als das gewünschte Ziel zu denken.

Und im Großen und Ganzen hat Thorne verloren. Er konnte Lydia dazu bringen, bestimmte Taten auszuführen oder zu unterlassen – zumindest konnte er das, wenn er zu Hause war. Er hatte ihr mit zehn Jahren nicht gestattet, ihre Doggen zu behalten, und mit dreizehn Jahren auch nicht erlaubt, in einem Karren mit roten Rädern, den sie sich bestellte, ohne Rücksprache mit irgendjemandem, eine hochsitzende Droschke zu fahren.

Am Abend nach dem Ende dieses Kampfes hatte er Miss Bennett gebeten, ihn zu heiraten. Sie wusste, warum er es tat. Lydia hatte sie im Laufe des Streits als bezahlte Begleiterin bezeichnet. Er hatte schon lange darüber nachgedacht, dass dies eine sinnvolle Regelung sei, insbesondere für den Fall seines Todes. Miss Bennett lehnte ihn ab. Sie versuchte zu glauben, dass sein Angebot sie in Versuchung geführt hatte, aber das war nicht der Fall. Für sie schien er ein gewalttätiger Mann zu sein, der früher Maurer gewesen war, und sie atmete immer erleichtert auf, wenn er außer Haus war. Sie war froh, dass er nicht darauf drängte, aber in späteren Jahren war es für sie ein großer Trost, sich daran zu erinnern, dass sie Lydias Stiefmutter hätte sein können, wenn sie es gewollt hätte.

Aber es war der langwierige Wettbewerb, in dem Thorne scheiterte. Er konnte Lydia nicht zwingen, Gouvernanten zu behalten, die ihr nicht gefielen. Ihre Methode war einfach: Sie machte ihnen das Leben so unangenehm, dass nichts sie zum Bleiben bewegen konnte. Es gelang ihm nie, sie ins Internat zu bringen, obwohl er und Miss Bennett nach einer langen Besprechung beschlossen, dass dies das Richtige sei. Aber dieser Misserfolg war zum Teil auf seinen schlechten Gesundheitszustand zurückzuführen.

Das war ihr letzter großer Kampf. Er starb 1912. In seinem Testament hinterließ er Miss Bennett zehntausend pro Jahr mit der Bitte, dass sie bis zu ihrer Heirat bei seiner Tochter bleiben sollte. Es rührte Miss Bennett, dass er hätte erkennen müssen, dass sie nicht hätte bleiben können, wenn sie von Lydias launischem Willen abhängig gewesen wäre. Das war es, was ihre Position möglich machte – die Tatsache, dass sie beide wussten, dass sie sofort gehen konnte, wenn sie wollte; nicht, dass sie jemals daran gezweifelt hätte, dass Lydia ihr aufrichtig verbunden war.

KAPITEL III

Als Lydia nach oben rannte, um sich anzuziehen, wartete alles auf sie: die Lichter brannten, die Feuer knisterten, ihr Bad war leer, ihre Unterwäsche und Strümpfe waren auf einem Stuhl gefaltet, ihr grün-goldenes Kleid lag auf dem Bett ausgebreitet, ihre schmalen goldenen Hausschuhe Sie stand genau parallel auf dem Boden daneben, und in ihrer Mitte stand Evans, wie eine Priesterin, die darauf wartete, den Altar einer Göttin zu bedienen, und den Blick auf die Uhr gerichtet.

LYDIA LITTLE erkennt, was für eine Versuchung sie EVANS vorgibt.

Lydia nahm ihren Hut ab und zerzauste ihr Haar mit beiden Händen, während Evans begann, ihre Bluse zu öffnen. Sie öffnete die Manschette und sah dann mit blassen, erschrockenen Augen auf.

„Ihr Armband, Fräulein?"

"Armband?" Für eine Sekunde hatte Lydia es wirklich vergessen.

„Das kleine Diamantarmband. Du hast es heute Nachmittag getragen."

Etwas Panisches und Erregtes im Tonfall des Mädchens ärgerte Lydia.

„Ich muss es fallen lassen", sagte sie.

Das Dienstmädchen stieß einen leisen Schrei aus, als hätte sie selbst einen Verlust erlitten.

„Oh, so ein wertvolles Armband zu verlieren!"

„Wenn es mir nichts ausmacht, verstehe ich nicht, warum du das tun solltest, Evans."

Evans begann schweigend, ihren Rock auszuhängen.

Zwanzig Minuten später wurde sie schnell zu den Piers gefahren. Diese Minuten gehörten zu den kontemplativsten ihres Lebens, ein paar Sekunden allein, ohne Möglichkeit einer Unterbrechung. Als sie sich jetzt zurücklehnte, dachte sie darüber nach, wie einsam ihr Leben war – immer allein mit der Kritik konfrontiert zu sein. War sie eine Tyrannin, wie Ilseboro gesagt hatte? Vielleicht war sie hart. Aber wie könnte man dann Dinge erledigen, wenn man weich wäre? Da war Benny. Benny, mit vielen hervorragenden Fähigkeiten, war sanftmütig, und sehen Sie, wo sie war – eine bezahlte Gesellschafterin mit fünfundfünfzig. Lydia vermutete, dass ihr Vater zehn Jahre zuvor Benny heiraten wollte und Benny sich geweigert hatte. Lydia glaubte zu wissen, warum – denn Benny hielt den alten Joe Thorne für einen vulgären Mann, den sie nicht liebte. Natürlich sehr hochmütig, und doch war es nicht eine Art Schwäche, die Chance nicht zu nutzen und so etwas durchzuziehen? Wäre Benny nicht in jeder Hinsicht ein besserer Mensch, wenn sie beschlossen hätte, den alten Mann wegen seines Geldes zu heiraten? Hätte sie es getan, wäre sie jetzt seine Witwe und Lydia eine abhängige Stieftochter. Wie hätte sie das gehasst!

Die Piers hatten ein perfektes französisches Schloss gebaut und es war ihnen gelungen, die struppigen Wälder in Gärten, Terrassen und Haine zu verwandeln. Lydia stieg aus dem Auto, blieb auf den breiten Marmorstufen stehen und wickelte mit ausgestreckten Armen ihren Umhang um sich, wie ein Indianer seine Decke um sich wickelt. Auf die Frage ihres Chauffeurs nach der Uhrzeit ihrer Rückkehr drehte sie leicht den Kopf.

„Oh", sagte sie, „acht – zehn – Brücke. Komm um elf zurück."

Die Spiegel im Ankleidezimmer der Piers waren schmeichelhaft, als sie ihren Umhang mit einer schnellen Bewegung in die Hände des wartenden Dieners fallen ließ und ein Spiegelbild ihrer schlanken gold-grünen Figur mit dem smaragdgrünen Band auf ihrer Stirn sah.

Als sie den Salon betrat, erkannte sie auf den ersten Blick, dass es keine sehr gute Party war – nur acht Personen und nicht viel in der Reihe der Bridge-Spieler. Sie hörte gelassen der Erklärung von Fanny Piers zu, dass seit sechs Uhr vier Leute aufgegeben hätten. Sie nickte, gab die Ausrede zu, behielt sich jedoch die Meinung vor, dass die Leute sie nicht so oft schmeißen würden, wenn die Piers bessere Partys geben würden.

Sie sah sich um. Da war wieder Tim Andrews. Nun, mit Tim konnte sie sich immer gut unterhalten. May Swayne – ein sanftes blondes Wesen, das Lydia seit vielen Jahren kannte und ignorierte. Tatsächlich war May sich der Methoden Lydias ebenso wenig bewusst wie ein Maulwurf eines Gewitters. Dann war da noch Hamilton Gore, der schlanke Hausräuber einer früheren Generation, nicht schlecht – ein wenig betagt, ein wenig zu epigrammatisch für den heutigen Geschmack; Aber dennoch: Einmal ein Hauszerstörer, immer ein Hauszerstörer. Er war immer noch anregend. Als sie das letzte Mal mit ihm gesprochen hatte, hatte er sie einen schlanken schwarzen Panther genannt. Das freut natürlich immer. Seitdem hatte Fanny Piers, eine bemerkenswerte Unruhestifterin, noch etwas von ihm wiederholt . Er hatte sie eine sinnlose Barbarin genannt. Sie mochte das „Vergebliche" nicht. Sie würde es mit ihm besprechen; das würde sie amüsieren, wenn alles andere fehlschlagen würde. Sie würde sagen: „Hallo, Mr. Gore! Ich nehme an, Sie haben kaum damit gerechnet, beim Abendessen einen Barbaren zu treffen – schon gar nicht, wenn es vergeblich war." Es würde Fanny unglücklich machen, aber wenn Fanny Dinge wiederholen würde, müsste sie damit rechnen, in Schwierigkeiten zu geraten.

Und dann war da natürlich Eleanors neue beste Wahl – der äußerst interessante und absolut lohnenswerte junge Mann. Lydia sah sich um und da war er. Meine Güte, dachte sie, er war auf jeden Fall interessant und lohnenswert , aber nicht ganz aus der Sicht, die Eleanor vorgeschlagen hatte – öffentlicher Dienst und politische Macht. Er sah sehr gut aus, war groß und hatte schwere Schultern. Er war zu drei Vierteln von ihr abgewandt, als sie ihre Diagnose stellte. Sie konnte kaum mehr erkennen als seine bloße Größe, das dunkle, gesunde Braun einer sonnenverbrannten angelsächsischen Haut und die tiefe Spitze in seinem Nacken, wo kurzes, dichtes Haar in einer tiefen Spitze wuchs. Eleanor, die neben ihm klein aussah, starrte träge vor sich hin und versuchte nicht, ihn zur Schau zu stellen. An Eleanor war nichts Billiges. Sie sprach jetzt mit ihm und bereitete sich darauf vor, ihn ihrer Freundin vorzustellen. Lydia sah, wie er sich umdrehte, und ihre Blicke trafen sich – die seltsamsten Augen, die sie je gesehen hatte. Sie starrte sie länger an, als es gute Manieren erlaubten; Nicht, dass Lydia viel Wert auf gute Manieren gelegt hätte, aber sie wollte dem Mann nicht auf den ersten Blick den Eindruck vermitteln, sie hätte sich in ihn verliebt; Nur zufällig hatte sie noch nie zuvor Augen gesehen, die wie Fackeln aufleuchteten, dunkel und hell und klein und groß wurden wie die einer Katze, nur dass sie nicht die Farbe einer Katze hatten, sondern grau waren – ein reines Hellgrau im Gegensatz zu seinem dunkles Haar und Haut. Auch im Ausdruck gab es einen Kontrast. Sie waren ein wenig verrückt, zumindest fanatisch, während sein Mund kontrolliert, legal und humorvoll war . Was hatte Bobby im College über ihn gesagt – einen wilden Mann? Sie konnte es gut glauben. Während dieser wenigen Sekunden stellte Eleanor ihn vor und überlegte, was sie ihm sagen könnte. Das war das Problem beim Kennenlernen neuer Leute – es war so viel einfacher, mit alten Freunden zu plaudern. Benny sagte, das sei provinziell. Sie hat sich große Mühe gegeben.

„Wie geht es dir?" – das ganz in Ilseboro- Manier. „Wohnst du hier in der Nähe?"

Man hätte eins bis zwei zählen können, bevor er auch nur das geringste Anzeichen verriet, dass er sie gehört hatte. Dann sagte er: „Ja, ich wohne etwa zehn Meilen von hier entfernt."

„Oh, natürlich! Du bist Richter oder so etwas in der Art, nicht wahr?"

War der Mann etwas taub?

"So ähnlich."

Sie bemerkte den Trick, ein oder zwei Sekunden innezuhalten, bevor man antwortete. Ilseboro hatte es auch gehabt. In gewisser Weise war es ziemlich effektiv. Die andere Person fragte sich, ob das, was sie gesagt hatte, dumm war. Er war kein bisschen taub – ganz im Gegenteil.

„Wirst du mir nicht sagen, was du bist?" Sie sagte.

Er schüttelte ernst den Kopf. Dann fiel ihr Blick auf Gore, der neben ihr stand, und sie konnte der Versuchung nicht widerstehen. Sie kehrte Eleanors Entdeckung den Rücken.

„Hallo, Mr. Gore! Haben Sie erwartet, beim Abendessen einen Barbaren zu treffen – vor allem einen vergeblichen?"

Gore eroberte unverfroren den ganzen Raum.

„Nun", sagte er mit seiner hohen Stimme, „könnte etwas barbarischer sein als dieser Angriff? Oh ja, ich habe es gesagt; und was noch schlimmer ist, ich denke es, meine liebe junge Dame – ich denke es!"

Sie wandte sich wieder O'Bannon zu.

„Würden Sie denken, ich sei ein Barbar?"

„Sicherlich kein vergeblicher Versuch", antwortete er.

Sie gingen zum Abendessen hinein. Es war ein fester Grundsatz in Fanny Piers' Leben, ihre Freundinnen neben ihre eigenen jungen Männer zu stellen, sodass Eleanor sich beim Abendessen neben O'Bannon befand. Er war zur Rechten seiner Gastgeberin, Gore zu ihrer Linken, dann Lydia und Tim und May und Piers und wieder Eleanor. Das Arrangement gefiel Lydia sehr gut.

Sie provozierte weiterhin Gore. Es passte noch besser zu Eleanor. Sie kannte Noel Piers viel zu lange, um Zeit damit zu verschwenden, mit ihm zu reden, und da dies die Vereinbarung war, die er bevorzugte, waren sie fast Freunde. Dies ließ ihr die Freiheit, mit O'Bannon zu sprechen. Ihre angeborenen Fähigkeiten, gepaart mit ihrem persönlichen Interesse an ihm, machten sie mit jedem Aspekt seiner Arbeit vertraut. Er hat mit ihr gefachsimpelt und war begeistert. Er erzählte ihr von einem Fall, in dem Gewerkschaften, mit deren Zielen er selbst als Einzelner einverstanden war, sich dem Gesetz unterworfen hatten. Das war eine der Strafen einer Position wie seiner. Piers fing ein paar Worte auf und beugte sich vor.

„Nun, ich bin ziemlich liberal", sagte er – diese bekannte Öffnung des Reaktionärs – „aber ich bin nicht für die Arbeit."

„Nicht einmal für andere, Noel", sagte Eleanor, die nicht unterbrochen werden wollte.

„Ich meine die Gewerkschaften", antwortete Piers, der zwar nicht ohne Humor war, aber zu große Schwierigkeiten hatte, eine Idee auszudrücken, um darüber zu lachen. „Ich hoffe, dass Sie diesen Kerlen standhaft bleiben, O'Bannon. Ich hoffe, Sie sind keine Sozialistin wie Eleanor."

Piers hatte das Wort „sozialistisch" als Hasswort verwendet und erwartete, dass O'Bannon den Vorschlag als Beleidigung zurückweisen würde. Stattdessen bestritt er dies als Tatsache.

„Nein", sagte er, „ich bin kein Sozialist. Ich denke, man wird Anwälte im Allgemeinen als konservativ empfinden. Ich glaube an meine Plattform – die gleichberechtigte Verwaltung der gegenwärtigen Gesetze. Das ist radikal genug – für die Gegenwart." "

Piers schnaubte leicht. Daran glaubten alle, sagte er.

„Das finde ich nicht – das ist nicht meine Erfahrung", antwortete O'Bannon. „Einige Leute haben neulich Abend in New York ein sozialistisches Treffen aufgelöst, und niemand wurde bestraft, obwohl nicht nur Menschen verletzt wurden, sondern sogar Eigentum beschädigt wurde." Eleanor war die einzige Person, die das „Gerade" bemerkte. „Sie wissen sehr gut, dass die Sozialisten, wenn sie in ein Treffen wohlhabender Bürger einbrechen würden , den Bach runtergeschickt würden."

Piers starrte seinen Gast mit seinen runden, blutunterlaufenen Augen an. Er war ein aufrichtiger Mann und dumm. Er gelangte zu seinen Schlussfolgerungen durch Prozesse, die nichts mit Gedanken zu tun hatten, und wenn jemand so redete – indem er seinen Glauben angriff, es sei falsch, seine Treffen zu unterbrechen, und richtig, die des anderen Mannes aufzulösen –, kam er sich vor wie bei einem Zauberer Leistung: dass alles sehr clever war, aber ein vernünftiger Mensch wusste, dass es ein Trick war, auch wenn er nicht erklären konnte, wie es gemacht wurde.

„Ich bin nicht besonders gut im Streiten", sagte er, „aber ich weiß, was richtig ist. Ich weiß, was das Land braucht, und wenn Sie diese illoyalen Kerle bevorzugen, werde ich das nächste Mal gegen Sie stimmen, das sage ich Ihnen ganz offen." ."

Lydia, die am Tonfall hörte, dass das Gespräch am Tisch mehr Vitalität versprach als ihr nachlassendes Spiel mit Gore über den Beinamen „Barbar", ließ ihren eigenen Satz fallen und antwortete: „Niemand glaubt wirklich an Gleichheit, wer an der Spitze steht. Ich glaube an besondere Privilegien." "

O'Bannon, der sich verächtlich über Piers geärgert hatte, amüsierte sich über Lydias Offenheit, als sie ihren Kopf neigte, um ihn unter den Kerzenschirmen anzusehen, und das Licht in ihren Augen glänzte und auf den Smaragden auf ihrer Stirn blitzte. Schönheit ist schließlich das größte besondere Privileg überhaupt.

„Das habe ich gesagt", gab er zurück. „Niemand glaubt ernsthaft an meine Plattform – die gleichberechtigte Anwendung der gegenwärtigen Gesetze."

„Das tue ich", sagte Piers. „Das tue ich – das tut jeder."

O'Bannon warf ihm einen Blick zu und entschied, dass es sich nicht lohnte, ihn noch einmal durch den Kreis zu führen, und ließ den Satz fallen.

„Glauben Sie selbst daran, Mr. O'Bannon?" fragte Lydia, und sie streckte einen schlanken jungen Arm aus und bewegte die Kerze so, dass sie ihn oder er sie direkt ansehen konnte. „Ich meine, wenn Sie einen Freund beim Schmuggeln erwischen würden – mich zum Beispiel –, wären Sie dann genauso unerbittlich, wie wenn Sie meine Schneiderin erwischt hätten?"

„Mehr noch; du hättest weniger Ausreden."

Sie lachte und schüttelte den Kopf.

„Du weißt tief in deinem Herzen, dass es so nie funktioniert."

„Leider", antwortete er, „bringt mich mein Büro nicht zum Bundeszollamt, sonst könnten Sie feststellen, dass ich Recht hatte."

„Die Zollverwaltung der Vereinigten Staaten", begann Piers, aber seine Frau unterbrach ihn.

„Erklär es nicht, mein Lieber", sagte sie, und seltsamerweise tat er es nicht.

Lydia war von O'Bannons herausforderndem Ton begeistert.

„Ich wünschte, Sie wären es", sagte sie, „denn ich weiß, dass Sie genauso sein würden wie alle anderen. Und selbst wenn Sie ein Supermann wären, Mr.

O'Bannon, könnten Sie nicht sicher sein, dass alle Ihre Untergebenen gleich wären." edel."

„Was Sie meinen, ist, dass Sie aus Gewohnheit Zollinspektoren bestechen."

„Nein", sagte Lydia, als wäre sie über ihre eigene Mäßigung erstaunt, „nein, das tue ich nicht, denn es macht mir nichts aus, Pflicht zu zahlen; aber wenn es mir etwas ausmachte – nun, ich muss zugeben, dass ich andere Beamte des Gesetzes bestochen habe." mit sehr zufriedenstellenden Ergebnissen."

O'Bannon, der sie unter den Jalousien betrachtete, dachte – und übermittelte ihr vielleicht seinen Gedanken –, dass sie ihn sehr leicht mit etwas Begehrenswerterem als Gold bestechen könnte. Es war Gore, der sie vorsichtig auf das Risiko aufmerksam machte, das der Bestechungsgeldnehmer einging.

„Sie haben nicht an ihn gedacht, meine liebe junge Dame."

„Ja, das habe ich", antwortete Lydia. „Er wollte das Geld und ich wollte die Freiheit. Es war schön für uns beide." Sie warf einen Blick auf O'Bannon, der mit Mrs. Piers redete, als ob Lydia nicht existierte. Sie zögerte nicht, ihn zu unterbrechen.

„Dafür könnten Sie mich doch nicht ins Gefängnis stecken, oder, Mr. O'Bannon?"

„Nein, ich fürchte nicht", sagte O'Bannon und wandte sich wieder Fanny Piers zu.

Nach dem Abendessen erzählte sie Eleanor streng vertraulich die Geschichte des Fahrradpolizisten und nahm ihr das Versprechen ab, O'Bannon nichts davon zu erzählen.

„Ich sollte nicht im Traum daran denken, es irgendjemandem zu erzählen ", sagte Eleanor mit einem humorvollen Hochziehen der Augenbrauen. „Ich denke, es ist eine absolut ekelhafte Geschichte und zeigt Sie in Ihrer schlimmsten Form."

Als sie sich zur Überbrückung hinsetzten, zog Lydia O'Bannon, und die Feindseligkeit, die beim Abendessen zwischen ihnen aufgetaucht war, verschwand in einer perfekt abgestimmten Partnerschaft. Sie stellten fest, dass sie im Großen und Ganzen das gleiche Spiel spielten; Sie verstanden die Vorzüge und Absichten des anderen und wussten wie durch Zauberei, welche Karten der andere in der Hand hatte. Es schien, als könnten sie sich nicht verwechseln. Sie waren beide mutige Spieler, die bereit waren, ein Risiko einzugehen, ohne zu überbieten. Sie wussten, wann sie schweigen und, wenn ihre Hand hin und wieder schlecht war, warten mussten. Aber es gab nur wenige schlechte Hände. Sie hatten nicht nur das Glück, hohe Karten zu halten, sondern auch Karten zu halten, die sich ausnahmslos gegenseitig unterstützten. Ihre Blicke trafen sich, als sie die Gebote ihrer Gegner triumphierend verdoppelt hatten; Sie lächelten einander an, wenn sie einen Slam durch eine subtile Finesse oder durch geduldig erzwungene Abwürfe gewonnen hatten. Ihre Gewinne waren groß. Lydia wirkte steinhart – in ihrem Blick war keine Spur von Aufregung zu erkennen.

O'Bannon dachte nach Mitternacht, als er die Punktzahl zusammenzählte: „Ich könnte mich wegen dieses Mädchens furchtbar lächerlich machen."

Als sie gingen, stand er neben ihr auf der Treppe. Der Diener war die Einfahrt hinuntergerannt, um nachzusehen, warum ihr Chauffeur ihr Auto nach einer Wartezeit von über einer Stunde nicht vorbeibrachte. O'Bannon, der selbst in einem offenen Wagen fuhr, kam heraus, schlug den Kragen seines Mantels hoch und fand sich allein mit ihr im blassen Licht des abnehmenden Mondes wieder, der, wie der abnehmende Mond immer, die … Der Effekt, ein seltsamer, unbekannter Himmelsbesucher zu sein.

O'Bannon war, wie so viele strikte Befürworter des Rechts, Angriffen gesetzloser Impulse ausgesetzt. Er dachte jetzt darüber nach, wie einfach es wäre, mit einem Mädchen wie diesem durchzubrennen und ihr beizubringen, dass die Zivilisation keinen so umfassenden Schutz bot, wie sie dachte. Was für einen Aufschrei würde sie ausstoßen, und vielleicht hätte sie doch nicht wirklich etwas dagegen! Er vertrat die Theorie, dass Männer und Frauen in den ersten Minuten ihres Treffens anfälliger für Emotionen seien als zu jedem späteren Zeitpunkt – zumindest bei solchen ersten Treffen wie diesem.

Sie stand da und hüllte ihren schwarz-silbernen Umhang in der Haltung einer Indianerin mit geraden Armen um sich.

„Es ist ein seltsames Licht, nicht wahr?" Sie sagte.

Er hat zugestimmt. Irgendetwas war auf jeden Fall seltsam – das grünlich-silbrige Licht auf den verwelkten Blättern oder der Nebel, der wie eine schaumige Flut auf dem Rasen aussah. Gerade als sie sprach, leuchteten zwei hellere Lichter durch den Nebel – ihr Auto kam die Auffahrt herauf, und der Diener stand auf der Stufe.

"Ist das deins?" er hat gefragt.

Sie nickte, wohl wissend, dass er sie beobachtete.

„Warum schickst du es nicht weg", fuhr er ganz leise fort, „und ich fahre dich nach Hause? Das ist keine Nacht für ein geschlossenes Auto."

Er wusste kaum, ob er einen Plan hatte oder nicht, aber sein Puls schlug schneller, als sie die Stufen hinunterging, ohne ihm zu antworten. Er wusste nicht, ob sie in ihr Auto steigen und wegfahren oder dem Mann befehlen würde, ohne sie nach Hause zu gehen. Dann sah er, dass der Lakai die Tür eines leeren Wagens schloss und der Chauffeur die Bremse löste. Als sie die Stufen hinaufkam, blickte er auf den Mond.

„Ich gewöhne mich nie daran, dass es nachlässt", sagte er, als hätte er an nichts anderes gedacht.

Das gefiel ihr – dass er in keiner Weise kommentierte, dass sie eine nicht ganz konventionelle Einladung eines Fremden angenommen hatte. Vielleicht wusste er nicht, dass dem nicht so war. Oh, wenn er nur so weitermachen könnte – diese ferne Unpersönlichkeit bewahren, bis sie selbst wollte, dass er anders wäre! Aber wenn er das Schoßgewand mit allzu langem Arm um sie schlang oder ins andere Extrem verfiel, wurde er freundlich und gesprächig und tat so, als sei es nichts Außergewöhnliches, wenn zwei Fremde in einer schlafenden, mondbeschienenen Welt so allein wären ——

Er tat weder das eine noch das andere. Als er das Auto zur Treppe brachte, wurde der Schoßmantel auf den Sitz zurückgeklappt, sodass sie ihn um ihre Knie wickeln konnte. Sie tat es mit einem Ausruf. Der Nebel klebte in winzigen Tropfen an seiner rauen Oberfläche.

„Es ist nass", sagte sie.

Er antwortete nicht, sprach nicht einmal, als es beim Verlassen des Piers-Hauses notwendig wurde, ihren Weg zu wählen. Er entschied sich ohne Rücksprache.

„Aber wissen Sie, wo ich wohne?" Sie fragte.

„Geben Sie sich einmal damit zufrieden, Passagier zu sein", antwortete er.

Die Antwort hatte das Glück, zu gefallen. Sie lehnte sich zurück, verschränkte die Hände im Schoß und entspannte alle ihre Muskeln.

Auf der Landstraße bemerkte sie den Mond weniger, denn durch die Scheinwerfer war der Nebel wie eine Mauer um sie herum sichtbar. Sie hatte das Gefühl, als würde sie durch ein neues Element laufen und konnte außerhalb des Autos nichts entdecken. Sie war von allen bisherigen Erfahrungen losgelöst und zufrieden damit, wie er gesagt hatte, einmal Passagierin zu sein. Das war eine neue Sensation. Sie erinnerte sich daran, was Ilseboro über sie als Tyrannin gesagt hatte . Nun, sie würde heute Abend das andere versuchen. Sie hoffte nur, dass es nicht in irgendeiner Szene enden würde. Sie warf einen Blick auf das Profil ihrer Begleiterin. Es sah ziemlich ruhig aus , aber sie entschied, dass sie besser nicht mehr lange weitermachen sollte, ohne ihn zum Sprechen zu bringen. Ihr Ohr war gut auf menschliche Schwingungen eingestellt, und wenn in seiner Stimme ein gewisses leises Zittern zu hören war – nun, dann wäre es besser, direkt nach Hause zu gehen.

„Das ist ziemlich außergewöhnlich, nicht wahr?" Sie sagte. Dies kann auf verschiedene Arten interpretiert werden.

„Ja, das ist es", sagte er und passte genau zu ihrem Ton.

Sie versuchte es erneut.

„Hat dir der Abend gefallen?" Es schien fast sicher, dass er zärtlich antworten würde: „Ich genieße diesen Teil davon."

„Es war eine gute Brücke", sagte er.

Das hörte sich gut an, dachte sie. Seine Stimme war genauso cool wie ihre eigene. Sie konnte die Dinge loslassen und sich ganz darauf konzentrieren, die Nacht und den Mond und die Bewegung und die feuchte Luft auf ihrem Gesicht und ihren Armen zu genießen. Sie fühlte sich vollkommen in Frieden. Plötzlich bog er von der Landstraße in eine Gasse ein, die so unbefahren war, dass ihr die niedrigen Äste raschelnd in den Schoß fielen; Sie kamen auf einer Landzunge mit Blick auf den Sund heraus. Über dem Wasser war der Nebel nur eine Verdichtung der Atmosphäre, die die Lichter einer Stadt auf der anderen Seite des Wassers wie gelbe Lichtkugeln erscheinen ließ, im Gegensatz zum klaren Rot und Weiß eines Leuchtturms im Vordergrund. Er beugte sich vor und schaltete den Motor und das Licht aus.

Lydia bemerkte, dass sie ein wenig zitterte, was seltsam vorkam, denn sie fühlte sich emotionslos und still. Und dann erkannte sie plötzlich , dass sie wirklich wartete – darauf wartete, ihre Wange an seinem rauen Friesmantel und seine Lippen an ihren zu spüren. Es war nicht unbedingt so, dass sie es wollte, aber es war unvermeidlich – einfach – nicht ihre Entscheidung – etwas, das so sein musste. Dies war eine Erfahrung, die sie noch nie zuvor gemacht hatte. In der Stille spürte sie, wie ihr gegenseitiges Verständnis wie eine Flut anstieg. Noch nie hatte sie sich mit einem Menschen so verbunden gefühlt wie mit diesem Fremden.

Plötzlich bewegte er sich – aber nicht auf sie zu. Mit Erstaunen sah sie, dass er den Schalter umlegte, den Selbststarter betätigte und im nächsten Augenblick rückwärts ausfuhr. Der göttliche Moment war vorbei. Sie würde ihm nie verzeihen.

Sie fuhren schweigend zurück, bis auf ihre gelegentlichen Anweisungen zur Straße. Ihr Kiefer war wie ein kleiner Schraubstock angespannt. Nie wieder, sagte sie sich, würde sie sich erlauben, Passagierin zu sein. Von nun an würde sie die Kontrolle übernehmen. Es war egal, was mit dir passierte, wenn du Herr deiner eigenen Gefühle warst. Sie erinnerte sich einmal daran, dass der Ehemann einer Freundin sie während einer Wagner-Aufführung im Vorraum einer Loge der Oper in seinen Armen gefangen hatte. Sie hatte sich wie gefrorener Stahl gefühlt – so selbstsicher, dass sie den Mann kaum hasste –, dass sie eher geneigt war, über ihn zu lachen. Aber dieser Mann, der sie nicht berührt hatte, hinterließ bei ihr ein Gefühl der Empörung und Demütigung – weil sie gewollt hatte, dass er sie küsste, sie an sich drückte –

Sie standen vor ihrer Tür. Sie trat auf die breiten, flachen Steine hinaus, unter dem Spalier, auf dem die Weinreben so dicht wuchsen, dass nicht einmal die Flut des Mondlichts das dichte Grün durchdringen konnte. Die Luft war erfüllt vom Duft von Weintrauben. Sie wusste, dass er ihr folgte. Plötzlich spürte sie seine Hand, fest und selbstbewusst auf ihrer Schulter, die sie aufhielt und umdrehte. Sie wehrte sich nicht gegen ihn – sie empfand weder Widerstand noch Nachgiebigkeit – nur, dass alles unvermeidlich war. Er nahm ihren Kopf in seine beiden Hände, blickte in die Dunkelheit und zog sie halb an sich, halb beugte er sich nach unten und drückte seine Lippen fest auf ihre. Sie fühlte sich fest in seinen Armen gehalten; Ihr Wille löste sich auf, ihr Kopf senkte sich gegen ihn.

Dann waren im Haus die Schritte des treuen Morson zu hören. Er muss auf das Geräusch eines herannahenden Motors gewartet haben. Die Tür öffnete sich und ließ einen großen Fleck gelben Lampenlichts auf das neblige Mondlicht fallen. Morson spähte hinaus; einen Moment lang glaubte er, er hätte sich geirrt; Es schien niemand da zu sein. Dann trat seine junge Geliebte, sehr aufrecht, aus dem Schatten. Ein großer Herr, ein Fremder für Morson, sagte mit auffallend leiser und lebhafter Stimme:

„Morgen um vier.“

Es entstand eine Pause. Morson, der die Tür aufhielt, dachte zunächst, Miss Thorne hätte es nicht gehört, doch dann schockierte sie ihn mit ihrer Antwort.

„Nein, komm nicht“, sagte sie. „Ich möchte nicht, dass du kommst.“ Sie ging ins Haus und bedeutete ihm, die Tür zu schließen. Als er es verriegelte, konnte er hören, wie sich der Motor die Auffahrt hinunter bewegte. Als er sich von der Tür abwandte, sah er Miss Thorne mitten im Flur stehen, als würde auch sie dem leiser werdenden Trommeln der Lokomotive lauschen. Es entstand eine lange Pause, und dann sagte Morson:

„Soll ich das Licht ausmachen, Fräulein?“

Sie nickte und ging langsam die Treppe hinauf, wie jemand in Trance.

Sie schien kaum zu bemerken, dass Evans darauf wartete, sie auszuziehen, aber sie blieb in ihrem Schlafzimmer stehen, wie sie im Flur gestanden hatte, und starrte ausdruckslos vor sich hin. Evans nahm ihren Umhang von ihrer Schulter.

„Es ist ziemlich nass, Fräulein", sagte sie, „als ob es ins Meer getaucht worden wäre, und Ihre Haare auch."

Miss Thorne erwachte erst zum Leben, als Evans sie mit kalten Fingern berührte, als er ihr Kleid aushakte. Dann fing sie an und rief:

„Was ist los mit dir, Evans", rief sie. „Geh und tauch deine Hände in heißes Wasser, bevor du mich berührst. Deine Finger sind wie Eis."

Das Mädchen murmelte, dass sie seit dem Verlust des Armbands verärgert sei – sie fühle sich für Miss Thornes Juwelen verantwortlich.

Lydia warf die Rolle mit Geldscheinen und Schecks hin, die ihren Abendgewinn darstellten. „Mit dem, was ich heute Abend gewonnen habe, könnte ich mir noch eins kaufen. Machen Sie sich darüber keine Sorgen." Ihr kam die Idee, dass sie sich eine Art Memento Mori kaufen würde, etwas, das sie daran erinnern sollte, nicht wieder ein schwaches feiges weibliches Ding zu sein, das sich wie May Swayne an die Schultern der Männer schmiegt.

Evans antwortete nicht, sondern sammelte das Geld und die Juwelen ein und trug sie in die Umkleidekabine, um sie im Safe einzuschließen.

KAPITEL IV

Lydia wäre unzufrieden gewesen, wenn sie gewusst hätte, wie wenig sich ihre knappe Weigerung auf den emotionalen Zustand des Mannes auswirkte, der von ihrer Tür wegfuhr. Es war eher die Tat als das Wort, an das er sich erinnerte – die Tatsache, dass er eine schöne und schließlich widerstandslose Frau in seinen Armen gehalten hatte, die seine Aufmerksamkeit auf dem Heimweg beschäftigte.

Er fand seine Mutter im Sitzen vor – nicht für ihn. Es war viele Jahre her, seit Mrs. O'Bannon vor zwei Uhr zu Bett gegangen war. Sie war eine große Frau, eher massig als dick. Sie saß am Feuer in ihrem Schlafzimmer, eingehüllt in einen warmen, weiten weißen Morgenmantel, so weiß wie ihr Haar und ihre glatte, blasse Haut. Ihre Augen behielten ihre tiefe Dunkelheit. Offensichtlich stammten Dans graue Augen von der irischen Abstammung seines Vaters.

Erst neulich – nachdem er erwachsen war – hatte O'Bannon aufgehört, Angst vor seiner Mutter zu haben. Sie war eine leidenschaftlich religiöse, geistig starke und ausgesprochen ungerechte oder zumindest inkonsequente Frau. Es war diese Eigenschaft, die sie so verwirrend und für ihre Untergebenen beunruhigend machte. Sie wäre für ihren Glauben an das Rechte auf den Scheiterhaufen gegangen – mit einer gewissen bitteren Belustigung über die Torheit ihrer Zerstörer; Aber ihre Zuneigung konnte diese Überzeugungen völlig hinwegfegen und dazu führen, dass sie die Menschen, die sie liebte, entgegen allen moralischen Grundsätzen wütend unterstützte. Ihrem Sohn war diese Eigenschaft zum ersten Mal aufgefallen, als sie ihn ins Internat schickte. Seine Mutter – sein Vater war gestorben, als er sieben Jahre alt war – war eine äußerst unerbittliche Disziplinarin, solange zwischen ihm und ihr eine Pflichtfrage lag; Aber wenn sich ein Außenstehender einmischte, war sie immer auf seiner Seite. Sie verteidigte ihn häufig gegen die Schulbehörden und ermutigte ihn, wie es schien, sogar zur Rebellion. Im Alter waren die meisten ihrer starken Leidenschaften erloschen und es blieben nur ihr Gott und ihr Sohn übrig. Vielleicht war es eine Spur dieser verfolgenden Religion in ihr, die Dan dazu brachte, sein jetziges Amt anzunehmen.

Sie blickte wie eine Sibylle von dem großen Band auf, in dem sie las.

„Du bist zu spät, mein Sohn."

„Ich habe gespielt, Mutter."

Er sagte es sehr beiläufig, aber es war der letzte Rest seiner Angst, der ihn dazu brachte, insbesondere diejenigen seiner Handlungen zu erwähnen, von denen er wusste, dass sie sie missbilligen würde. In früheren Zeiten war er ein bemerkenswerter Pokerspieler gewesen, hatte dies jedoch bei seiner Wahl zum Bezirksstaatsanwalt aufgegeben. Ihre Stirn zog sich zusammen.

„Sie sollten so etwas nicht tun – in Ihrer Position."

„Meine liebe Mutter, hast du noch nicht begriffen, dass in allen Strafverfolgern etwas Kriminelles steckt? Das ist es, was uns an diesem Job reizt."

Auf eine solche Theorie würde sie nicht hören.

„Haben Sie viel Geld verloren?" fragte sie ernst.

„Nicht genug, um uns aus dem alten Zuhause zu vertreiben", lächelte er. „Ich habe etwas unter vierhundert Dollar gewonnen."

Ihre Stirn klärte sich. Sie wollte, dass ihr Sohn erfolgreich war und in allem, was er unternahm – ob richtig oder falsch – die Vorreiter war .

„Es war ein Fehler, sich mit solchen Leuten einzulassen", sagte sie. Sie wusste, wo er gegessen hatte.

„Man kann nicht sagen, dass ich mich mit ihnen eingelassen habe. Der Einzige, von dem ich den Wunsch äußerte, ihn wiederzusehen, schlug mir die Tür vor der Nase zu."

Im nächsten Moment wünschte er, er hätte nichts gesagt. Er hoffte, dass seine Mutter nicht bemerkt hatte, was er sagte. Sie schwieg, aber sie hatte vollkommen verstanden, und er hatte sich für Lydia zu einem unversöhnlichen Feind gemacht. Eine Frau, die Dan die Tür vor der Nase zuschlug, hatte nach Mrs. O'Bannons Meinung Höllenfeuer verdient. Sie fragte nicht, wer es sei, denn sie wusste, dass im alltäglichen gemeinsamen Leben Geheimnisse zwischen zwei Menschen unmöglich seien und der Name ans Licht kommen würde.

Nach einer fast schlaflosen Nacht erwachte er am Morgen mit einer außerordentlich erneuerten Lebensfreude. Jedes Detail im Ablauf des Lebens entzückte ihn, vom Kaffeeduft, der am noch kalten Novembermorgen aus der Küche aufstieg, bis zum Anblick der Dorfkinder in Strickmützen und Pullovern, die aus seinem Fenster zur Schule eilten – groß und schlaksig , kompetente Mädchen, die ihre kleinen Brüder geschäftig vorantreiben, und unaufmerksame Jungen, die ihre kleinen Schwestern an den Armen die Schulstufen hochziehen. Das Leben hat auf jeden Fall großen Spaß gemacht, nicht weil man schöne Frauen in den Armen halten konnte, sondern weil man, wenn man jung und kräftig ist, das Leben so gestalten kann, wie man es sich wünscht. Und doch, mein Gott, was für ein Mädchen! Noch am selben Nachmittag um vier würde er sie wiedersehen.

Er war den ganzen Vormittag im Gericht. Das Gerichtsgebäude, das, wenn es kleiner gewesen wäre, wie ein Mausoleum auf einem Friedhof ausgesehen hätte, und wenn es größer gewesen wäre, wie die Madeleine, lag abseits der Hauptstraße. Der Fall, den er strafrechtlich verfolgte – ein Fall krimineller Fahrlässigkeit gegen einen jungen Fahrer eines Lieferwagens, der einen prominenten Bürger überfahren und verletzt hatte – verlief gut; das heißt, O'Bannon wurde verurteilt. Es war einer dieser Fälle gewesen, die auch dem Laien klar waren, denn der junge Mann war notorisch nachlässig; Aber aus rechtlicher Sicht ist es schwierig, wie Anwälte Ihnen sagen, Fälle von krimineller Fahrlässigkeit.

O'Bannon verließ das Gericht sehr zufrieden mit sich selbst und den Geschworenen und fuhr direkt zum Thorne-Haus. Der Duft der Weintrauben ließ seinen Puls höher schlagen. Morson kam zur Tür. Nein, Miss Thorne war nicht zu Hause.

„Hat sie mir eine Nachricht hinterlassen?" sagte O'Bannon.

„Nichts, Sir, außer dass sie nicht zu Hause ist."

Er musterte Morson und hatte das Gefühl, dass er im Rahmen seiner männlichen Rechte wäre, wenn er ihn aus dem Weg fegte und weiter ins Haus ginge; aber ganz zahm drehte er sich um und fuhr davon. Seine Gefühle waren jedoch nicht zahm. Er war wütend auf sie. Wie konnte sie es wagen, sich so zu benehmen – um Mitternacht durch das Land zu fahren, zu spielen, sich von ihm küssen zu lassen und dann zu befehlen, dass ihm die Tür vor der Nase zugeschlagen wird, als wäre er ein Buchagent? Die Zivilisation gewährte solchen Frauen zu viel Schutz. Vielleicht ließen sich die Männer, mit denen sie zu tun hatte, eine solche Behandlung gefallen, aber nicht er. Er würde sie wiedersehen, wenn er wollte – ja, wenn er ihr Auto auf der Landstraße anhalten müsste.

Er dachte mit Zustimmung an Eleanor, eine Frau, die dir keine Streiche spielte, dich aber kühl und fit machte wie eine kalte Dusche an einem heißen Tag. Doch an diesem Nachmittag stellte er fest, dass er Eleanor nicht sehen wollte. Er fuhr weiter und weiter und vertiefte sich in die Bitterkeit seines Grolls.

Beim Abendessen bemerkte seine Mutter seine Geistesabwesenheit und befürchtete, dass ein wichtiger Fall schiefgehen würde. Danach ließ sie ihn in Ruhe, in der Annahme, er wolle sich etwas über das Gesetz ausdenken – nicht meditierend, sondern brodelnd.

Am nächsten Morgen um halb acht war er in seinem Büro. Die Staatsanwaltschaft befand sich in einem alten Backsteingebäude gegenüber dem Gerichtsgebäude. Es befand sich im zweiten Stock über Mr. Wooleys Eisenwarenladen. Als er eintrat, sah er Alma Wooley, die zerbrechliche blonde Tochter seines Vermieters, die etwas zu spät zu ihren Aufgaben als Assistentin im Laden hereinkam. Sie war in einen hellblauen Umhang gehüllt, der die Farbe ihrer durchsichtigen türkisblauen Augen hatte. Sie schenkte O'Bannon ein hübsches kleines Lächeln. Sie fand seine Position großartig und sein Alter extrem – jeder über dreißig war in ihren Augen uralt. Sie war ihm zutiefst dankbar, denn er hatte ihrem Verlobten eine Stelle bei der Polizei verschafft und ihre Heirat zumindest möglich gemacht.

„Wie geht es dir, Alma?" er sagte.

„Einfach wunderbar, dank Ihnen, Mr. O'Bannon", antwortete sie.

Er ging nach oben und dachte freundlich an alle sanften blonden Frauen. Im Büro traf er auf seinen Assistenten Foster, den Sohn des örtlichen Highschool-Lehrers, einen scharfsinnigen, ehrgeizigen Jungen von zweiundzwanzig Jahren.

„Oh", sagte Foster, „der Sheriff hat für Sie angerufen. Er ist bei den Thornes."

O'Bannon hatte das Gefühl, seine Ohren hätten ihn getäuscht.

"Wo?" fragte er streng.

„Im Haus der Thornes – wissen Sie, dort lebt eine Miss Thorne – die Tochter des alten Joe S. Thorne." Als Foster dann den leeren Gesichtsausdruck seines Chefs sah, erklärte er weiter. „Offenbar gab es dort letzte Nacht einen Juwelenraub im Wert von einer Million Dollar, sagt der Sheriff." Er lächelte, denn der Sheriff war bekanntermaßen ein Übertreiber, aber er erwiderte kein Lächeln. „Sie haben angerufen, dass du vorbeikommst."

"Wer hat?" sagte O'Bannon.

Foster hielt ihn heute Morgen für ungewöhnlich langsam im Verständnis und antwortete geduldig: „Miss Thorne hat es getan. Dort hat es einen Raubüberfall gegeben."

Der Bezirksstaatsanwalt ließ nicht lange auf sich warten.

„Ich gehe gleich rüber", sagte er und verließ das Büro.

Es gab einige Vorteile, ein öffentliches Amt zu bekleiden. Sie könnten in Ihrer offiziellen Eigenschaft nach Ihnen geschickt werden – und bleiben Sie dabei, mein Gott!

Diesmal stellte er an der Tür keine Fragen, sondern trat ein.

Morson sagte schüchtern: „Wen soll ich sagen, Sir?"

„Sagen Sie den Bezirksstaatsanwalt."

Morson ging voran ins Wohnzimmer und öffnete die Tür.

„Der Bezirksstaatsanwalt", verkündete er und ließ es wie einen Adelstitel klingen, und O'Bannon und Lydia standen sich wieder gegenüber – oder besser gesagt, er stand auf. Sie lehnte sich in ihrem Stuhl zurück und nickte einem Beamten bei der Erfüllung seiner Pflicht angemessen zur Begrüßung zu. Sie waren nicht allein – eine schlanke grauhaarige Dame, Miss Bennett, wurde benannt.

„Ich habe gehört, dass Sie in meinem Büro nach mir geschickt haben", sagte er.

"ICH?" In ihrem Ton lag etwas Verwundertes. „Oh ja, ich glaube, der Sheriff wollte, dass Sie kommen. Alle meine Juwelen wurden letzte Nacht gestohlen. Er schien zu glauben, dass Sie vielleicht etwas dagegen unternehmen könnten." Ihr Ton ließ erkennen, dass sie den Optimismus des Sheriffs nicht teilte. Miss Bennett, die seit langem die Angewohnheit hatte, Lydias Manieren entgegenzuwirken, mischte sich ein.

„ Wie nett von Ihnen, selbst zu kommen, Mr. O'Bannon."

„Es ist meine Aufgabe, zu kommen."

„Ja, natürlich. Ich glaube, ich kenne deine Mutter." Sie war sehr herzlich, teils weil sie etwas Feindseliges in der Luft spürte, teils weil sie ihn für einen attraktiv aussehenden jungen Mann hielt. „Sie ist so hilfreich bei der Verbesserung des Dorfes, aber wir haben alle ein bisschen Angst vor ihr. Hast du nicht auch ein bisschen Angst vor ihr?"

„Sehr", antwortete er ernst.

Miss Bennett wünschte, er würde sie nicht einfach mit seinen seltsamen Augen anstarren – ein bisschen verrückt, dachte sie. Sie mochte es, wenn die Leute sie anlächelten, wenn sie sprachen. Sie fuhr fort: „Nicht, aber was wir tun, ist für sie umso besser, weil wir ein wenig Angst haben –"

Lydia unterbrach ihn.

„Mr. O'Bannon ist nicht gekommen, um uns einen geselligen Besuch abzustatten, Benny", sagte sie, und dieses Mal lag etwas unverkennbar Unverschämtes in ihrem Ton.

O'Bannon beschloss, diese ganze Frage sofort zu klären. Er wandte sich an Miss Bennett und sagte bestimmt: „Ich würde gerne allein mit Miss Thorne sprechen."

„Natürlich", sagte Miss Bennett, bereits auf dem Weg zur Tür, die O'Bannon für sie öffnete.

„Nein, Benny, Benny!" rief Lydia, aber O'Bannon hatte die Tür geschlossen und lehnte seine Schultern dagegen.

"Hört mir zu!" er sagte. „Sie müssen höflich zu mir sein – das heißt, wenn Sie wollen, dass ich hier bleibe und versuche, Ihre Juwelen zurückzubekommen."

Lydia würde ihn nicht ansehen.

„Und welche Garantie habe ich, dass Sie irgendetwas dagegen tun können, wenn Sie bleiben?"

„Ich glaube, ich kann sie bekommen, und ich kann Ihnen versichern, dass der Sheriff das nicht kann." Es entstand eine lange Pause. "Also?" er sagte.

" Also was?" sagte Lydia, die nicht in der Lage gewesen war, darüber nachzudenken, was sie tun sollte.

„Wirst du höflich sein, oder soll ich gehen?"

„Ich dachte, du hättest gerade gesagt, es sei deine Pflicht zu bleiben."

„Entscheiden Sie sich bitte, welches soll es sein?"

Lydia hätte ihm am liebsten gesagt, er solle gehen, aber sie wollte ihre Juwelen zurückhaben, zumal sie sich in ein paar Minuten auf den Weg zu den Emmons machen würde , und es würde eine Menge Ärger ersparen, wenn vor ihrer Abreise alles geregelt wäre. Sie dachte sorgfältig darüber nach, und als sie aufsah, sah sie, dass er sich über ihr kaltblütiges Zögern amüsierte. Als sie ihn lächeln sah, stellte sie zu ihrer Überraschung fest, dass sie ihn plötzlich anlächelte. Es war nicht das, was sie beabsichtigt hatte.

„Nun", dachte sie, „lass ihn denken, dass er das Beste aus mir herausholt. Tatsächlich benutze ich ihn."

Sie hoffte, dass er mit dem Lächeln zufrieden sein würde, aber nein, er bestand auf dem gesprochenen Wort. Sie war gezwungen, auf jeden Fall zu sagen, dass sie höflich sein würde. Sie trug es vor, zumindest in ihren eigenen Gedanken, indem sie es sagte, als wäre es ein kindisches Spiel, das er spielte. Nachdem er die Zusicherung erhalten hatte, entfernte er sich von der Tür und stellte sich ihr gegenüber, auf die Rückenlehne eines Stuhls gelehnt.

„Jetzt erzähl mir, was passiert ist?" er sagte.

Sie erzählte ihm, wie sie kurz vor Tagesanbruch durch das Geräusch einer Bewegung in ihrer Umkleidekabine geweckt worden sei. Zuerst hatte sie geglaubt, es wäre ein Fenster oder ein Vorhang, der wehte, bis sie einen feinen Lichtstreifen unter der Tür sah . Dann war sie aufgesprungen – und sich eingesperrt gefühlt. Sie hatte geklingelt, an die Tür gehämmert – und es war ihr schließlich gelungen, das Haus aufzuwecken. Die Umkleidekabine war leer, aber ihr Safe war geöffnet worden – ihre Juwelen und etwa fünfhundert Dollar waren verschwunden – ihr jüngster Gewinn beim Bridge.

„Hatten Sie in letzter Zeit viel Glück?" er hat gefragt.

„Gute Partner", antwortete sie mit einem ihrer strahlenden Lächeln.

Danach war sie im ganzen Haus herumgelaufen. Allein? Nein. Morson hatte mitgemacht. Morson hatte Angst vor Einbrechern, da er an einem früheren Ort Erfahrung mit ihnen hatte. Außerdem hatte sie immer einen Revolver. Oh ja, sie wusste, wie man schießt! Sie hatte das ganze Haus durchsucht – kein einziges Schloss war geöffnet worden.

Er befragte sie über die Bediensteten. Der Verdacht schien auf Evans zu zielen, der den Safe im Griff hatte und ihn am Abend, als sie ihre Geliebte zu Bett gebracht hatte, leicht nicht abschließen konnte. Lydia lehnte den Gedanken an Evans' Schuld ab. Das Mädchen war seit fünf Jahren bei ihr.

„Ich glaube nicht wirklich, dass sie den Mut zum Stehlen hat", sagte sie.

„Kennen Sie die Umstände ihres Lebens? Gibt es etwas, das ihr das Gefühl geben könnte, dass sie gerade jetzt besonders Geld braucht?" er erkundigte sich.

Lydia schüttelte den Kopf.

„Ich sehe sowieso nie, wie Bedienstete ihren Lohn ausgeben", sagte sie. „Aber ich bin mir ziemlich sicher, dass es nicht Evans ist, weil ich mir sicher bin, dass sie es mir gestanden hätte, als ich sie befragt habe. Stattdessen hat sie wie immer meine Sachen für mich gepackt."

O'Bannon brach das Interview ab, indem er ankündigte, dass er den Sheriff sehen würde. Lydia hatte erwartet – „fürchtete" war ihr eigenes Wort –, dass er etwas über die Vorfälle ihres letzten Treffens sagen würde. Aber er tat es nicht. Er verließ den Raum und sagte dabei: „Du wirst hier warten, bis ich mit dem Mädchen gesprochen habe."

In seinem Ton lag der ansteigende Tonfall einer Frage, aber für Lydia klang es wie ein Befehl. Sie hatte eigentlich vorgehabt zu warten, aber jetzt begann sie über die Möglichkeit nachzudenken, sofort zu gehen. Das Auto stand vor der Tür und ihre Taschen waren auf dem Auto. Wie es ihn ärgern würde, dachte sie, wenn er bei seiner Rückkehr, anstatt sie geduldig darauf wartend vorzufinden, höflich zu sein, erfuhr, dass sie weggefahren war, als würde er sagen: „Es ist Ihre Pflicht als Polizeibeamter, das zu tun." Finde meine Juwelen, aber es ist nicht meine Pflicht, dir dankbar zu sein.

Plötzlich kamen Miss Bennett und der Sheriff zusammen herein und unterhielten sich – zumindest redete der Sheriff.

„Es sieht so aus, als wäre sie es gewesen", sagte er gerade, „und wenn ja , wird er ein Geständnis von ihr bekommen. Deshalb habe ich nach ihm geschickt. Er ist ein toller Kerl, wenn es darum geht, Leute zu Geständnissen zu bewegen." Dann wandte er sich mit natürlicher Höflichkeit an Lydia. „Ich habe gerade Ihrer Freundin, Miss Thorne, gesagt, dass O'Bannon großartig darin ist, Geständnisse zu bekommen."

"Wirklich?" sagte Lydia. "Ich wundere mich warum."

„Nun", sagte die Sheriffin und ignorierte den Zweifel in ihrer Verwunderung, „die meisten Kriminellen wollen gestehen. Es ist eine einsame Sache – ein Geheimnis zu haben und die ganze Welt gegen einen. Er macht sich das zunutze. Und zwischen Ihnen und mir." , Miss Thorne, da ist etwas von dieser sogenannten Psychologie drin. Sehen Sie, ich bereite ihm den Weg – indem ich erzähle, wie er immer ein Geständnis bekommt und wie ein Geständnis den Angeklagten beim letzten Mal vom Stuhl gerettet hat, und vieles mehr von solchen Sachen, und dann kommt er daher, und ich schätze, da ist auch ein bisschen Hypnose dabei. Haben Sie jemals seine Augen bemerkt?"

„Mir ist aufgefallen, dass er sie hat", antwortete Lydia.

Miss Bennett sagte, sie habe sie sofort bemerkt, als er das Zimmer betrat. Vielleicht war es die Erinnerung an sie, die sie hinzufügen ließ: „Er wird doch nicht zu streng mit dem armen Mädchen sein, oder?"

O'BANNON BEGINNT SEINE UNTERSUCHUNG DES DIEBSTAHLS.

„Nein, Ma'am, er wird überhaupt nicht hart sein", sagte der Sheriff. „Er wird nur zehn oder fünfzehn Minuten mit ihr reden, und dann wird sie ihm die Wahrheit sagen wollen. Ich kann nicht sagen, wie das gemacht wird."

Lydia stampfte plötzlich mit dem Fuß auf.

„Sie ist ein Idiot, wenn sie das tut!" sagte sie und biss sich in ihre Worte.

Dieser junge Mann behauptete also, ein Frauenzähmer zu sein, nicht wahr? – Die Herrin unten befahl, höflich zu sein, und das Dienstmädchen oben befahl, zu gestehen. Wenn sie Zeit hätte, dachte sie, würde es ihr Spaß machen, ihm zu zeigen, dass die Dinge nicht so reibungslos liefen. Sie wünschte fast, Evans würde nicht gestehen. Es hätte sich gelohnt, ihren Schmuck zu verlieren, um sein Gesicht zu sehen, als er herunterkam, um sein Scheitern zu verkünden.

Schritte über uns, die Tür öffnete sich, eine Stimme rief: „Sheriff, bringen Sie Ihre Männer hier hoch, ja?"

Das Gesicht des Sheriffs leuchtete auf.

„Habe ich es dir nicht gesagt?" er sagte. „Er hat es geschafft!" Er eilte aus dem Zimmer.

Als der Bezirksstaatsanwalt ein paar Minuten später herunterkam, fand er Miss Bennett allein vor. Er sah sich schnell um.

„Wo ist Miss Thorne?" er sagte.

Miss Bennett hatte nicht gewollt, dass Lydia ging – sie hatte sie dringend dazu gedrängt. Welchen Unterschied machten die Emmons im Vergleich zu den Juwelen? Aber jetzt sprang sie zu ihrer Verteidigung auf.

„Sie musste gehen. Sie musste einen Zug erreichen – eine langjährige Verlobung. Es tat ihr so leid. Sie hinterließ alle möglichen Nachrichten." Genau genommen stimmte das nicht.

O'Bannon lächelte leicht.

„Sie scheint sich nicht besonders für die Wiederbeschaffung ihres Schmucks zu interessieren", sagte er.

„Sie hat volles Vertrauen in Sie", sagte Miss Bennett schmeichelhaft.

Miss Bennett selbst hatte es getan. Sie dachte, sie hätte noch nie einen Mann gesehen, der ihr ein angenehmeres Führungsgefühl vermittelt hätte. Sie sah, dass er über Lydias plötzlichen Weggang nicht erfreut war.

Er war nicht. Er war wütend auf sie. Seine Gefühle für sie waren wie eine Flamme auf und ab geflackert. Die Vorstellung, wie sie allein durch ihr Haus ging, ihr Haar auf dem Rücken und einen Revolver in der Hand, allein – abgesehen von Morson, der hinter ihr herlief –, berührte ihn mit einem Gefühl ihres Mutes; und nicht nur ihr Mut, sondern auch ihr mangelndes Selbstbewusstsein. Sie hatte so gesprochen, als hätte jeder das Gleiche getan. Ihre Härte gegenüber dem Verbrecher hatte ihn abgestoßen, und als er nach oben ging, um Evans zu befragen, erwartete ihn eine neue Sensation.

Der Raub hatte Evans nicht von ihren regulären Pflichten entbunden. Sie hatte gerade Lydias Sachen für den Besuch bei den Emmons gepackt , und das Schlafzimmer, in dem sie festgehalten worden war, sah zerzaust aus wie ein Zimmer, das gerade erst gepackt und angezogen worden war. Das Bett war nicht gemacht, obwohl es eine rosafarbene Seidendecke hatte war darüber geglättet worden, um das Falten von Kleidern darauf zu ermöglichen. Lydias Hausschuhe – rosa Pantoletten mit Fellbesatz – wurden daneben ausgezogen. Lange Streifen Seidenpapier lagen auf dem Boden. O'Bannon sah alles mit scharfem Auge. Er sah das Versbuch auf dem Tisch neben ihrem Bett und das Bild des gutaussehenden jungen Mannes auf ihrem Frisiertisch. Er roch den Duft von Veilchen in der Luft, ein Duft, an den sich seine Sinne erinnerten, als hätte er in ihrem Haar gehangen. All das nahm er fast in sich auf, bevor er den blassen, schwarz gekleideten Kriminellen mitten im Chaos stehen sah.

„Setz dich", sagte er.

Er sprach weder freundlich noch gebieterisch, sondern als ob Reden dasselbe sei wie etwas erreichen. Evans setzte sich.

Es war ein merkwürdiges Bild von Lydia, das sich aus der Geschichte ergab, die sie ihm schließlich erzählte – eine freundliche und großzügige, nachlässige und grausame Figur, und, wie es ihm vorkam, vor allem dumm und blind gegenüber dem Leben und dem Leben derer, die sie umgaben.

Evans hatte einen Liebhaber, einen jungen englischen Lakaien, der wegen Diebstahls eine Haftstrafe abgesessen hatte und erst kürzlich mit einer fortgeschrittenen Tuberkuloseerkrankung freikam. Evans, der der Versuchung trotz allem widerstanden hatte, als es ihm gut ging, stürzte angesichts seines schlechten Gesundheitszustands. Sie hatte, so einsam und ineffizient sie auch war, versucht, den Trick alleine zu bewerkstelligen. Es war Lydias Verärgerung über Evans' Bedauern über den Verlust des Armbands, die sich offenbar für das Mädchen entschieden hatte.

„Wenn sie so froh wäre, von den Dingen entlastet zu werden , dachte ich, ich würde ihr ein wenig helfen", sagte sie bitter.

Was O'Bannon so unverständlich erschien, war, dass Lydia nicht hätte wissen dürfen, dass das Mädchen in Schwierigkeiten steckte. Der Anblick des Zimmers machte ihm deutlich bewusst, wie intim die alltäglichen Details sind, die jedes Dienstmädchen in Bezug auf seine Herrin empfindet – zwei Frauen, und eine geht durch die Hölle.

Nachdem sie wieder nach unten gegangen waren, sagte er zu Miss Bennett: „Hat Miss Thorne nicht vermutet, dass mit dem Mädchen etwas nicht stimmte?"

Miss Bennett mochte den Bezirksstaatsanwalt so sehr, dass sie die starke Versuchung verspürte, ihm unter dem Vorwand, den Fall zu besprechen, all ihre Sorgen mitzuteilen – die unvermeidlichen Sorgen derer, deren Leben mit dem von Lydia verbunden war. Aber ihre Maßstäbe an gute Manieren waren zu streng, als dass sie nachgeben konnte.

„Nein, ich fürchte, wir haben es nicht erraten", antwortete sie. „Aber jetzt, wo wir es wissen, können wir irgendetwas für das arme Ding tun?"

„Nicht gerade jetzt", antwortete er. „Der Fall liegt eindeutig gegen sie. Aber wenn es darum geht, sie zu verurteilen , könnten Sie etwas tun. Alles, was Miss Thorne zu ihren Gunsten sagt, würde vom Richter berücksichtigt."

„Sagen Sie mir genau, was sie sagen soll", antwortete Miss Bennett, bereit zu helfen.

„Das ist nicht das, was ich will", antwortete O'Bannon etwas irritiert. „Meine Pflicht ist es, dem Staat den Fall gegen sie vorzulegen. Ich sage Ihnen, was Miss Thorne tun kann, wenn sie das Gefühl hat, dass es mildernde Umstände gibt; wenn sie zum Beispiel denkt, dass sie selbst nachlässig mit ihren Wertsachen umgegangen ist."

„Das wird sie, da bin ich mir sicher", sagte Miss Bennett mit mehr Überzeugung, als sie fühlte, „denn zwischen Ihnen und mir, Mr. O'Bannon, sie ist nachlässig. Sie hat ein wunderschönes kleines Armband verloren – aber als Sie „Sind so jung und lieblich und reich wie sie –"

Sie wurde durch die eher knappe Verabschiedung des Bezirksstaatsanwalts unterbrochen.

„Möchten Sie mit mir zurückfahren, Sheriff?"

Der Sheriff tat es, und als sie die Straße hinunterfuhren, sprang er ein und murmelte: „Das ist alles. Sie sieht wirklich gut aus. Sie ist gutaussehend und doch nicht – nicht das, was ich als weiblich bezeichnen sollte. Passen Sie auf die Abzweigung auf." Wenn man auf die Hauptstraße kommt, entsteht ein Loch.

„Ja, ich weiß davon", sagte O'Bannon.

KAPITEL V

am späten Montagnachmittag von den Emmonses zurückkam, brachte sie Bobby Dorset mit. Miss Bennett, die Morsons Blumenvasen nach ihren anspruchsvolleren Vorstellungen arrangierte, hörte sie hereinkommen, so laut und ausgelassen, wie sie dachte, wie ein paar Welpen. Lydia war so damit beschäftigt, den Befehl zu geben, Bobbys Zimmer herzurichten und Eleanor anzurufen, um zum Abendessen vorbeizukommen, falls sie Bridge spielen wollten, und ihr das Auto zu schicken, weil Eleanor so kurzsichtig war, dass sie nicht selbst fahren konnte , und ließ ihren Chauffeur immer nach Hause fahren, und er hatte kein Telefon – so inkompetent von Eleanor –, dass Miss Bennett keine Gelegenheit hatte, ein Wort mit ihr zu wechseln. Außerdem war die arme Dame von dem Schrecken des bevorstehenden Bridgespiels erfüllt. Hin und wieder mochte sie einen sanften Gummi, aber nicht mit Lydia, die sie nach jeder Hand ausschimpfte und sich an jeden Spielzug erinnerte.

Lydia, die fast keine körperliche oder moralische Schüchternheit hatte, kämpfte ständig gegen ein unterbewusstes Entsetzen, eher einen Abscheu als eine Angst, dass das Leben nur ein sinnloses, gigantisches, musterloses Durcheinander sei, eine von einem Idioten erzählte Geschichte, die nichts bedeutet, was ja auch so ist der Schrecken aller Materialisten. Als sie ihr Schlafzimmer betrat und feststellte, dass ihre Sachen wie immer bereitgelegt waren und ein neues Dienstmädchen – eine Französin, braunhaarig, mittleren Alters und kompetent – auf sie wartete, genau wie Evans gewartet hatte, überkam sie eine tiefe Depressionsstimmung Sie, so wie diejenigen, die Angst vor dem Tod haben, manchmal durch ein alltägliches Symbol auf seine bevorstehende Annäherung aufmerksam gemacht werden. Lydia hatte keine Angst vor dem Tod, aber manchmal hasste sie das Leben. Sie fragte nie, ob es ihr eigenes Verhältnis zum Leben sei, das unbefriedigend sei.

Als sie in einem Teekleid aus orangefarbenem und braunem Chiffon die Treppe herunterkam, bemerkte niemand außer Bobby, dass ihre gute Laune völlig verflogen war.

Am Tisch, vor Morson und dem Lakaien, erwähnte niemand das Thema des Raubüberfalls, aber als sie zurück im Wohnzimmer waren, stellte Miss Bennett es vor, indem sie fragte: „Hat die neue Frau Sie richtig angesprochen? Wird sie das tun, meine Liebe." ?"

Lydia zuckte mit den Schultern und dachte nicht darüber nach, dass Miss Bennett einen ganzen Tag in Geheimdienstbüros und einen Morgen am Telefon verbracht hatte, um Evans zu ersetzen.

Die ältere Frau wurde durch das Schulterzucken zum Schweigen gebracht – nicht verletzt, sondern enttäuscht – und in der Stille sagte Bobby: „Oh, was ist mit Evans passiert? Sie haben sie mitgenommen?"

Lydia antwortete und hob verächtlich das Kinn: „Sie hat gestanden – sie war schon immer eine Gans."

„Das hat es nicht bewiesen", erwiderte Miss Bennett energisch. „Es war das Klügste, was ich getan habe. Der Bezirksstaatsanwalt – meine lieben Mädchen, wenn ich in Ihrem Alter wäre, und dieser Mann –"

"Achtung!" sagte Lydia. „Er ist ein toller Freund von Eleanor."

„Von Eleanor?" rief Miss Bennett aus. Sie war keine eitle Frau und war es auch nie gewesen, aber sie war immer erstaunt über Männer, denen eine andere Art von Weiblichkeit am Herzen lag als sie. Sie mochte Eleanor, aber sie fand sie trocken und unattraktiv, und sie sah nicht, was ein brillantes, gutaussehendes Wesen wie O'Bannon in ihr sehen konnte. „Ist er das wirklich?"

„Ja, das ist er", sagte Eleanor kühl. Die Erfahrung hatte ihr gezeigt, dass sie in dieser Situation hervorragend umgehen konnte.

„Ich wünschte, Sie hätten gewartet, Lydia", fuhr Miss Bennett fort. „Es war sehr beeindruckend, wie er mit Evans umging, fast wie eine hypnotische Wirkung. Sie erzählte ihm alles. Sie schien sich in seine Hände zu geben. Es war fast wie ein Wunder. Einen Moment zuvor war sie so feindselig gewesen – ein Wunder." findet genau dort in Lydias Schlafzimmer statt.

Lydia, die sich gebückt hatte, um das Feuer neu zu organisieren, richtete sich plötzlich mit dem Schürhaken in der Hand auf und sagte schnell: „Wo? Findet wo statt?"

„In deinem Zimmer, Liebes. Evans war dort eingesperrt."

„Dieser Mann in meinem Zimmer!" sagte Lydia und ihr ganzes Gesicht schien vor Wut zu glühen.

„Mir ist nie in den Sinn gekommen, dass du etwas dagegen haben würdest, meine Liebe. Er sagte, er –"

„Das hätte dir einfallen sollen. Ich hasse die Vorstellung – dieser betrunkene Anwalt in meinem Schlafzimmer. Das ist nicht anständig!"

„Lydia!" sagte Miss Bennett.

Eleanor sprach mit einer Stimme so kalt wie Stahl.

„Was meinen Sie damit, Mr. O'Bannon einen betrunkenen Anwalt zu nennen?"

„Er trinkt – Bobby sagt es."

„Das habe ich nicht gesagt!"

„Na, Bobby, das hast du!"

„Ich sagte, er hat getrunken, als er auf dem College war."

„Na ja, ein geläuterter Trinker", sagte Lydia und zuckte mit den Schultern. „Ich kann mir nicht vorstellen, dass du so etwas tust, Benny, außer dass du immer alles tust, worum dich jemand bittet."

Ihr Ton war beleidigender als ihre Worte, und Miss Bennett tat das Vernünftigste, was ihr einfiel – sie stand auf und verließ den Raum. Lydia stand auf dem Kaminvorleger, klopfte mit dem Fuß auf und atmete schnell, mit zusammengebissenem Kinn.

„Ich glaube, Bennett verliert den Verstand", sagte sie.

„Das glaube ich", sagte Eleanor. „Welchen möglichen Unterschied macht das?"

ihn verliebt wäre, würde ich vielleicht auch meinen ganzen Sinn für Zartheit verlieren; aber so wie es ist –"

Eleanor stand auf.

„Ich denke, ich werde meinen Mangel an Delikatessen mit nach Hause nehmen", sagte sie. „Sagen Sie Morson, er soll den Motor holen, Bobby? Gute Nacht , Lydia. Ich hatte einen absolut schrecklichen Abend."

„Gute Nacht", sagte Lydia mit einer heftigen kleinen Kopfbewegung.

Bobby begleitete Eleanor zum Auto und saß einige Zeit mit ihr im Flur, während es vorbeigebracht wurde.

„Niemand könnte es dir verübeln, dass du wütend bist; aber du bist nicht böse auf sie, oder, Eleanor?" er sagte.

„ Natürlich bin ich wütend!" antwortete Eleanor. „Sie ist zu unmöglich, Bobby. Du kannst nicht mit Leuten mithalten, die dich auf so etwas hereinlassen. Ich hätte einen wunderbar angenehmen Abend zu Hause verbringen können – und bei so einem Krach rauskommen!"

„Sie macht es nicht oft."

„Oft! Nein, dann gäbe es keine Frage."

„Sie war bei den Emmons absolut charmant – fröhlich und freundlich, und alle waren verrückt nach ihr. Und übrigens, Eleanor, ich habe nicht gesagt, dass O'Bannon ein Trinker ist."

„ Natürlich hast du das nicht", sagte Eleanor.

„Aber er hat im College immer die tollsten Amokläufe gemacht, und ich habe ihr von einem davon erzählt und ihr das Versprechen abgenommen, es nicht zu erzählen."

„Vieles, das Lydia beeinflussen würde."

Das Auto stand jetzt vor der Tür, und als er sie hineinsetzte, fragte er: „Oh, tut sie dir nicht manchmal so leid, dass du fast um sie weinen könntest?"

„Das tue ich bestimmt nicht!" sagte Eleanor.

Bobby drehte sich von der Haustür um, rannte nach oben und klopfte an Miss Bennetts Tür. Er fand sie auf einem riesigen Stuhl versunken, sah sehr erbärmlich aus und ähnelte eher einem unglücklichen Kind als einer Frau mittleren Alters.

„Es ist nicht erträglich", sagte sie. „Das Leben unter diesen Bedingungen ist zu unangenehm. Ich beschwere mich nicht darüber, dass sie all die kleinen Opfer, die man bringt, all die Mühe, die man für sie auf sich nimmt, nie bemerkt. Aber wenn sie absolut unhöflich ist – nur vulgär, grob unhöflich, wie sie es heute Abend war." ——"

„Miss Bennett", sagte Bobby ernst, „wenn bei Frauen etwas schief geht, weinen sie, und wenn bei Männern etwas schief geht, fluchen sie. Lydia braucht ein wenig von beiden Geschlechtern. Diese Ausbrüche sind ihr Äquivalent für weibliche Tränen oder männliche Schimpfwörter."

Miss Bennett blickte zu ihm auf, ihre sternenähnlichen Augen leuchteten vor Gefühl.

„Aber jemand muss ihr beibringen, dass sie sich nicht so verhalten darf. Ich kann es nicht. Ich kann es nur lehren, indem ich freundlich bin – unendlich freundlich – und daraus kann sie nicht lernen. Also das Beste für uns beide." ist für mich, sie zu verlassen und es jemand anderem zu überlassen.

Bobby setzte sich und nahm ihre dünne, aristokratische Hand in seine beiden.

„Niemand kann es ihr beibringen, lieber Benny", sagte er. „Aber das Leben kann – und wird. Das ist mein besonderer Albtraum – dass Menschen wie Lydia am Leben zerbrechen – und es ist immer so ein Knaller. Deshalb bin ich damit zufrieden, daneben zu stehen, ohne, wie die meisten meiner Freunde denken, die gebührende Rücksichtnahme darauf zu nehmen." meine eigene Selbstachtung. Deshalb hoffe ich, dass du es schaffst. Deshalb kommt sie mir wie die erbärmlichste Person vor, die ich kenne. Sie bringt mich fast zum Weinen."

"Erbärmlich!" sagte Miss Bennett mit etwas, das einem Schnauben ähnelte.

„Ja, wie ein Kind, das mit einer Dynamitzündschnur spielt. Sogar heute Abend kam sie mir erbärmlich vor. Sie kann es sich nicht leisten, die wenigen Menschen zu verärgern, die sich wirklich um sie kümmern – dich und Eleanor und – nun ja, sie hat natürlich gewonnen." „Entfremde mich nicht, was auch immer sie tut."

„Aber sie nutzt unsere Zuneigung aus", sagte Miss Bennett.

Bobby stand auf.

„Darauf kannst du wetten!" er sagte. „Sie wird jetzt etwas Bitteres auf mich warten, wenn ich untergehe, etwas, das sie morgen vergessen haben wird und an das ich mich mein Leben lang erinnern werde."

Er lächelte vollkommen fröhlich und verließ den Raum. Er fand Lydia, die im Wohnzimmer umherschlenderte und leise vor sich hin pfiff.

„Nun", sagte sie, „meine Party scheint sich vorzeitig aufgelöst zu haben."

„Gebrochen ist das richtige Wort", antwortete Bobby.

„Ist Eleanor nicht absurd?" sagte Lydia. „Sie liebt es, überlegen zu sein – ,Bestellen Sie meine Kutsche' – wie die tugendhafte Herzogin in einem Melodram."

„Sie kommt mir nicht absurd vor", sagte Bobby.

„Oh, du bist auf Zehenspitzen dabei gewesen, die Wunden aller zu verbinden, nehme ich an", antwortete sie. „Hast du ihnen gesagt, dass du wusstest, dass ich kein einziges Wort so meinte, was ich sagte? Ah, ja, ich sehe, dass du es so meinst. Nun, ich meinte jedes einzelne Wort und noch mehr. Auf mein Wort, ich wünschte, du würdest auf dich achten eigenes Geschäft, Bobby.

„Das werde ich", sagte Bobby, stand auf und verließ den Raum.

Er ging hinaus und ging schnell die flachen Steine unter der Weinlaube auf und ab. Der Mond war nicht aufgegangen und die Sterne funkelten heftig in der klaren, kühlen Luft. Er dachte an andere Frauen – hübscher und freundlicher als Lydia. Was hielt ihn in dieser Knechtschaft mit ihr? Die ganze Zeit, während er die Frage stellte, war ihm ihr Bild in ihrem orangefarbenen Teekleid vor dem dunklen Holzwerk des Zimmers bewusst, und plötzlich, bevor er es wusste – sicherlich bevor er den Entschluss gefasst hatte, zurückzukehren – war er wieder da Türöffnung, sagend,

„Möchten Sie eine Partie Piquet spielen?"

Sie nickte und sie setzten sich an den Kartentisch. Bobbys schwacher Groll war nach zehn Minuten verflogen, aber es dauerte länger, bis Lydia, die ihre Karten niederlegte, sagte, als hätten sie nur über ihre Missetaten geredet, anstatt nur darüber nachzudenken: „Aber Benny ist furchtbar eigensinnig, nicht wahr?" Sie? Ich meine die Art und Weise, wie sie die Dinge weiterhin so macht, wie ich sie ihrer Meinung nach mögen sollte, anstatt herauszufinden, wie sie mir gefallen."

„Sie ist sehr süß – Benny ist es."

„Und genau das ist es, was alle dazu bringt, mich so schrecklich zu finden – der Kontrast. Sie ist süß, aber sie will trotzdem ihren eigenen Weg. Während ich –"

„Du willst nicht deinen eigenen Weg, Lydia?"

Sie hätten es fast noch einmal ausgetragen. Diesmal war es Lydia, die die Diskussion mit einem plötzlichen Verhaltenswechsel unterbrach.

„Die Wahrheit ist, Bobby", sagte sie mit einer unerwarteten Sanftheit, „dass ich schreckliche Gefühle für Evans habe. Du weißt nicht, wie sehr du eine Person liebst, die die ganze Zeit so in deiner Nähe ist."

„Schrecklich, dass sie dich ausrauben, nicht wahr?"

"Ja." Lydia starrte nachdenklich vor sich hin. „Ich denke, was mich am meisten stört, ist, dass sie es mir nicht erzählt hat – sie hat es immer wieder abgestritten, als wäre ich ihr Feind – und dann hat sie gleich in der ersten Sekunde dem Bezirksstaatsanwalt gestanden."

„Na ja, das ist sein Beruf."

Sie schien tiefgründig nachzudenken, und ihr nächster Satz überraschte ihn.

„Glaubst du, es gibt wirklich etwas zwischen ihm und Eleanor? Ich könnte es nicht ertragen, dass Eleanor so einen Mann heiratet."

Bobby, der versuchte, taktvoll zu sein, antwortete, dass er sicher sei, dass Eleanor das nicht tun würde, aber wie es oft bei bewusst taktvollen Menschen passiert, gelang es ihm nicht, zufrieden zu sein.

„Oh", sagte Lydia, „du meinst, du denkst, er ist verrückt nach ihr?"

„Gnade, nein!" sagte Bobby. „Ich glaube nicht, dass Eleanor überhaupt sein Typ ist, außer vielleicht als Freundin. Es ist der Chormädchen-Typ, der ihn wirklich bewegt."

"Oh ist es?" sagte Lydia und nahm die Karten wieder auf.

Sie spielten zwei Stunden lang, und das Spiel beruhigte sie, konnte sie aber nicht aus ihrer düsteren Stimmung retten. Es überkam sie, wie immer, wenn es kam, ein paar Minuten nachdem sie ins Bett gegangen war, das Licht ausgeschaltet hatte und zu bemerken begann, dass der Schlaf nicht in greifbarer Nähe war. Das Leben schien ihr eine Anstrengung ohne Zweck zu sein. Sie fühlte sich wie eine Märtyrerin auf dem Scheiterhaufen; nur hatte sie keine Vision, ihre Gesellschaft zu ertragen. Sie hatte das Gefühl, dass ihre Einsamkeit nicht das Ergebnis von irgendetwas war, was sie sagte oder tat, sondern unvermeidlich. Im Universum schien es nichts außer Chaos und sich selbst zu geben.

Sie schaltete das Licht wieder ein und las bis fast zum Morgen. Nächte wie diese waren bei Lydia keine Seltenheit.

KAPITEL VI

Joe Thorne hatte in ihrer Kindheit gern eine Geschichte über Lydia erzählt – in den Tagen, bevor Miss Bennett zu ihnen kam. Nach einer furchtbaren Szene der Ungezogenheit und Bestrafung war sie zu ihm gekommen und hatte gesagt: „Vater, wenn du nicht mehr böse auf mich bist , bin ich nicht böse auf dich." Es war immer noch charakteristisch für sie. Sie hatte keine Angst davor, nach vorne zu treten und sich zu versöhnen, aber sie war zurückhaltend gegenüber dem gesprochenen Wort. Sie konnte sich nicht emotional entschuldigen, schaffte es aber, auf alle möglichen dummen Arten zum Ausdruck zu bringen, dass sie mit ihr befreundet sein wollte – sie schaffte es, sich an einen lange unerfüllten Wunsch von Benny zu erinnern, sei es ein Geschenk oder eine Höflichkeit gegenüber einem alten Menschen Freundin, oder manchmal nur eine Besorgung, zu der Benny sie nie hatte bewegen können. Es gab immer ein eindeutiges Symbol dafür, dass es Lydia leid tat, und ihr wurde immer vergeben.

Ein Teil von Eleanors Gefühl ihrer eigenen Überlegenheit gegenüber der Welt lag darin, dass sie gegenüber Emotionen unempfindlicher war als sonst. Außerdem habe sie sich damals durch das Verlassen des Hauses zufriedenstellend ausgedrückt, so dass auch sie verzieh. Nur bleibt so eine Szene natürlich nie ohne Folgen – die Ausdauer aller hatte noch ein paar weitere Stränge gerissen wie ein ausgefranstes Seil. Und es gab auch Konsequenzen in Lydias eigener Natur. Sie schien bei jedem Thema, das auch nur im Entferntesten mit dem Bezirksstaatsanwalt zu tun hatte, dauerhaft verdreht und gewalttätig geworden zu sein.

Dies wurde ein paar Tage später deutlich, als eine Stimme, die sich als die der Sekretärin von Richter Homans ausgab, sie fragte, ob sie es sich bequem machen könnte, an diesem Nachmittag im Richterzimmer vorbeizuschauen, um dem Gericht einige Informationen über eine ihrer ehemaligen Dienstmädchen – Evans – zu geben . Lydias Tonfall zeigte, dass es überhaupt nicht bequem war. Einen Moment lang schien es, als würde sie sich strikt weigern zu gehen. Dann gab sie nach, und von diesem Moment an wurde klar, dass sie ständig mit der Aussicht auf den Besuch beschäftigt war.

Am späten Nachmittag erschien sie vor dem Schreibtisch des Richters in seinem kleinen Zimmer, das mit Regalen voller gebundener Bände gesäumt war. Es war ein kühler Novembernachmittag, und sie war gerade nach achtzehn Löchern vom Tee im Golfclub zurückgekommen. Sie war in einen leuchtend goldbraunen Mantel gehüllt und hatte einen tomatenfarbenen Hut bis über ihre Brauen gezogen.

Der Richter hatte sich Miss Thorne, die Grundbesitzerin und Besitzerin wertvoller Juwelen, ohne erkennbaren Grund als eine würdevolle Frau von dreißig Jahren vorgestellt. Er blickte überrascht über seine Brille hinweg auf. Seine erste Idee – er lebte weit außerhalb der Welt – war, dass ein Fehler gemacht worden war und dass ihm eine widerspenstige Straftäterin vorgeführt worden war und nicht eine klagende Zeugin.

Auch nachdem dieses anfängliche Missverständnis geklärt war, verlief das Interview nicht gut. Der Richter war ein Mann von sechzig Jahren, glatt rasiert und von wächserner Haut. Von seiner hohen, schmalen Stirn flossen alle seine Linien nach außen. Sein Kinn war schwer und tief in Falten gelegt, und er hatte manchmal eine Art, es nach innen zu ziehen, um es an seine schweren, hochgezogenen Schultern zu stoßen. Ein natürliches Interesse an der Kontinuität seiner eigenen Gedanken, gepaart mit fünfzehn Jahren Äußerungen von der Bank aus, machten ihn unempfindlich gegen Unterbrechungen. Er bestand nun darauf, den Fall Evans noch einmal durchzugehen, während Lydia dasaß, erst die eine und dann die andere Seite ihres dicken Mantels zurückwarf und dachte – fast sagte sie: „Oh, dieser lästige alte Mann! Warum erzählt er mir das alles? Weiß er nicht, dass meine Juwelen gestohlen wurden?" Sie begann mit dem Fuß zu wippen, ein Geräusch, das für diejenigen, die Lydia gut kannten, fast wie das Klappern der Klapperschlange angesehen wurde. Der Richter begann seinen Monolog zu beenden.

„Der Bezirksstaatsanwalt teilt mir mit, dass Sie das Gefühl haben, dass eine gewisse Nachlässigkeit Ihrerseits vorlag, die in gewisser Weise als mildernder Umstand angesehen werden könnte –"

Er kam nicht weiter.

„Der Bezirksstaatsanwalt sagt das?" sagte Lydia, und wenn er die Autorität des Hausmeisterjungen zitiert hätte, hätte ihr Ton keine verächtlichere Überraschung zum Ausdruck bringen können.

Seine Ehre hat es jedoch verpasst.

„Ja", fuhr er fort, „Mr. O'Bannon hat mir erzählt, dass die Aufladung Ihres Safes ohne Aufsicht –"

„Mr. O'Bannon ist völlig falsch informiert", sagte Lydia, schloss die Augen und hob die Augenbrauen.

Der Richter drehte seinen Kopf direkt, um sie anzusehen.

„Sie meinen", sagte er, „dass Sie nicht das Gefühl haben, dass es irgendeine mitverursachte Nachlässigkeit gab, die zum Teil erklären könnte, ohne sie im wahrsten Sinne des Wortes zu entschuldigen –"

„Sicherlich nicht", sagte Lydia. „Und ich habe noch nie jemandem etwas gesagt, was ihn dazu veranlassen würde, das zu glauben."

„Ich wurde über Ihre Haltung falsch informiert", sagte der Richter.

„Offensichtlich", sagte Lydia und beendete das Interview fast sofort, indem sie den Raum verließ.

Als sie den Weg zu ihrem Auto hinunterging, trat eine Gestalt aus dem Schatten, als hätte sie auf sie gewartet. Es war derselbe Verkehrspolizist, der sie auf dem Weg zu Eleanor angehalten hatte. Er nahm seine braune Mütze ab. Sie sah seinen runden, kämpferischen Kopf und die unsichere Kurve seines Mundes. Er war ein gutaussehender Mann und jünger, als sie angenommen hatte – eigentlich ziemlich jungenhaft. Sie erhaschte einen Blick auf eine Art Band auf seiner Brust – das Croix de Guerre. Sie sah ihn interessiert direkt an und sah, dass er vor Verlegenheit angespannt war.

„Ich glaube, ich habe etwas von dir", sagte er. „Ich möchte es zurückgeben." Er kramte in seiner Tasche herum. Das konnte sie nicht wirklich zulassen.

„Bestochene Menschen", dachte sie, „müssen damit zufrieden sein, bestochen zu bleiben." Sie ging schnell auf ihr Auto zu, ohne zu antworten. Der Chauffeur öffnete ihr die Tür.

„Zuhause", sagte sie und fuhr weg.

Etwa eine Stunde später gab der Richter dem Bezirksstaatsanwalt eine Beschreibung des Interviews. Es begann als allgemeine Anklage gegen die Verantwortungslosigkeit der wohlhabenden jungen Menschen von heute, was ihre Kleidung, ihr Aussehen und ihre Manieren betrifft. Dann ging es plötzlich um den konkreten Fall.

„Sie kam mit einem Hut in der Farbe eines Flamingos in diesen Raum" – der Farbensinn des Richters war nicht gut – „und mit Röcken, die fast bis zu den Knien reichten; so kühn – nun, ich möchte Ihnen nicht sagen, was meine erste Idee war." wollte sie sehen. Sie war so hart wie – ich hätte ihr sagen können, dass einige der Methoden ihres eigenen Vaters nicht streng legal waren, nur dass die Gerichte damals nachsichtiger waren. Ein rücksichtsloser Kerl – Joe Thorne. Kennst du dieses Mädchen??"

„Ich habe sie getroffen", sagte O'Bannon.

„Sie machte einen sehr ungünstigen Eindruck auf mich", sagte Richter Homans. „Ich weiß nicht, wann eine junge Frau von angenehmem Aussehen – sie ist von beträchtlicher Schönheit – einen so ungünstigen Eindruck hinterlassen hat." Und Seine Ehre fügte hinzu, als ob die beiden Bemerkungen nichts miteinander zu tun hätten: „Ich werde dieser unglücklichen Magd ein sehr mildes Urteil verhängen."

Der Bezirksstaatsanwalt verneigte sich. Es war genau das, was er immer beabsichtigt hatte.

Aber eine Strafe, die für Richter Homans leicht klang – nicht weniger als dreieinhalb und nicht mehr als fünfzehn Jahre –, klang für Lydia schwer. Sie war entsetzt. Der jüngste Besuch, den sie unter Mrs. Galtons Schirmherrschaft einem Männergefängnis abgestattet hatte, war ihr in Erinnerung geblieben – die Dunkelheit, die überfüllten Zellen, die blassen, ungewöhnlich aussehenden Gefangenen, der Geruch, die Wärter, die Stille. Sie würde einfach nicht zulassen, dass Evans fünfzehn Jahre lang einer solchen Folter ausgesetzt war. Sie war umso entschlossener, als sie wusste, ohne es zuzugeben, dass sie es hätte verhindern können.

Sie las den Satz beim Frühstück in der Lokalzeitung – sie frühstückte im Bett – und im nächsten Moment war sie auf und in Miss Bennetts Zimmer.

„Das ist ein bisschen zu viel", sagte sie und ging so schnell hinein, dass ihr seidener Morgenmantel wie ein rosafarbener Ballon hervorstach. „Fünfzehn Jahre! Diese Männer müssen verrückt sein! Komm, Benny, zieh deine Sachen an. Du musst mit mir zum Büro des Bezirksstaatsanwalts gehen und das regeln lassen. Stell dir das vor! Nachdem sie auch gestanden hat! Ich sagte, sie hätte Unrecht gestanden. "

Büro erreichte, fand sie dort niemanden außer Miss Finnegan, der Stenographin.

„Wo ist Mr. O'Bannon?" fragte sie, als ob sie eine Verlobung mit ihm hätte, die er gebrochen hatte.

Miss Finnegan hob den Kopf von ihren Schlüsseln und sah den unerwarteten Besucher mit dem tomatenfarbenen Hut an, dessen Schritte auf der Treppe so scharf und schnell geklungen hatten und der die Tür so heftig aufgestoßen hatte.

„Mr. O'Bannon ist im Gericht", antwortete sie in einem Ton, der darauf hindeutete, dass das fast jeder wissen würde. Mittlerweile stieg Miss Bennett würdevoller die Treppe hinauf und trat ein, flehend und versöhnlich.

„Wir wollen ihn so sehr sehen", murmelte sie.

Miss Finnegan wurde sanfter und sagte, dass sie das Gerichtsgebäude anrufen würde. Er könnte vielleicht für eine Minute rüberkommen. Sie rief an und legte schweigend den Hörer auf.

„Wann wird er hier sein?" forderte Lydia.

„Wenn er frei ist", antwortete Miss Finnegan kalt.

Das Warten beruhigte weder Lydia noch die Atmosphäre im Büro, in der O'Bannons Macht verkündet wurde. Die Leute kamen immer wieder mit der gleichen Frage: Wann könnten sie den Staatsanwalt sehen? Dort war ein alter Ausländer, der in gebrochenem Englisch immer wieder etwas zu Miss Finnegan murmelte.

„Ja, aber dann sollte Ihr Sohn flehen", sagte Miss Finnegan immer wieder und unterstrich ihren Satz mit schnellen Rouladen auf der Schreibmaschine.

Da war ein dünner junger Mann mit zwielichtigen Augen und ein ortsansässiger Anwalt mit einem ausgeprägten Gespür für die Erde.

Miss Bennett beobachtete Lydia besorgt. Das Mädchen war es nicht gewohnt, warten zu müssen. Ihre Bank, ihr Zahnarzt und die Geschäfte, in denen sie handelte, hatten schon vor langer Zeit gelernt, dass es allen die Mühe ersparte, zuerst Miss Thorne zu bedienen.

Endlich trat O'Bannon ein. Lydia sprang auf.

„Mr. O'Bannon –" begann sie. Er hielt seine Hand hoch.

„Eine Minute", sagte er.

Er hörte sich die Geschichte der alten Frau an und blickte nicht einmal in Lydias Richtung; Doch irgendetwas in der Neigung seines Kopfes, in der Anstrengung, seinen Gesprächspartner im Auge zu behalten und sich auf das zu konzentrieren, was ihm gesagt wurde, ließ Miss Bennett glauben, dass er sich ihrer Anwesenheit deutlich bewusst war. Doch Lydia ertrug selbst diese Verzögerung geduldig. Miss Bennett atmete erleichtert auf. Offensichtlich hatte sich das Mädchen vorgenommen, sich von ihrer besseren Seite zu zeigen. Der Eindruck verstärkte sich, als er sich ihnen näherte. Lydias Art war sanft und würdevoll.

„Mr. O'Bannon", sagte sie, „ich bin betrübt über das Urteil meiner Zofe – Evans."

Miss Bennett sah zu wie jemand, der eine Vision hat – Lydia war noch nie so gewesen – war noch nie so gewesen – sanft, weiblich, na ja, es gab kein anderes Wort dafür, süß – ergreifend süß. Sie wusste nicht, wie irgendjemand ihr widerstehen konnte, und als sie den Bezirksstaatsanwalt ansah, sah sie, dass er keinen Widerstand leistete, im Gegenteil, mit gesenktem Kopf und seinen seltsam hellen Augen, die sanft auf Lydias gerichtet waren, trank er jeden Ton ihrer Stimme mit. Ihre Stimmen sanken immer tiefer, bis sie beinahe miteinander flüsterten, so leise, dass Miss Bennett phantastisch dachte, jeder, der unerwartet hereinkam, hätte denken können, sie seien ein Liebespaar.

„Sie ist keine Kriminelle", sagte Lydia. „Sie war in Versuchung und hat gestanden. Hilfst du mir nicht, sie zu retten?"

„Ich kann nicht", flüsterte er zurück. „Es ist zu spät. Sie wurde verurteilt."

„Mit den üblichen Methoden vielleicht zu spät – aber es gibt immer noch andere. Du hast so viel Macht – du gibst den Leuten das Gefühl, dass du alles schaffen kannst." Er schüttelte den Kopf und starrte sie immer noch an. „Du gibst mir dieses Gefühl. Tu das für mich."

„Sie hätten es ganz einfach selbst tun können, bevor sie verurteilt wurde."

„Ich weiß, ich weiß. Deshalb liegt es mir so am Herzen. Oh, Mr. O'Bannon, nur für einen Moment, Sie und ich –" Ihre Stimme wurde so leise, dass Miss Bennett nicht hören konnte, was sie sagte, aber sie sah sie legte ihre Hand auf seinen Arm wie jemand, der seine eigenen Sachen in Besitz nimmt. Dann hatte es keinen Zweck mehr zuzuhören, denn es herrschte völlige Stille zwischen ihnen; Sie schienen nicht einmal zu atmen.

Plötzlich hob der Bezirksstaatsanwalt den Kopf, schüttelte ihn schnell wie ein Hund, der aus dem Wasser kommt, und trat zurück.

„Das geht nicht", sagte er. „Wenn ich bereit wäre, das Gesetz in Stücke zu brechen, könnte ich es nicht tun."

Lydias Stirn verdunkelte sich. „Du meinst, du wirst es nicht tun", sagte sie.

„Nein", antwortete er leise. „Ich meine genau das, was ich sage. Ich kann nicht. Denken Sie daran, dass Sie zwei Gelegenheiten hatten, dem Mädchen zu helfen – bei der ersten Beschwerde und bei Ihrem Gespräch mit dem Richter. Warum haben Sie es dann nicht getan?"

Warum hatte sie es nicht getan? Sie wusste es nicht, aber sie antwortete hastig:

"Ich habe es nicht verstanden--"

„Das würdest du nicht verstehen", erwiderte er in diesem ruhigen, schrecklichen Ton, der sie irgendwie an Ilseboro denken ließ . „Ich habe versucht, es Ihnen zu sagen, und Sie wollten es kaum erwarten, und der Richter hat versucht, es Ihnen zu sagen, und Sie haben nicht zugehört. Auf dieser Welt bekommen Menschen nicht oft drei Chancen, Miss Thorne."

Sein Ton machte sie wütend, gepaart mit ihrem eigenen Versagen. „Nehmen Sie es auf sich, mich zu tadeln, Mr. O'Bannon?" Sie fragte.

„Ich übernehme die Aufgabe, Ihnen zu sagen, wie die Dinge sind", antwortete er.

„Ich glaube nicht, dass es so ist", sagte sie.

So wütend sie auch war, sie wollte nicht, dass der Satz so beleidigend klang, wie er war. Sie meinte, dass es einen unerwarteten Zugangsweg geben musste; Aber ihr schneller Ton und ihre unverschämte Art ließen die Worte selbst wie die letzte Beleidigung klingen.

O'Bannon wandte sich einfach von ihr ab und hob seine Hand zu dem zwielichtigen Jungen und sagte deutlich: „Wir sehen uns jetzt, Gray."

Lydia blieb nichts anderes übrig, als ihre Entlassung zu akzeptieren. Sie stürzte aus dem Zimmer und schockierte Miss Bennett auf dem Weg nach Hause im Auto mit ihren Schimpfnamen. „Unverschämter Landrüpel" war der mildeste von ihnen.

Ein paar Tage später zog Miss Thorne zurück nach New York in das Haus in den East Seventies. Miss Bennett, die das Land hasste, auch weil sie dort mehr unter Lydias Kontrolle stand, freute sich, wieder in New York zu sein. Sie hatte viele Freunde – war persönlich viel beliebter als ihr Schützling – und in der Stadt konnte sie sie leichter treffen. Jeden Morgen, nachdem sie ihre Hausarbeit erledigt hatte, ging sie hinaus und ging um den Stausee herum. Sie ging gerne und stellte ihre kleinen Füße so präzise auf, als würde sie tanzen oder Schlittschuh laufen. Dann gab es normalerweise noch einige notwendige Einkäufe für Lydia oder das Haus oder sie selbst; dann Mittagessen und danach ein oder zwei Stunden lang ihre eigene Arbeit. Sie war Mitglied zahlreicher Ausschüsse, Wohltätigkeitsveranstaltungen, Krankenhausvorstände und Reformvereine. Dann war sie vor fünf Uhr zu Hause, hinter dem Teetisch, bediente Lydia und war damit beschäftigt, Leute loszuwerden, die Lydia nicht sehen wollte, und diejenigen zu behalten, die Lydia sehen wollte, aber vergessen hatte. Und dann das Abendessen – zu Hause, wenn Lydia eine Party gab; aber meistens aßen beide Frauen auswärts.

Der Winter war geprägt von Lydias plötzlicher Freundschaft oder Flirt oder Affäre, wie sie unterschiedlich beschrieben wurde, mit Stephen Albee, dem Ex-Gouverneur eines großen Staates. Es hätte natürlicher gewirkt, wenn er eine von Eleanors Entdeckungen gewesen wäre, aber das war er nicht – er war Lydias eigene Entdeckung. Es war nie bekannt, dass Eleanor mit all ihrem Auftreten als junges altes Mädchen einen Mann auszeichnete, dem es an den körperlichen Reizen der Jugend mangelte. Obwohl Albee einst ein gutaussehender Mann gewesen war und immer noch ein gewisses prächtiges löwenhaftes Aussehen hatte, war er über fünfzig und zeigte sein Alter. Er war nach New York gekommen, um eine wichtige Bundesuntersuchung durchzuführen, und die meisterhafte Art und Weise, wie er dies tat, führte zu Prophezeiungen des Präsidenten. Lydias Freunde fingen an zu murren, dass es genau wie Lydia wäre, wenn sie im Weißen Haus endete. Außerdem war der Gouverneur reich, Besitzer von Silberminen und Witwer. Es fiel auf, dass Lydia ihm gegenüber respektvoller war als jemals zuvor, seinem Beispiel intellektuell folgte und ihn bis an den Rand des Komischen zitierte.

„Es tut mir weh", sagte Eleanor, „den Prozess zu beobachten, in dem Lydia die Politik entdeckt. Letzten Montag wurde ihr klar, dass es eine Bundesverfassung gibt, und nächste Woche könnten die Rechte der Bundesstaaten zum Vorschein kommen."

Für die alten Freunde des Gouverneurs war es gleichermaßen schmerzhaft, den noch weniger eleganten Prozess seiner Entdeckung des gesellschaftlichen Lebens mitzuerleben. Die beiden Freunde erlebten gemeinsame Abenteuer. Wenn Lydia den ganzen Tag da saß und seinen Ermittlungen zuhörte, erschien er kaum weniger regelmäßig in ihrer Opernloge.

Seltsamerweise hatten sie sich bei einem Mittagessen zur Gefängnisreform kennengelernt, das von denselben edlen Frauen gegeben wurde, deren Anwesenheit in ihrem Haus Lydia so sehr verärgert hatte. Ziel des Mittagessens war es, Werbung für die Sache zu machen, Arbeiter zu inspirieren und Geld zu sammeln. Albee war der Hauptredner, nicht weil er ein besonderes Interesse an der Gefängnisreform hatte, sondern weil er zu diesem Zeitpunkt die auffälligste Persönlichkeit des öffentlichen Lebens in New York war und da er bekanntermaßen kein Redner war, war jeder gespannt darauf, ihm zuzuhören sprechen. Mrs. Galton, die Vorsitzende des Treffens, war schockiert über seine reaktionären Ansichten über Gefängnisse, als er sie ihr darlegte, um ihrer Einladung zu entgehen; Aber mit der gesunden Weltlichkeit, die sich jeder Reformer aneignen muss, wusste sie, dass sein Name für ihre Sache weitaus wichtiger war als seine Ansichten, und mit ein wenig kluger Schmeichelei brachte sie ihn dazu, zu versprechen, dass er kommen und ein paar Worte sagen würde – nicht er speziell bestand darauf, eine Rede. Frau Galton stimmte zu, wohlwissend, dass kein Redner auf der Welt, schon gar kein männlicher Redner, der Anziehungskraft eines großen, warmherzigen und bewundernden Publikums widerstehen kann, wenn er erst einmal aufsteht. „Die einzige Schwierigkeit wird darin bestehen, ihn aufzuhalten", dachte sie ziemlich traurig. Es wäre auch klug, dachte sie, beim Mittagessen jemanden neben ihn zu stellen, der ihm gefallen würde. Schmeicheleien von einer hässlichen alten Frau wie ihr würden nicht ausreichen. Dann erinnerte sie sich an Lydia, die sie nach ihrer unglücklichen Begegnung beim Mittagessen im Herbst durch eines der Männergefängnisse geführt hatte, um das Mädchen zur Mitarbeit zu gewinnen . Sie hatten auch Gespräche über Evans geführt, denn Lydia war Evans Situation gegenüber nicht völlig gleichgültig geblieben, sie hatte Miss Bennett sogar erlaubt, das Mädchen zu besuchen und zu sehen, was für sie getan werden konnte, und sie sogar dazu gedrängt.

Miss Thorne nahm die Einladung zum Mittagessen an; und dann setzte Mrs. Galton sie, so kaltblütig ein Diplomat eine hübsche Kurtisane benutzen würde, neben den großen Mann an den Rednertisch, wo ein so junger, müßiger und nutzloser Mensch natürlich kein Recht hatte, zu sein .

Der Gouverneur kam sehr spät, die Finger in der Westentasche, um allen, die ihn zwischen den überfüllten Tischen eilen sahen, zu zeigen, dass er unvermeidlich festgehalten worden war und die letzte halbe Stunde in qualvoller Betrachtung seiner Wache verbracht hatte. Tatsächlich hatte er die Zeitungen in seinem Club gelesen und wollte die Stunde mit zu viel Essen und zu viel Lärm verkürzen, von der er wusste, dass sie der Stunde mit zu viel Reden vorausgehen würde. Er wusste, dass er neben Mrs. Galton sitzen würde, die er als weise und gute Philanthropin schätzte, als Begleiterin jedoch fürchtete.

Alles begann so, wie er es befürchtet hatte. Er nahm seinen Platz rechts von Mrs. Galton ein und entschuldigte sich dafür, dass er festgehalten worden war – unvermeidlich. Es hatte einmal so ausgesehen, als ob er nicht dorthin gelangen könnte, aber natürlich war sein Gefühl für die großartige Arbeit …

Mrs. Galton, die das alles hunderte Male durchgemacht hatte und wusste, dass er nie vorgehabt hatte, eine Minute früher zu kommen, lächelte herzlich und sagte, wie glücklich sie sich schätzen würden, eine Stunde der Zeit eines Mannes gewonnen zu haben, der … die ganze Welt--

Im Gegenteil, der Gouverneur hielt es für ein Privileg, im Namen einer Sache zu sprechen, die Sympathie erregte –

Es war in der Tat ein Wendepunkt in der Geschichte jeder Sache, als ein Mann wie der Gouverneur –

Sie hätten während des Mittagessens so weitergemacht, aber in diesem Moment veranlasste ein plötzliches Rascheln an seiner Seite den Gouverneur, sich umzudrehen, und da war – viel später, als er es sich vorgenommen hatte – Lydia, Lydia in einem engen, schlichten Kleid und einem kleiner Federhut, der sie wie eine Schlange mit Haube aussehen ließ. Mrs. Galton stellte sie vor und machte sich mit einem Seufzer der Erleichterung wieder daran, ihr Mittagessen zu essen und ihre eigenen einleitenden Bemerkungen durchzugehen, in der beruhigenden Gewissheit, dass der Gouverneur ihr keine weiteren Probleme bereiten würde.

Er tat es nicht. Er blickte Lydia an und all seine schwere Höflichkeit verlor sich von ihm. Seine Augen funkelten und er sagte: „Kommen Sie, meine liebe junge Dame, lassen Sie uns Zeit sparen, indem Sie mir erzählen, wer Sie sind, was Sie tun und warum Sie hier sind.“

Das amüsierte Lydia.

„Ich denke", sagte sie, „dass das der beste Gesprächseinstieg ist, den ich je gehört habe. Nun, ich denke, ich sollte sagen, dass ich hier bin, um Ihnen zuzuhören."

„Ja, ja – vielleicht", antwortete Albee mit einer etwas politischen Handbewegung, „in dem gleichen Sinne, in dem ich hierher gekommen bin, um Sie zu treffen – weil Schicksal, Glück, göttliche Einwirkung es so arrangiert haben. Aber warum, laut …" Ihre eigenen begrenzten Ansichten, sind Sie hier?"

„Oh, als Reaktion auf einen edlen Impuls. Hast du sie nie?"

„Das habe ich getan – das habe ich getan, als ich in Ihrem Alter war", sagte der Gouverneur, lehnte sich zurück und musterte sie mit offener Bewunderung, was bei einem Mann seines Rufs irgendwie nicht anstößig war.

„Warum bist du selbst hier?" sagte Lydia und warf ihm einen sanften Blick zu, um ihm zum Ausdruck zu bringen, dass sie ihm sehr dankbar war, dass er sie für so hübsch hielt.

„Warum, ich habe es Ihnen gerade gesagt ", antwortete der Gouverneur, „weil das Schicksal zu sich selbst sagte: ,Nun, hier hat der arme alte Stephen Albee eine langweilige Zeit hinter sich. Lasst uns ihm etwas Angenehmes passieren. Lasst uns ihn Miss Thorne kennenlernen.' .'"

Eine Dame auf Lydias anderer Seite, die ihr Leben der Besserung von Kriminellen gewidmet hatte und insbesondere diejenigen hasste, die außerhalb der Strafanstalten blieben, war entsetzt über den ihrer Meinung nach koketten Ton des Gesprächs. Sie konnte hören – tatsächlich hörte sie zu –, dass mehrere Treffen vereinbart worden waren, bevor der Gouverneur sprechen konnte.

Alles verlief genau so, wie Mrs. Galton es beabsichtigt hatte. Der Gouverneur – der erwartet hatte, zu sagen, dass er sich mit Leib und Seele für diese große Sache einsetze, ein paar historische Beispiele von Misswirtschaft im Gefängnis zu proben, seinem Publikum anzuvertrauen, dass ein Mann von nationalem Ansehen in diesem Moment darauf warte, ihn wegen etwas zu sprechen von internationaler Bedeutung, und um dann rechtzeitig wegzukommen, um vor Einbruch der Dunkelheit ein paar Löcher Golf zu spielen – stand er auf, voller Entschlossenheit, eine gute Rede zu halten, gut genug, um Lydia zu beeindrucken; und er tat es. Er hatte eine einfache, direkte Art zu sprechen, so dass niemand bemerkte, dass seine Sätze selbst eher rednerisch und emotional waren. Die meisten Redner, zumindest zu viele, verwenden genau das Gegenteil – eine rednerische Art und was auch immer dahinter steckt. Er erweckte den Eindruck, ohne es wirklich zu sagen, dass der einzige Grund, warum er nicht sein Leben der Gefängnisreform gewidmet hatte, darin bestand, dass die größere Pflicht des öffentlichen Dienstes ihn forderte, und der einzige Grund, warum er sein Publikum nicht mit den technischen Details überschwemmte Das Thema des Themas war, dass es zu schmerzhaft und zu schockierend war.

Als er sich setzte, gab es großen und aufrichtigen Applaus. Die Arbeiter waren begeistert, es flossen Abonnements ein. Bevor der nächste Redner aufstand, ging Lydia, in Sichtweite des ganzen Raums, hinaus, gefolgt von dem großen Mann, der Mrs. Galton hastig erklärt hatte, dass er bereits zu spät zu einer Verlobung mit ihr gekommen sei ein Mann von nationalem Ruf, der darauf wartete, eine Angelegenheit von internationaler Bedeutung zu besprechen. Mrs. Galton nickte freundlich. Für den Gouverneur hatte sie kaum noch Verwendung.

Am nächsten Tag ging Lydia in die Innenstadt, um zuzuhören, wie er seine Ermittlungen durchführte, und war beeindruckt von dem Schauspiel seines dominanten Willens und seines kristallklaren Geistes in Aktion. Sie kam jeden Tag. Ihr bisheriges Leben hatte sie nicht zu intellektuellen Anstrengungen angeregt, aber jetzt entdeckte sie, dass sie einen guten, scharfen Verstand hatte. Sie lernte den Ablauf der Ermittlungen kennen, erinnerte sich an die Beweise, las Bücher – Wellman über das Kreuzverhör und die Abenteuer von Sergeant Ballentine. Es hat ihr großen Spaß gemacht. Es war das beste Spiel, das sie je gespielt hatte. Die Vision einer stellvertretenden Karriere als Ehefrau eines großen Politikers hatte sie nun immer im Hinterkopf.

Eleanor mit ihrer überlegenen intellektuellen Ausstattung würde vielleicht über Lydias späte Entdeckung des politischen Feldes lachen; Aber Lydias Wissen war nicht theoretisch und abgelegen wie das von Eleanor. Es war lebendig, belebt durch ihre Energie und prägte sich in die täglichen Handlungen ihres Lebens ein. Mit der Hälfte von Eleanors Gehirnen war sie doppelt so effektiv.

Sie bewunderte Albee zutiefst, fast gefährlich, und sie wollte ihn noch mehr bewundern. Sie genoss alle Symbole seiner Macht. Sie mochte es, wenn die älteren, wichtigeren Männer aus ihrem Bekanntenkreis bei ihr nach einer Gelegenheit suchten, Albee gesellig kennenzulernen. Sie beobachtete gern, wie andere Frauen versuchten, ihn von sich wegzuziehen. Sie mochte sogar die Art und Weise, wie die Verkehrspolizisten ihr Auto durchließen, wenn er darin saß. Sie mochte all diese Dinge, nicht aus Eitelkeit, wie es vielen Mädchen gefallen hätte, sondern weil sie ständig das Bild von Albee als Übermensch vor Augen hatten. Und wenn Albee ein Supermann wäre, wäre das Problem ihres Lebens gelöst. Dann wäre alles einfach – ihr Jugend, Schönheit und Geld, ihren Mut und ihr Wissen über die Welt zu geben, um ihn zum Höchsten zu machen. Es stimmte zwar, dass er sie noch nicht gebeten hatte, ihn zu heiraten – er hatte noch nicht einmal mit ihr geschlafen, es sei denn, Bewunderung ist gleichbedeutend mit Liebe –, aber für Lydia war das zweitrangig. Das erste, was sie tun musste, war, sich eine eigene Meinung zu bilden.

Sie hatte mit zwei großen Problemen zu kämpfen. Zuerst wollte er überhaupt nicht ausgehen, wollte ihr Feld nicht betreten . Er schien der Meinung zu sein, wie so viele Amerikaner, dass es etwas Triviales, fast Unmoralisches sei, seine Mitgeschöpfe außer im Rahmen beruflicher Beziehungen zu treffen. Das zweite Problem war schlimmer: Nachdem er seine Abneigung überwunden hatte, fing er an, es zu sehr zu mögen und es zu ernst zu nehmen. Er habe zuvor nie Zeit dafür gehabt, sagte er, aber tatsächlich müsse er sich davon ausgeschlossen gefühlt haben, sei es auf dem College oder als junger Mann in der Legislative seines Staates.

Als er zum ersten Mal mit ihr in die Oper ging – er war ein echter Musikliebhaber – fiel ihr das auf. Lydias Kiste stand neben der von Mrs. Little. Die Zeitungen machten ihren Namen beeindruckend, aber ihre schlanke, weißhaarige Erscheinung machte sie noch beeindruckender. Lydia selbst bewunderte sie, und wenn sie jemals an ihr eigenes Alter dachte, dachte sie, sie würde gerne wie Mrs. Little sein – ein Wunsch, der höchstwahrscheinlich nicht in Erfüllung gehen würde, denn Mrs. Little war von traditionellen Verpflichtungen und der Aufopferung von Pflichten geprägt, die Lydia auferlegte hatte es nie zugegeben.

Als sie in der überfüllten Lobby des Eingangs zur 39. Straße warteten – alle Gesichter über Samt und Pelzen spähten hinaus und alle Gesichter der Lakaien hinein, und alle schwatzten und schrien, und es schien so wenig gelungen zu sein, die Menge zu vertreiben – Albee sagte: „Mrs. Little hat mich gebeten, am 16. zu Abend zu essen.“

Lydia bemerkte etwas Gefälliges im Tonfall. Der Gedanke, dass eine solche Einladung ihm geschmeichelt sein könnte, war ihr zuwider.

"Hast du angenommen?" fragte sie in einem kalten Ton, den sie versuchte unverbindlich zu machen.

Glücklicherweise hatte die Politik Albee zur Vorsicht erzogen. Er hatte nicht akzeptiert. Er hatte gesagt, dass er der großen Dame morgen früh Bescheid geben würde.

„Glaubst du, so etwas wird dich amüsieren?“

Er antwortete, dass es ihn amüsieren würde, wenn sie gehen würde, und wider besseres Wissen erlaubte sie sich zu glauben, dass der Eifer in seiner Stimme durch die versprochene Gelegenheit, sie zu sehen, verursacht worden sei.

Der schicke Ball war ernster. Die Pulsifers gaben es kurz vor der Fastenzeit in ihrem großen Ballsaal. Lydia und Miss Bennett diskutierten eines Nachmittags zur Teezeit über Kostüme, als Albee angekündigt wurde. Lydia war an diesem Morgen bei seinen Ermittlungen gewesen und hatte ihn noch nie so sehr bewundert.

„Wir sprechen von den Pulsiferen ", sagte Miss Bennett, als er eintrat. „Lydia möchte eine Japanerin werden, aber es werden viele sein. Ich möchte, dass sie eine Indianerin wird."

Lydia erinnerte sich lebhaft daran, wie er an diesem Morgen einen Streit zwischen zwei Anwälten entschieden hatte, und fühlte sich beschämt und demütigt, dass sie ihm so präsentiert werden musste, als sei sie mit einem Thema wie einem schicken Kostüm beschäftigt. Seine Stimme unterbrach sich.

„Oh ja, die Pulsifers ! Ich hatte heute Morgen eine Karte." Es war derselbe wohlwollende Ton – als wäre es wichtig, ob er es getan hatte oder nicht.

„Oh, geh doch!" rief Miss Bennett. Sie wollte helfen und fügte das Erste hinzu, was ihr in den Sinn kam. „Sie wären ein wunderbarer römischer Senator. Ich werde Ihr Kostüm für Sie arrangieren."

Plötzlich sah Lydia ihn vor sich, mit nackten Beinen, nackten Armen und nacktem Hals. Sie zuckte zurück, obwohl es natürlich nicht seine Schuld war. Wenn Benny einen Dogen oder einen Kardinal gesagt hätte; Doch als sie ihren Freund ansah, sah sie, dass er für keine der beiden Rollen geeignet war . Er war nicht fein und dünn und subtil. Er war der Typus eines römischen Senators.

„Es wäre eine große Versuchung, Miss Thorne als Indianerin zu sehen", antwortete er und lächelte sie voller Bewunderung an.

„Ich glaube nicht, dass ich gehen werde", sagte Lydia und schwenkte leicht den Kopf. „Ich finde es nicht würdevoll, sich wie Affen zu verkleiden."

Miss Bennett blickte überrascht auf. Lydia hatte sich vor ein paar Minuten noch so sehr für das ganze Thema interessiert. Sie hatte das Gefühl, dass das Mädchen ungewöhnlich launisch wurde. Albee verstand die Nachricht sofort.

„Wenn sie mich als Zuschauer gehen lassen würden –" begann er.

„Das verdirbt es, wissen Sie", antwortete Miss Bennett, aber Lydia unterbrach sie:

„Natürlich würden sie sich freuen, den Gouverneur zu allen Bedingungen zu bekommen."

Aber die Frage war einfacher geklärt. Albee wurde nach Washington gerufen, um vor einem Ausschuss des Senats auszusagen, der unter dem Vorwand, ihm zu helfen, in Wirklichkeit versuchte, die politische Aufmerksamkeit seiner Ermittlungen und Lydia zu stehlen, deren Indianerkostüm gerade fertiggestellt war – und auch Bennys von einem Longhi-Bild – gab die ganze Sache auf und reiste nach Washington, um die Aussage des großen Mannes zu hören, der die widerstrebende Miss Bennett mit sich führte.

Bobby Dorset, der sofort genau das gesagt hatte, was Lydia schon immer von Albee hören wollte – dass Partys wie diese mehr Ärger machten, als sie wert waren –, war von Lydia dazu genötigt worden, mitzumachen. Sie hatte ihm ein griechisches Kriegerkostüm besorgen lassen, in dem er sehr prächtig aussah. Ihm blieben sein Kostüm und seine Party, und keine Lydia, um es angenehm zu machen.

Er war eines späten Nachmittags gekommen und geblieben, wie er es oft zum Abendessen tat. Mitten im Essen wurde Lydia weggerufen – Gouverneur Albee wollte mit ihr telefonieren. Sie sprang vom Tisch auf und verließ das Zimmer. Miss Bennett sah Bobby erbärmlich an.

„Es geht darum zu entscheiden, ob wir morgen nach Washington fahren", sagte sie.

„Nach Washington?"

„Der Gouverneur wird vor einem Senatsausschuss aussagen und hat uns eingeladen zu kommen. Es wird sehr interessant sein", fügte Miss Bennett loyal hinzu.

„Aber die Pulsifere ?"

„Oh, ich bin überrascht, dass Lydia sich so wenig darum kümmert. Natürlich bin ich in meinem Alter dankbar, dem entkommen zu können."

„Oh, Benny", sagte Bobby, „du bist kein bisschen! Du gehst viel lieber dorthin als zu irgendeinem alten Senatsausschuss. Du liebst Partys aus dem gleichen Grund, aus dem das Lamm Mary liebte."

„Sie lassen mich mit fünfundfünfzig sehr frivol erscheinen", sagte Miss Bennett.

Dann kam Lydia mit leuchtenden Augen aus der Speisekammer zurück und legte ihrer Begleiterin im Vorbeigehen die Hand auf die Schulter, eine seltene Liebkosung.

„Wir gehen, Benny. Es ist nicht für die Öffentlichkeit geschlossen." Ihr ganzes Gesicht war vor Vergnügen weich und erleuchtet.

Bobby dachte: „Kann es sein, dass ihr dieses alte Kriegsross wirklich am Herzen liegt?"

Kapitel VII

Es hat großen Spaß gemacht, mit Albee zu reisen. Er hatte einen Salon im Congressional Limited gebucht und mit einer altmodischen, aber angenehmen Voraussicht Zeitungen und Zeitschriften sowie eine Schachtel Süßigkeiten bereitgestellt. Seine Sekretärin stand mit zu unterschreibenden Briefen in der Nähe. Der Schaffner kam und fragte, ob alles in Ordnung sei, Gouverneur, und die Leute gingen absichtlich an der Tür vorbei und starrten hinein, um einen Blick auf den großen Mann zu erhaschen. und Lydia konnte sehen, dass sie murmelten: „Das ist Albee, wissen Sie, er geht hinunter, um auszusagen."

Lydia kannte Washington überhaupt nicht. Als Kind war sie einmal von einer der energiegeladenen jungen amerikanischen Gouvernanten dorthin gebracht worden, war mit dem Boot nach Mt. Vernon und mit der Straßenbahn nach Hause gefahren, hatte in der Rotunde geflüstert, die Statuen angeschaut und das Haus gesehen und war insgeheim froh darüber Der Senat tagte im Geheimen, so dass sie das nicht sehen konnte, und sie würde Zeit haben, das Denkmal hinaufzusteigen – etwas, das sie wirklich genossen hatte – nicht nur wegen der Aussicht, sondern auch, weil ihre Gouvernante Angst vor Aufzügen hatte hatte Angst vor dem langsamen, ruckartigen Aufstieg. Während ihrer Verlobung mit Ilseboro war sie dann bei ein oder zwei Abendessen in der britischen Botschaft gewesen. Aber das war lange her, vor den Tagen ihrer Entdeckung der Bundesverfassung. Von der Regierung Washingtons wusste sie nichts.

Der Senatsausschuss traf sich am nächsten Morgen um zehn. Das Interesse an der Anhörung war groß und die Flure waren voller Menschen, die darauf warteten, dass die Türen geöffnet wurden. Miss Bennett und Lydia wurden zuerst durch einen privaten Raum geführt, um sicherzustellen, dass sie gute Plätze bekamen. Lydia fand den Ausschussraum wunderschön – eher wie eine Herrenbibliothek als wie ein Büro – breite, hohe Fenster mit Blick auf das Gelände des Kapitols, hohe Bücherregale mit Glastüren und blauen Seidenvorhängen, ein riesiger Tisch aus poliertem Holz in der Mitte; mit Stühlen darüber für die Senatoren.

Sie erkannte sie, als sie aus Albees Beschreibung kamen – den gepflegten blauäugigen Senator, der wie ein kleiner weißer Fuchs aussah, sein Feind; der dicke, blonde junge Mann voller Worte und Lächeln, der ein äußerst wirkungsloser Freund war; und der große, höfliche Vorsitzende in einem eng anliegenden pflaumenfarbenen Anzug mit einem anmutigen Auftreten, das einen nicht wissen ließ, ob er Freund oder Feind war .

Nicht, dass man aufgrund des Verhaltens von irgendjemandem vermutet hätte, dass es so etwas wie Feindschaft auf der Welt gibt – sie waren alle so ruhig und freundlich. Tatsächlich unterhielt sich Albee, als er hereinkam , mit dem kleinen fuchsgesichtigen Senator, vor dem er Lydia so ausdrücklich gewarnt hatte. Der ganze Ton war so, als hätten acht oder zehn hart arbeitende Männer einen Freund hinzugezogen, um ihnen bei der Aufklärung der Fakten zu helfen.

Lydia fand es sehr aufregend, da sie wusste, wie viel Hass und Parteipolitik hinter der Anhörung steckten. Sie war sich nur vage bewusst, dass ihre eigene Zukunft von dem Eindruck abhing, den Albee nun auf sie machen würde. Bei seinen eigenen Ermittlungen in New York war er der Chef, aber hier würde er angegriffen, verurteilt und, wenn möglich, zu Fall gebracht. Dort war er General, hier war er Duellant. Sie sah, wie mehrere Senatoren sie ansahen und fragten, wer sie sei, und vermutete, dass die Antwort lautete, dass sie das Mädchen war, in das Albee verliebt war, mit dem er sich verlobt hatte und sich lächerlich machte – so etwas in der Art. Es machte ihr nichts aus. Sie war stolz darauf, mit ihm identifiziert zu werden. Sie sah ihn an, als er sich rechts vom Vorsitzenden niederließ, und überlegte, wie sie sich fühlen würde, wenn sie sich sagen würde: „Da ist mein Mann." Könnten Sie einen Mann heiraten, für den Sie eine unerschütterliche körperliche Kälte empfanden? Sie dachte an Dan O'Bannons Kuss, und die Kontinuität ihrer Gedanken löste sich in einem Wirrwarr von Gefühlen auf – selbst dort im weißen Morgenlicht dieses abgelegenen Ausschussraums.

Die Anhörung begann; Es begann mit Sätzen wie: „Das Komitee würde sich freuen, Gouverneur, wenn Sie uns in Ihren eigenen Worten sagen würden – "

„Wenn es mir erlaubt wäre, Herr Senator, so verstehe ich das –"

Immer wieder sah sie die Falle, die ihm gestellt wurde, und dachte beunruhigt, dass es kein Entrinnen gab, und dann sah sie, dass er mühelos, mit nur einer Drehung seines leichten Handgelenks, entkommen war und, was noch bemerkenswerter war, die Wahrheit gesagt hatte – Ja, als sie darüber nachdachte, entsprach es fast der Wahrheit. Besonders erfolgreich war er mit dem fuchsgesichtigen Senator, dessen einziges Interesse offenbar darin bestand, den Gouverneur dazu zu bringen, etwas zu sagen, das in den Schlagzeilen der Zeitungen schlecht aussehen würde. Nach ein paar Malen verstand sie Albees Methode. Es ging darum, den Senator dazu zu bringen, seine Frage immer wieder neu zu definieren, bis der mit dem Thema verbundene Hass auf den Fragesteller und nicht auf den Antwortenden fiel.

Nach fünfzehn Minuten wusste sie, dass er ihnen gewachsen war – sein Verstand war schneller, subtiler und kraftvoller. Er ließ sie alle geistig ungeschickt und böse gesinnt erscheinen. Er konnte ihre Fragen, selbst die feindseligen, viel besser formulieren als sie. Immer wieder sagte er mit einem sanften, fast liebevollen Lächeln: „Ich denke, Herr Senator, wenn Sie mir gestatten, dass Sie mit dieser letzten Frage wirklich fragen wollen, ob –" Und zwar mit einer klaren und genauen Aussage Es folgte eine Stellungnahme zu den wirren Vorstellungen des Senators, wie der Senator mit einem beschämten Nicken zugeben musste.

Lydia, die an so etwas nicht gewöhnt war, hielt es für ein Wunder, dass der Geist eines Menschen unter solchem Druck so gut arbeiten konnte. Er schien ihr ein Übermensch zu sein.

Nach der Anhörung aßen sie unten im stickigen Keller zu Mittag, in dem die Väter des Senats mit ausgezeichneten Südstaatengerichten versorgt werden, die von Negern in weißen Jacken serviert werden. Lydia traf die meisten angesehenen Persönlichkeiten, sogar den fuchsgesichtigen Senator, der, wie man ihr sagte, ein ausgesprochener Frauenheld sei. Sie war zum ersten Mal eine Satellit, ein Teil der Suite eines großen Mannes, und froh darüber.

Dann, nach dem Mittagessen, nachdem Benny taktvoll den Wunsch geäußert hatte, ins Hotel zurückzukehren und sich auszuruhen, während sie zum Abendessen gingen, machten Lydia und der Gouverneur einen Spaziergang am Ufer des Potomac entlang. Der März ist in Washington sehr frühlingshaft. Die Obstbäume begannen zu knospen und die Luft war mild und still, so dass der Fluss das Denkmal wie ein Spiegel spiegelte.

„Du kamst mir heute Morgen sehr wundervoll vor", sagte sie.

Er drehte sich zu ihr um.

„Wenn ich dreißig Jahre jünger wäre, würdest du mir das nicht ungestraft sagen."

„Wenn du dreißig Jahre jünger wärst, würdest du im Vergleich zu dem, der du jetzt bist, wie ein ineffizienter Junge wirken." Ihr Gesicht, ihre Augen, ihr ganzer Körper drückten die Bewunderung aus, die sie für seine Kräfte empfand.

Es herrschte ein wenig Stille; Dann sagte er ernst: „Wenn ich mich nur davon überzeugen könnte, dass es möglich wäre, dass ein Mädchen in deinem Alter einen Mann von mir lieben könnte –" Lydia vergrub ihre Unterlippe in einem weißen Zahn – sie hatte nicht Liebe gemeint – sie hatte nicht gedacht Es ist eine Frage davon. Sein sensibler Egoismus verstand ihre Gedanken ohne jedes gesprochene Wort, und er fügte hinzu: „Und ich sollte mit nichts anderem zufrieden sein – mit nichts anderem, Lydia."

Bei all ihrem Grübeln über die Möglichkeit ihrer Heirat mit dem Gouverneur hatte sie irgendwie nie daran gedacht, dass er von ihr erwartete, dass sie ihn liebte – in ihn verliebt war.

Sie ging ein paar Schritte weiter und sagte dann: „Ich glaube nicht, dass ich jemals verliebt sein werde – das habe ich nie getan. Ich empfinde für dich einen ernsteren Respekt und eine größere Bewunderung, als ich jemals für irgendjemanden, Mann oder Frau, empfunden habe." "

„Und was empfinden Sie für diesen kleinen blonden Whippersnapper, der immer unter Ihren Füßen ist?"

„Für Bobby?" Sie war aufrichtig überrascht, dass sein Name in eine ernsthafte Diskussion verwickelt wurde. „Ich empfinde Zuneigung zu Bobby. Er ist sehr nützlich und freundlich. Ich könnte ihn nie lieben. Oh, keine Gnade!"

„Wollen Sie damit sagen", sagte Albee, „Sie hatten noch nie das Gefühl – Sie hatten noch nie einen Mann, der Sie in die Arme nahm und sich so sagte wie er: ‚Das ist Leben'?"

„Nein, nein, nein, nein! Nie, nie!" sagte Lydia. Sie log leidenschaftlich, so leidenschaftlich, dass sie sich nie daran erinnerte, dass sie log. „Ich möchte mich nicht so fühlen. Sie verstehen mich nicht, Gouverneur. Zu fühlen, was ich für Sie empfinde, ist mehr, viel mehr als –"

Sie hielt inne, ohne ihren Satz zu beenden.

„Du machst mich sehr stolz und sehr glücklich, wenn du so redest", sagte Albee. „Ich hätte sicherlich nie erwartet, dass die glücklichste Zeit meines Lebens – diese letzten paar Wochen – nach meinem fünfzigsten Lebensjahr kommen würde. Das frage ich mich", fügte er hinzu, drehte sich um und musterte sie mit einer Art väterlicher Belustigung, zu der sie sich entwickelt hatte wie: „Ich frage mich, ob es zu meiner Zeit wirklich Mädchen wie dich gab, ob ich klug genug gewesen wäre, sie zu finden."

Lydia, die den Eindruck hatte, dass ihre gesamte Zukunft dort und dann im Potomac Park geregelt würde, in Sichtweite des Weißen Hauses, das sie metaphysisch im Auge behielt, war der Meinung, dass dies der ideale Weg für ein Gespräch zwischen Mann und Frau sei ihre Ehe – nicht kalt, aber ohne wogende Gefühlswellen, die ihre Augen blenden würden. Die Heirat war eigentlich nicht erwähnt worden. Keiner von ihnen hatte etwas Bestimmtes gesagt, als sie vor fünf Uhr hereinkamen, um mit Benny Tee zu trinken. Aber Lydia hatte keinen Zweifel an der Bedeutung ihrer Rede. Wie die meisten klarsichtigen Erbinnen weiß sie rational, dass ihr Vermögen Teil ihres Charmes war; Aber wie den meisten Menschen fiel es ihr leicht zu glauben, dass sie um ihrer selbst willen geliebt wurde.

Sie sollten mit dem Mitternachtszug nach New York zurückfahren, damit der Gouverneur rechtzeitig zu seiner morgendlichen Ermittlungsarbeit kommen konnte, aber bevor er ging, veranstaltete er eine kleine Dinnerparty. Ein zusätzlicher Mann für Benny, ein angesehenes Mitglied des Repräsentantenhauses und den Senator seines eigenen Staates – einen alten politischen Verbündeten – und seine Frau. Seine Frau war eine Frau aus Washington und stammte aus einer alten Familie, und jetzt, mit dem Geld und der Stellung ihres Mannes, war ihr Haus ein Ort von einiger politischer Bedeutung.

Von dem Moment an, als die Framinghams ankamen, begann eine Wolke über Lydia herabzusteigen. Sie mochte sie beide – den frischgesichtigen, weißhaarigen, klugen, weisen Senator und seine hübsche, elegante Frau – elegant, aber etwas eleganter als derselbe Typ in New York. Mrs. Framinghams Haar war sorgfältiger gelockt, ihr Kleid etwas reicher und enger, ihr Schmuck zahlreicher als der von Lydia oder Miss Bennett; Dennoch erkannte Lydia sie sofort als gleichberechtigt – eine Frau, die in ihrem eigenen Umfeld gesellschaftlich ihren eigenen Weg ging.

Sie mochte die Framinghams – Albee gefiel ihr weniger gut. Er war anders als in dem Moment, als sie eintraten. Um die Sprache der Kinderstube zu verwenden, begann er anzugeben, nicht im Zusammenhang mit seinem Erfolg am Vormittag – Lydia hätte sich eine gewisse Eitelkeit über diesen Auftritt verzeihen können –, sondern in Bezug auf gesellschaftliche Angelegenheiten, die Oper, Miss Thornes Loge und dann – Lydia wusste, dass es kommen würde – die Pulsifers . Er wollte, dass Mrs. Framingham erfuhr, dass er zu den Pulsifers eingeladen worden war . Er hat es so gemacht:

„Sie können sich vorstellen, Mrs. Framingham, wie sehr ich mich geschmeichelt fühle, dass Miss Thorne zu der Anhörung gekommen ist und eine der brillantesten Partys der Saison verpasst hat – ja, die Pulsifers . Natürlich, soweit ich weiß Ich bin besorgt, es ist eine große Erleichterung, so etwas zu umgehen. Oh, ich möchte nicht unhöflich wirken. Es war sehr freundlich von Frau Pulsifer, mich einzuladen, aber ich war froh, einen Vorwand zu haben, dem aus dem Weg zu gehen. Nur für Miss Thorne –"

Sogar seine Stimme klang anders – heuchlerisch, unterwürfig – „unterwürfig" war das Wort in Lydias Kopf. Auch wenn Mrs. Framingham von der Nachricht beeindruckt war, dass der Gouverneur hätte gehen können, wenn er gewollt hätte, so verriet sie doch nicht das geringste Interesse. Lydia schilderte ihre Haltung gegenüber dem Gouverneur. Als sie das letzte Mal in der Hauptstadt des Staates ihres Mannes war, war Albee offenbar nur ein einflussreiches Mitglied der Legislative gewesen – nützlich für ihren Mann, aber nicht in ihr Haus eingeladen. Alles schön und gut, dachte Lydia – eine Kritik an Mrs. Framinghams mangelnder Vision –, wenn Albee nur dazu stehen würde, sich darüber ärgern und nicht so erpicht darauf wäre, es ihr recht zu machen.

Als sie immer stiller wurde, wurde der Gouverneur, der von Miss Bennett geschickt unterstützt wurde, immer umgänglicher. Es wäre eine sehr angenehme Party gewesen, wenn Lydia nicht da gewesen wäre. Miss Bennett konnte sich nicht vorstellen, was los war; und selbst Albee, der sich von seiner instinktiven Menschenkenntnis und seinem schnellen Egoismus leiten ließ, war mit seiner eigenen Beziehung zu seiner Partei zu zufrieden, um irgendetwas Unrechtes zu empfinden. Lydias Schweigen verschaffte ihm nur noch mehr Handlungsspielraum.

Sie sah ihn nicht wieder allein. Nach dem Abendessen gingen sie ins Theater und dann zum Zug. Im Abteil hatten sie und Benny die kleine Szene, die sie bei solchen Gelegenheiten immer hatten. Lydia ging davon aus, dass sie als jüngere Frau das obere Bett belegen würde. Miss Bennett behauptete, dass es ihr unendlich lieber sei. Lydia ignorierte die Behauptung und bezweifelte ihre Richtigkeit. Miss Bennett bestand darauf, und Lydia gab nach – hauptsächlich aus dem Grund, weil ihr der Streit unwürdig erschien.

Diesmal war sie froh, dass sie im unteren Bett war, denn sie schlief nicht, und als sie den Schatten hochzog, starrte sie hinaus. Es hatte etwas Beruhigendes, sich auf ihren Kissen zurückzulehnen und zuzusehen, wie die Welt an einem vorbeizog, als würde man auf einem fliegenden Teppich dahingeschleift, während alle anderen schliefen.

Ihre Zukunft war wieder einmal im Chaos. Sie könnte Albee niemals heiraten. Sie dachte, wie so oft, an Ilseboros Abschiedsworte darüber, dass sie so ein Tyrann sei, dass sie immer zweitklassige Spielkameraden bekommen würde. Es schien ihr, dass das eigentliche Problem in ihrer Forderung lag, dass sie erstklassig sein sollten. Die meisten Frauen hätten Albee als erstklassig akzeptiert, aber sie wusste, dass er das nicht war. Sie fühlte sich auf tragische Weise allein.

Ihr Zug kam um sieben an, und sobald Lydia gebadet und gefrühstückt hatte – also um neun Uhr –, rief sie Eleanor am Telefon an. Die Überlegung, dass ihre Freundin in der Nacht zuvor vielleicht lange wach gewesen sein könnte, war für Lydia nicht typisch. Tragisch oder nicht, sie war neugierig zu hören, was bei den Pulsifers passiert war . Sie wollte, dass Eleanor mit ihr zum Mittagessen kam. Nein, Miss Bellington wollte an diesem Morgen aufs Land zurückkehren. Schließlich wurde vereinbart, dass Lydia Eleanor in dem kleinen Flitzer nach Hause fahren und zum Mittagessen bei ihr bleiben sollte.

Es war einer dieser milden Tage, die einen glauben lassen, der März sei wirklich ein Frühlingsmonat. Eleanor fuhr nicht gern schnell; und Lydia erinnerte sich mit ungewöhnlicher Nachdenklichkeit an die Wünsche ihrer Freundin und fuhr in mäßigem Tempo. Daran konnte man erkennen, ob Lydia jemanden wirklich mochte – ob sie die Art von Rücksichtnahme an den Tag legte, zu der die meisten Menschen erzogen werden, allen Menschen gegenüber. Die beiden Frauen schwatzten wie Schulmädchen.

„War Bobby in seinem Kostüm zu wunderbar?"

„Meine Liebe, ich wünschte, du hättest ihn sehen können. May Swayne machte wirklich eine Gans aus sich heraus von ihm."

„Ja", sagte Lydia nachdenklich, „das tut sie immer, wenn ich nicht da bin, um ihn zu beschützen. Und Fanny – war ihre Kleopatra so komisch, wie es klang?"

Eleanor wollte etwas über Lydias Erfahrungen wissen – die Anhörung in Washington. Lydia erzählte, wie großartig sich der Gouverneur verteidigt hatte, und fügte zunächst nichts über die weniger wünschenswerten Aspekte seines Charakters hinzu. Sie glaubte, dass diese Zurückhaltung aus Loyalität resultierte, aber die Tatsache, dass der Gouverneur im Allgemeinen als ihr eigenes Eigentum betrachtet wurde, ließ sie das Gefühl haben, dass eine Kritik an ihm ihr eigenes Vermögen verbilligte. Aber sie hatte großes Vertrauen in Eleanor, und als sie sich allein zum Mittagessen hingesetzt hatten, war sie mit der ganzen Geschichte über den Eindruck, den Albee auf sie gemacht hatte, beschäftigt. Tatsächlich war sie an der Erzählung so interessiert, dass sie, als Eleanor gegen Ende des Mittagessens ans Telefon gerufen wurde , den Vorfall kaum bemerkte, es sei denn, es handelte sich um eine Unterbrechung. Während der wenigen Minuten, in denen Eleanor weg war, saß sie da und ging in Gedanken alles durch, und sobald Eleanor zurückkam, nahm sie wieder auf, was sie gesagt hatte.

Eleanor war eine zufriedenstellende Zuhörerin. Sie fing nicht an, dich zu beschimpfen und dir zu sagen, was du hättest tun sollen, bevor du halb fertig warst. Sie hat sich nicht an ihre eigenen Abenteuer erinnern lassen und einem die Erzählung entrissen. Sie saß stumm, aber wachsam da und vermittelte durch etwas, das weder Worte noch Bewegungen auslöste, dass sie jeder Feinheit folgte.

Ihr Kommentar war: „Albee tut mir ziemlich leid."

„Du meinst, du glaubst nicht, dass er ein Wurm ist?" Lydia war wirklich überrascht.

„Oh ja, ich denke, er ist genau so, wie Sie ihn darstellen! Mir tun Menschen leid, deren Fehler sie komisch und wehrlos machen. Schließlich hat Albee große Fähigkeiten. Die interessieren Sie überhaupt nicht, denn er stellt sich heraus." nicht perfekt zu sein. Und wer bist du, mein Lieber, der Perfektion verlangt?"

„Das tue ich nicht! Das tue ich nicht", rief Lydia eifrig. „Oh, Eleanor, Männer haben Glück! Anscheinend können sie sich verlieben, ohne dich auch nur im

Geringsten zu respektieren – umso mehr, wenn sie es nicht tun –, aber eine Frau muss glauben, dass ein Mann etwas Überlegenes an sich hat, und sei es nur seine Bosheit. Ich fordere keine Perfektion – kein bisschen –, aber ich verlange, dass die Fehler eines Menschen keine verachtenswerten Fehler sein sollen; dass er etwas Kraft und Schnelligkeit haben sollte; dass er zumindest ein Mann sein sollte."

„Das scheint dir auch nicht immer zu gefallen."

„Du denkst an Ilseboro . Ich mochte Ilseboro , obwohl er so ein Tyrann war."

„Nein, ich habe an Dan gedacht."

Lydia öffnete die Augen, als könnte sie sich nicht vorstellen, wen sie meinte.

„Von Dan?"

„Dan O'Bannon."

„Oh, jetzt heißt es doch ‚Dan', oder?"

„Du magst ihn nicht wegen genau dieser Eigenschaften, von denen du sagst, dass du sie verlangst", fuhr Eleanor fort – „Kraft und Stärke –"

Lydia brach ein.

„Stärke und Kraft! Was ich an ihm wirklich nicht mag, liebe Eleanor, ist, dass du ihn so ernst nimmst. Ich kann es nicht ertragen, zu sehen, wie du dich über einen Mann lächerlich machst."

„Ich habe nicht das Gefühl, dass ich mich lächerlich mache, danke."

„Ich meine nicht, dass Sie jemals würdelos sein würden, aber es ist lächerlich für eine Frau Ihres Könnens und Ihrer Position, diesen jungen Iren – einen Anwalt auf dem Land – so ernst zu nehmen. Ich kann es nicht ertragen, Sie auf die gleiche Weise zu nennen Atem!"

Eleanor hob leicht die Schultern.

„Er wird in ein paar Minuten hier sein."

"Hier?" Lydia sprang auf. „Dann bin ich weg!"

„Ich wünschte, du würdest nicht gehen. Wenn du mehr von ihm sehen würdest , würdest du deine Meinung über ihn ändern."

„Wenn ich mehr von ihm sehen würde, würde ich ihn beleidigen. Schicken Sie doch nach meinem Auto, ja? Nein, nein, Eleanor! Ich weiß, dass ich damit recht habe – wirklich, das habe ich. Eines Tages wirst du damit einverstanden sein." Mich."

„Oder du mit mir", antwortete Eleanor, aber sie klingelte und bestellte Lydias Auto.

Ein paar Minuten später war Lydia auf dem Heimweg. Es war ein Tag, an dem alles schief gelaufen war, dachte sie; aber jetzt stand ihr ein Heilmittel gegen die Nerven offen. Zu dieser Stunde waren die Straßen leer und ihr Fuß drückte aufs Gaspedal. Sie dachte, wenn Eleanor O'Bannon heiraten würde , würde sie sie verlieren. Sie möchte es verhindern. Bei den meisten Mädchen konnte sie ihren Verstand gegen einen Mann vergiften, indem sie ihn als lächerlich hinstellte, aber Eleanor ließ sich nicht so leicht beeinflussen. Lydia fragte sich, ob sie nach ihrer Heirat erfolgreicher sein könnte. Sie hatte noch nie jemanden so gehasst wie O'Bannon. In gewisser Weise hat es Spaß gemacht, eine Person zu hassen. Ihre Stimmung begann sich zu verbessern, als die Geschwindigkeit, wie ein Narkotikum, ihre Nerven beruhigte. Die Straße war glatt und neu und hatte den Winterfrösten gut standgehalten. Das erste Tauwetter im Frühjahr hatte auf der Betonoberfläche eine Feuchtigkeit hinterlassen, die hier und da glitzerte und die Räder durchrutschen ließ und das Auto wie ein Lebewesen ins Wanken brachte. Dies steigerte Lydias Vergnügen nur und fesselte ihre Aufmerksamkeit, als sie auf dem schmalen Betonstreifen gelegentlich an einem Auto vorbeikam.

Kreuzung vorbeiraste, erhaschte sie einen flüchtigen Blick auf ein Motorrad und eine khakifarbene Gestalt, die sich bereits auf den Aufstieg vorbereitete. Sie drehte ihren Kopf weit genug, um sicher zu sein, dass es derselbe Mann war. Sie sah, wie er die Hand hob, hörte seine Stimme, die sie aufforderte aufzuhören.

„Keine Armbänder mehr, mein Freund", dachte sie und ihr Auto schoss schneller als je zuvor vorwärts.

Sie vermutete, dass er Schwierigkeiten hatte, seinen Motor zu starten, denn sie hörte das Motorrad hinter ihr nicht. Sie wusste, dass kurz bevor sie das Dorf betrat, etwa eine halbe Meile vor ihr eine wenig befahrene kleine Straße verlief, die fast parallel dazu in die Hauptstraße mündete, auf der sie sich befand. Wenn sie das schaffte, könnte sie das Auto kilometerweit fahren lassen. Das einzige Problem bestand darin, dass sie sich fast vollständig umdrehen musste, was bei diesem Tempo nicht einfach sein würde.

Plötzlich hörte sie das Geräusch der schnellen, regelmäßigen Explosion und der erwartete Fleck erschien in ihrem Spiegel. Alle ihre Kräfte konzentrierten sich jetzt darauf, ihr Auto auf der rutschigen Straße gerade zu halten, aber sie dachte grimmig: „Schlimmer für ihn auf zwei Rädern als für mich auf vier." Sie verspürte eine wachsende Entschlossenheit, nicht erwischt zu werden – eine Bereitschaft, jedes Risiko einzugehen. Der Mann auf dem Motorrad kam immer noch auf sie zu. Bei einer Unebenheit der Straße gerieten ihre Vorderräder stark ins Schleudern. Mit einer schnellen Drehung erlangte sie die Kontrolle zurück und fuhr wieder geradeaus. Sie wusste, wie man fährt, Gott sei Dank!

Als der Mann auf sie zukam, freute sie sich über den Anblick ihrer Nebenstraße, die auf der rechten Seite eintraf. Selbst bei diesem Tempo könnte sie es umgehen, dachte sie, indem sie ihr Auto ins Schleudern brachte; und das Motorrad konnte nicht anders, als direkt in das Dorf Wide Plains zu schießen und dabei Kinder und Hunde vor sich her zu zerstreuen. Der Gedanke verspürte eine wilde Belustigung, doch ihr Gesicht ließ die angespannte Strenge nicht nach.

Sie festigte ihren Griff um das Lenkrad, lenkte das Auto nach links, bereitete sich auf die Kurve vor und bremste so stark, dass die Hinterräder blockierten, in der Erwartung, das schnelle Seitwärtsrutschen eines ins Schleudern geratenen Autos zu spüren. Stattdessen gab es einen gewaltigen Aufprall – das Krachen von Stahl und Glas, einen Schrei. Ihr eigenes Auto geriet außer Kontrolle, drehte einen kompletten Kreis, kam von der Straße ab und wieder auf die Straße und kam langsam zum Stehen und zeigte in die gleiche Richtung wie zuvor, aber einige Meter hinter der Straßengabelung. Sie sah sich um. Fragmente des Motorrads waren von der Ecke bis zu der Stelle verstreut, wo der Mann in einem Graben am Fuße eines Telegrafenmastes lag, eine konturlose Masse.

Es war ein sehr schrecklicher Moment für Lydia.

Sie sprang aus ihrem Auto. Inmitten der Trümmer des Motorrads starrte die Uhr wie ein kleines weißes Gesicht zu ihr empor. Die Welt schien still geworden zu sein; Das einzige Geräusch war, dass ihre Füße beim Laufen auf den Beton schlugen. Der Mann lag regungslos da. Er war zusammengebogen und seltsam verdreht wie eine knochenlose Vogelscheuche, die vom Wind heruntergeworfen wurde. Ein Arm lag unter ihm, seine Augen waren geschlossen, Blut sickerte aus seinem Mund. Sie beugte sich über ihn und versuchte, seinen Körper in eine natürlichere Position zu bringen; aber er war ein großer Mann, und sie konnte nichts mit ihm anfangen. Sie blickte von dem Kampf auf und stellte zu ihrem Erstaunen fest, dass sie nicht mehr allein war. Menschen schienen aus der Erde aufgetaucht zu sein, die Luft war voller Schreie und Erklärungen. Ein großer Tourenwagen war in der Nähe stehen geblieben . Sie erinnerte sich vage daran, daran vorbeigekommen zu sein. Ein Flivver keuchte auf der anderen Straßenseite. Alle stellten Fragen, die sie ohne zu zögern beantwortete. Wichtig war, den Mann in den Tourenwagen zu setzen und ins Krankenhaus zu bringen.

Sie war so in all seine Gedanken vertieft, dass ihr der eigene Zusammenhang mit der Situation gar nicht mehr in den Sinn kam. Als sie hinten im Auto saß und seinen Körper stützte und das Blut auf ihrer eigenen dunklen Kleidung erstarrte, dachte sie nur an ihr Opfer. Sie war nicht der Typ Egoist, der immer denkt: „Wie schrecklich, dass mir das passieren musste!"

Sie sagte sich: „Er hat wahrscheinlich Frau und Kinder. Es wäre besser gewesen, wenn ich derjenige gewesen wäre, der getötet wurde."

Im Krankenhaus angekommen, folgte sie ihm in die Station, wo ihn die Trage trug, und wartete vor dem Bildschirm, während die Krankenschwestern ihm die Kleidung vom Leib schnitten. Es schien ihr Stunden zu dauern, bis der junge Hausarzt kopfschüttelnd auftauchte.

„Bruch der Basis", sagte er. „Wenn er die nächsten vierundzwanzig Stunden übersteht , hat er eine Chance von 60 Prozent", und er eilte davon, um die Einzelheiten seinem Chef telefonisch mitzuteilen.

Als sie dort saß , merkte sie, dass ihr eigener Körper wund und steif war. Sie muss sich verrenkt haben oder bei der plötzlichen Wendung des Wagens gegen das Lenkrad geprallt sein. Sie fühlte sich plötzlich erschöpft. Es schien keinen Sinn zu haben zu warten. Sie könnten ihr das Ergebnis der Nacht mitteilen. Sie hinterließ ihren Namen und ihre Adresse und fuhr mit dem Zug nach Hause.

Sie hat sich geschworen, nie wieder Auto zu fahren. Sie würde es nicht erklären oder darüber diskutieren, aber nichts sollte sie jemals dazu bewegen, ein Lenkrad zu berühren. Es war eine unzureichende Sühne. Jedes Mal, wenn sie die Augen schloss , sah sie diesen Haufen Blut und Stahl am Fuß des Telegrafenmastes. Oh, wenn die Zeit nur zurückgedreht werden könnte, damit sie ein zweites Mal von Eleanors Tür aus starten könnte! Es kam ihr nie in den Sinn, dass dieses schreckliche persönliche Unglück, das ihr widerfahren war, sie ernsthaft dem Gesetz zugänglich machte.

KAPITEL VIII

Drummond starb am späten Abend. Ein Bericht über den Unfall war in den Schlagzeilen der Morgenzeitungen. Unglücklicherweise für Lydia war er eine auffällige lokale Persönlichkeit. Er hatte schon früh die Popularität eines gutaussehenden, ausschweifenden Jungen genossen, und dann war er einer der Männer gewesen, die nicht auf die Einberufung gewartet hatten, sondern sich freiwillig gemeldet hatten, zur regulären Armee gegangen waren und unverwundet aus Frankreich heimgekehrt waren eine heroische Bilanz. Darüber hinaus bestand zwischen ihm und Alma Wooley, der Tochter des Eisenwarenhändlers, eine lange Jungen-und-Mädchen-Liebesbeziehung. Mr. Wooley, ein gebürtiger Long Islander, hart und klug, war gegen das Gefecht gewesen, bis nach dem Krieg die Rückkehr Drummonds als Held einen Widerstand unmöglich machte. Zu diesem Zeitpunkt kam O'Bannon zu Hilfe und sicherte dem jungen Mann die Position eines Verkehrspolizisten. Die Hochzeit sollte im Juni stattfinden.

Bevor Drummond starb, erlangte er das Bewusstsein lange genug wieder, um das blasse Mädchen an seiner Seite zu erkennen und eine Ante-Mortem-Aussage über die Umstände des Unfalls zu machen.

Eleanor hörte am Abend von dem Unfall, erfuhr jedoch erst in den frühen Morgenstunden des nächsten Morgens von Drummonds Tod. Sie rief O'Bannon an, aber er hatte sein Haus bereits verlassen. Im Büro wurde sie gefragt, ob Mr. Foster das tun würde. Mr. Foster würde das nicht tun. Mit ihrem klaren Verstand und ihren kürzlich erworbenen Kenntnissen im Strafrecht wusste sie, dass die Lage ernst war. Sie rief Fanny Piers an und erfuhr, dass sie den Tag in der Stadt verbringen würde. Noel kam zum Telefon. Er war sehr locker.

„Ja, arme Lydia", sagte er; „Ihnen ist etwas Unangenehmes passiert."

„Eher mehr als unangenehm", antwortete Eleanor. „Wissen Sie, ob sie verhaftet wurde?"

Piers lachte am Telefon. Natürlich war sie das nicht gewesen. Tatsächlich, so schien sein Ton zu sagen, ließ Eleanor zu, dass ihre sozialistischen Ideen mit ihrem Urteilsvermögen durchgingen. Die arme Lydia hatte es nicht böse gemeint – so etwas konnte jedem passieren. Oh, sie könnten es mit ihr versuchen – der Form halber. Aber was konnten sie ihr antun?

„Nun", sagte Eleanor, „es ist bekannt, dass Leute ins Gefängnis gehen, weil sie jemanden auf der Autobahn getötet haben."

Piers stimmte zu, als wäre ihr Standpunkt irrelevant.

„Oh ja, einige dieser nachlässigen Chauffeure. Aber so etwas wird immer arrangiert. Du wirst sehen. Man kann keine große Jury dazu bringen, ein Mädchen wie Lydia anzuklagen. Es wird arrangiert."

„In Ordnung", dachte Eleanor, als sie den Hörer auflegte, „nur auf Kosten von Dan O'Bannons Ehre oder Karriere."

Das wollte sie nicht, und dennoch wollte sie Lydia helfen. Sie war sich zutiefst um das Mädchen besorgt und war sich ihrer herzlichen, ehrlichen Zuneigung zu ihr stärker als sonst bewusst. Sie dachte oft an Lydia, wie sie an ihrem ersten Schultag ausgesehen hatte. Die Schulleiterin hatte sie ins Arbeitszimmer gebracht und dem verantwortlichen Lehrer vorgestellt. Alle Mädchen hatten aufgeschaut und starrten auf die kleine, schwarzäugige neue Schülerin mit dem Kurzhaarschnitt und den schlanken Beinen in schwarzen Seidenstrümpfen, von denen sie geschickt einen um den anderen drehte. Sie war schüchtern und einsilbig, völlig ungewohnt für Kinder ihres Alters; Und doch hatte sie schon damals eine gewisse Fähigkeit zur Kameradschaft gezeigt, denn unter den Ellbogen der beiden großen Lehrer hatte sie den Mädchen ein langsames, schüchternes Lächeln zugeworfen, als wollte sie sagen: „Warten Sie, bis wir zusammenkommen! Wir werden das schon regeln." ihnen!"

Sie war sehr gut gekleidet, denn Miss Bennett hatte gerade erst das Kommando übernommen, war aber mental nicht so gut gerüstet, da die lange Reihe ihrer Gouvernanten mehr Zeit damit verbracht hatte, die Lehren ihrer Vorgänger zu zerstören, als auf eigene Faust Fortschritte zu machen. Sehr zu Lydias Leidwesen wurde sie in eine Klasse mit Kindern gegeben, die jünger waren als sie.

Das war kurz vor Weihnachten. Vor dem zweiten Semester gelang es ihr, in eine Klasse ihrer Zeitgenossen versetzt zu werden. Sie hatte noch nie studiert, weil es ihr in alten Zeiten so vorgekommen war, als bestünde ihre höchste Errungenschaft darin, ihren Gouvernanten einen Strich durch die Rechnung zu machen. Aber sobald es wünschenswert wurde, Wissen zu erlangen, fiel es ihr nicht schwer, es zu erlangen. Es hatte ihr Spaß gemacht, bis spät in die Nacht zu lernen, wenn Miss Bennett glaubte, sie schliefe.

Ebenso hatte sie beschlossen, sich mit Eleanor anzufreunden, die eine Klasse über ihr war und im Schulleben eine herausragende Rolle spielte. An der Freundschaft war nichts Sentimentales gewesen. Sie hatte damals Eleanors klaren Verstand und moralischen Mut bewundert, genauso wie sie sie jetzt bewunderte.

Es war dieses kleine Mädchen, das ein Bein um das andere drehte, woran Eleanor jetzt mit einer warmen Zuneigung dachte, die die spätere Lydia nicht zerstört hatte. Sie bestellte ihr Auto und fuhr in die Stadt zum Thorne-Haus.

An der Tür verriet Morson genau die gebührende Feierlichkeit – die gebührende zusätzliche Feierlichkeit –, denn er war nie schwul.

Ja, Miss Thorne war da, aber er konnte nicht sicher sein, ob sie Miss Bellington im Moment sehen konnte. Mr. Wiley war im Wohnzimmer.

„Mr. Wiley?" sagte Eleanor und versuchte sich zu erinnern.

„Der Anwalt, meine Dame."

Eleanor zögerte.

„Sag ihr, dass ich hier bin", sagte sie, und bald darauf kam Morson zurück und führte sie in den Salon.

Lydias Salon glänzte mit zinnoberrotem Lack, Jade, Bergkristall, ein oder zwei chinesischen Gemälden und riesigen gepolsterten Sesseln und Sofas. Hier saßen sie, Miss Bennett und Mr. Wiley – zumindest saßen Mr. Wiley und Miss Bennett, und Lydia stand da und spielte mit einem Jadehund vom Kaminsims und drückte seine kalte Oberfläche an ihre Wange.

Als Eleanor eintrat, tat Lydia lautlos etwas, was sie schon gelegentlich zuvor gesehen hatte – sie schien plötzlich Begrüßung, Liebe und Dankbarkeit auszustrahlen. Miss Bennett stellte Herrn Wiley vor.

Wiley hatte seine Position schon früh im Leben etabliert – früh für einen Anwalt; also hatte er jetzt, mit achtundfünfzig, dreißig Jahre intensives Training hinter sich. In den neunziger Jahren war ein junger Mann von dreißig Jahren mit seiner schlanken Figur im Gehrock, seinen schmalen, feinen Gesichtszügen und seinem dunklen, dicken Schnurrbart aus den meisten wichtigen Gerichtsverfahren bekannt, und in den veröffentlichten Berichten darüber hatte sein Name immer einen prominenten Platz. Seine Feinde hatten einst seine juristische Tiefe verachtet und gesagt, er sei eher ein Schauspieler als ein Anwalt; aber wenn ja, schienen sich die Geschworenen mehr von der Kunst als vom Recht beeinflussen zu lassen, denn Wiley hatte eine wunderbare Erfolgsbilanz. Er war ein Mann von äußerster finanzieller Integrität – als Treuhänder allgemein begehrt – ein ehrenhafter Gentleman, ein Anführer an der Anwaltskammer. Es war schwer vorstellbar, dass Lydia in besseren Händen sein könnte. Er wäre vielleicht nicht bereit gewesen, ihren Fall zu übernehmen, wenn er nicht der Anwalt ihres Vaters und ihr Treuhänder gewesen wäre. Durch jahrelange Konflikte um die Finanzen war er mit allen Problemen rund um die Disposition seines Klienten bestens vertraut. Er wusste zum Beispiel, dass sie ihm gegenüber absolut ehrlich sein würde, ein Wissen, das ein Anwalt seinen Mandanten gegenüber so selten hat. Er wusste auch, dass sie diese Eigenschaft auf den Zeugenstuhl übertragen und ihren eigenen Fall vor der Jury ruinieren könnte.

Er war ein Mann, der es gewohnt war, dass man ihm zuhörte, und ihm wurde auch jetzt zugehört.

Eleanor setzte sich und sagte, dass es ihr leid tat, wenn sie sie unterbrach. Das tat sie nicht. Wiley zog sie in seinen Bann und gab ihr das Gefühl, Teil der Konferenz zu sein .

„Ich hatte wirklich zu Ende, was ich gesagt hatte", fügte er hinzu.

„Ich wollte nur wissen, ob die Lage ernst ist", sagte Eleanor.

„Ernsthaft, Miss Bellington?" Wiley sah sie ernst an. „Einen Menschen töten und dabei gegen das Gesetz verstoßen?"

„Herr Wiley ist der Ansicht, dass es ausschließlich um die Frage geht, wie mit dem Fall umgegangen wird", sagte Lydia. In ihrem Tonfall und ihrem Gesichtsausdruck war keine Spur von Belustigung zu erkennen.

„Um ganz ehrlich zu sein", fuhr Wiley fort, „und Lydia sagt mir, dass sie die Fakten will, sollte ich sagen, dass Lydia, wenn die Geschworenen normale, unparteiische und emotionslose Menschen wären, des Totschlags zweiten Grades für schuldig befunden würde – aufgrund ihrer eigenen Geschichte." Glücklicherweise ist die kollektive Intelligenz einer Jury jedoch gering; und wenn sie geschickt gehandhabt wird, kann der Fall eines schönen jungen Waisenkindes sehr verlockend und sehr erbärmlich werden."

„Pathos war noch nie meine Stärke", bemerkte Lydia.

„Die große Gefahr liegt in ihrer eigenen Einstellung", sagte Miss Bennett zu Eleanor. „Es scheint ihr egal zu sein, ob sie verurteilt wird oder nicht."

Lydia bewegte ihre Schultern mit einer Geste, die Miss Bennetts Eindruck bestätigte, und drehte sich dann plötzlich um.

„Ich glaube nicht, dass Sie mich für ein paar Minuten brauchen, Mr. Wiley. Ich möchte mit Eleanor sprechen."

Sie schleppte ihre Freundin mit in ihr eigenes kleines Wohnzimmer oben. Hier verschwand ihre Ruhe.

„Sind Anwälte nicht schrecklich, Eleanor? Hier bin ich – ich habe einen Mann getötet! Warum sollte ich nicht ins Gefängnis gehen? Ich bin kein Weltenbummler. Ich wollte nicht verurteilt werden, aber Wiley schockiert mich vermutlich dass ich nicht sein kann, weil ich eine Frau und reich bin und er in der Jury mitspielen kann."

„Ich sollte nicht sagen, dass er davon ausgegangen ist, dass du in Sicherheit bist, Lydia."

„Oh ja, das tut er! Sei nicht wie Benny. Sie sieht mich sofort in Streifen. Was Wiley meint ist, dass ich vollkommen in Sicherheit bin, solange ich das Glück habe, in den Genuss seiner Dienste zu kommen , nicht weil Ich hatte nicht vor, Drummond zu töten, sondern weil er, Wiley, die Geschworenen zum Weinen bringen wird. Ist das nicht ekelhaft?"

„Ja, das ist es", sagte Eleanor.

„Oh, Eleanor, du bist so ein Trost!" sagte Lydia und begann zu weinen. Eleanor hatte sie noch nie zuvor weinen sehen. Sie tat es sehr sanft, ohne zu schluchzen, und nach ein paar Minuten beherrschte sie sich wieder, steckte ihr Taschentuch weg und sagte: „Glaubst du, jeder würde es hassen, ein Auto zu haben, das jemanden getötet hat? Ich werde nie wieder fahren, und doch." Ich konnte es nicht verkaufen – ich konnte kein Geld dafür nehmen. Willst du es annehmen, Eleanor? Du müsstest nicht so fahren wie ich, weißt du."

Eleanor lehnte das Auto ab und berief sich auf ihre eingeschränkte Sehkraft.

„Sie sollten zurückgehen und mit Mr. Wiley sprechen, mein Lieber."

Lydia zuckte mit den Schultern.

„Es ist mir egal, was mit mir passiert", sagte sie.

Eleanor zögerte. Sie erkannte plötzlich, dass das, was sie sagen wollte, der Hauptzweck ihres Besuchs war.

„Lydia, ich hoffe, dass es dir gut geht, aber du kennst Dan O'Bannon nicht so gut wie ich und –"

„Glauben Sie, er wird mich verurteilen wollen?"

„Natürlich nicht Sie persönlich. Aber er glaubt an das Gesetz. Er möchte an seine Ehrlichkeit und Gleichheit glauben. Ich weiß, er hat letzten Monat gelitten, als er einen Lieferwagenfahrer verurteilt hat, und sein Vergehen war nicht halb so offensichtlich." Oh, Lydia, haben Sie etwas Fantasie! Sehen Sie nicht, dass er sich aufgrund seiner eigenen Ehre und Demokratie mehr verpflichtet fühlen wird, Sie zu verurteilen, als alle weniger auffälligen Kriminellen zusammen?"

Während dieser Rede hatte in Lydia eine seltsame Veränderung stattgefunden. Am Anfang war sie in die Ecke eines tiefen Sessels geschrumpft; Doch während Eleanor sprach, schien ihr Leben einzuhauchen, bis sie sich aufrichtete, angespannt wurde und schließlich aufstand.

„Sie meinen, dass es Werbung und einen politischen Vorteil gäbe, eine Person in meiner Position ins Gefängnis zu schicken?"

„Seien Sie nicht pervers, Lydia. Ich meine, dass er mehr als die meisten Männer seine Pflicht erkennen wird, Sie wie jeden Kriminellen zu behandeln. Sie machen es mir schwer, Ihnen etwas zu sagen, was ich Ihnen sagen muss. Mr . O'Bannon empfindet, fürchte ich, eine gewisse Feindseligkeit Ihnen gegenüber."

Ein starres, unverschämtes Schweigen war Lydias Antwort.

Eleanor fuhr fort: „Erinnern Sie sich, dass Sie mir nach dem Abendessen bei den Piers von dem Polizisten erzählt haben, den Sie bestochen hatten? Sie haben mich gebeten, es nicht zu erzählen, aber es tut mir leid – ich kann Ihnen nicht sagen, wie leid – dass ich es erzählt habe." . Ich habe es Dan gesagt. Ich würde ein gutes Angebot machen, wenn ich es nicht getan hätte, aber …"

„Meine Liebe", lachte Lydia, aber ohne Freundlichkeit, „mach dir keine Sorgen. Welchen Unterschied macht das? Ich hätte es ihm fast selbst gesagt."

„Das macht einen großen Unterschied. Es hat ihn wütend auf dich gemacht. Er hatte das Gefühl, du würdest einen jungen Mann, der seine Pflicht zu erfüllen versucht, ausschweifen."

„Was für ein Idiot du denkst, dieser Mann, Eleanor! Aber was ist damit?"

„Ich habe den Eindruck gewonnen, Lydia – ich weiß nicht wie –, dass es ihn gegen dich aufgebracht hat; dass er weniger geneigt sein wird, mitleidig zu sein."

„Erbärmlich!" rief Lydia. „Seit wann habe ich Dan O'Bannon um Mitleid gebeten? Lass ihn seine Pflicht tun, und meine Anwälte werden ihre tun; und ich sage dir, Eleanor, du und er werden von den Ergebnissen enttäuscht sein."

Eleanor sagte fest: „Ich denke, du musst dieses ‚Du' zurücknehmen, Lydia."

Lydia zuckte mit den Schultern.

„Nun, Sie sagen, Ihr Freund will mich verurteilen, und Sie wollen, dass Ihr Freund Erfolg hat, nehme ich an. Das ist ein Erfolg für ihn, Menschen ins Gefängnis zu bringen, nicht wahr?" Sie begann dies in einem ihrer irritierendsten Töne; Und dann bereute sie es plötzlich, legte ihre Hand auf Eleanors Schulter und fügte hinzu: „Eleanor, ich bin ganz nervös. Vielen Dank, dass du gekommen bist. Ich denke, ich werde zurückgehen und dem alten Wiley erzählen, was du gesagt hast." ."

Eleanor wartete darauf, Fanny Piers und Mrs. Pulsifer anzurufen, wohl wissend, dass es klug wäre, eine etwas positive öffentliche Meinung zu erzeugen. Als sie die Treppe hinunterging, öffnete sich die Tür zum

Wohnzimmer, und Miss Bennett kam leise heraus und schloss die Tür vorsichtig hinter sich.

„Gott sei Dank für dich, Eleanor!" Sie sagte. „Du hast auf jeden Fall ein Wunder vollbracht." Eleanor sah verständnislos aus und fuhr fort: „Zuerst war sie dem armen Mr. Wiley gegenüber so ungezogen – sie wollte den Fall kaum besprechen; aber jetzt, seit Sie mit ihr gesprochen haben, ist sie ganz anders. Sie hat sogar zugestimmt, sie zu schicken." für Gouverneur Albee – das Offensichtliche, mit seiner Freundschaft und politischen Macht."

Eleanors Schultern waren ohnehin ziemlich hoch, und als sie sie zusammenzog, sah sie aus wie ein hölzerner Soldat. Sie tat es jetzt, als sie voller Abscheu sagte: „Aber ist das eine Frage der Politik?"

„Meine Liebe, Sie wissen, dass der Bezirksstaatsanwalt ein politischer Beamter ist, und man sagt, dieser junge Mann sei äußerst ehrgeizig. Auf einen Mann an der Spitze der Partei wie Albee würde er auf jeden Fall hören – er müsste es tun. Ich empfinde das sehr." Meiner Meinung nach ist es einfacher. Der Gouverneur kann alles tun, und jetzt, da Lydia zur Besinnung gekommen ist, ist sie entschlossen, mit dem bestmöglichen Fall vor Gericht zu gehen , und Sie wissen, wie klug sie ist. Danke, Eleanor, für alles, was Sie haben für uns erledigt."

Wie viele Wundertäterinnen ging Eleanor überrascht über ihre eigenen Kräfte davon. Die Vorstellung, dass O'Bannon gezwungen oder belohnt werden könnte, Lydia freizulassen, bereitete ihr außerordentliche Schmerzen. Am liebsten hätte sie ihn ermahnt, seine Pflicht zu tun, auch wenn das bedeutete, dass Lydia für schuldig befunden würde. Dennoch wollte sie aufrichtig, dass Lydia gerettet wird – und wollte so weit gehen, wie sie konnte, um sie zu retten. Sie wusste, mit welcher vollkommenen Ehrlichkeit solche Dinge getan werden konnten; wie ein Bezirksstaatsanwalt, während er aus Sicht der Öffentlichkeit einen Fall mit äußerster Energie verfolgt, der Verteidigung einen wunderbaren technischen Ausweg offen lassen könnte. Dies könnte geschehen, ohne dass O'Bannon auch nur ein Funken öffentlichen Respekts einbüßte. Aber sie, Eleanor, würde es wissen; würde es wissen, als sie sah, wie er den Fall leitete; würde wissen, wann er etwa ein Jahr später, nachdem alle anderen es vergessen hatten, seine Belohnung erhalten würde – eine politische Ernennung oder vielleicht einen Finanzvorsitz. Albee verfügte sowohl in der Wirtschaft als auch in der Politik über große Macht. In Gedanken formulierte sie die Worte: „Ich habe größtes Vertrauen in O'Bannon." Aber sie wusste auch, wie alle Menschen mit leidenschaftlichem, lebhaftem Temperament manchmal von ihren eigenen Wünschen heimgesucht werden und wie leicht die meisten Anwälte rationale Gründe finden konnten, um die Position einzunehmen, die sie vertreten wollten. Es wäre so natürlich, dass sich ein Mann unter dem Vorwand des

Mitleids mit einer jungen Frau wie Lydia auf subtile Weise dazu verleiten ließe, sie gehen zu lassen.

Eleanors eigene Position war nicht einfach. Sie sah es klar an. Sie war für Lydia, was auch immer geschah, was ihr Verhalten anging; aber wider Willen schwankten ihre Sympathien hin und her. Wenn Frauen wie Fanny Piers und May Swayne mit einem gewissen Vergnügen sagten, dass sie ihren Tonfall und die widerstrebenden Grübchen in ihren Mundwinkeln nicht unterdrücken konnten: „Ist das nicht zu schrecklich mit der armen Lydia?" dann gehörte sie voll und ganz Lydia. Aber als sie bei all ihren Freunden – außer Bobby, der ehrlich gesagt Angst hatte – den Glauben entdeckte, dass sie sich außerhalb des Gesetzes befanden, dass keinem Mitglied ihrer geschützten Gruppe etwas passieren könne, da hatte sie das Gefühl, dass sie nichts so sehr genießen würde, wie einen zu sehen von ihnen stellen eine Ausnahme von der allgemeinen Immunität dar.

Der Gerichtsmediziner hielt Lydia für die Grand Jury auf einer Kaution von zehntausend Dollar fest. Dies galt als ausgemachte Sache und beunruhigte oder beunruhigte Eleanor nicht besonders. Was sie beunruhigte, war ihre Unfähigkeit, mit O'Bannon Kontakt aufzunehmen. In all den Monaten ihrer schnellen, innigen Freundschaft war so etwas noch nie passiert. Der geschäftliche Druck hatte ihn nie ganz ferngehalten. Jetzt konnte sie ihn nicht einmal dazu bringen, ans Telefon zu kommen.

Sie war nicht die einzige Person, die versuchte, ihn in Lydias Namen zu sehen. Bobby Dorset hatte mehrere Anstrengungen unternommen und ihn schließlich zwischen dem Gerichtsgebäude und seinem Büro erwischt. Bobby meinte, das Ganze sei fantastisch; dass O'Bannon ein zu großer Gentleman war, um ein Mädchen ins Gefängnis zu schicken, und dass er den Mann, den er besänftigen wollte, durch etwas Frivoles und Unwirkliches in seinem Verhalten irritierte – das einzige Verhalten, das Bobby kannte.

Und als Lydias Fall immer düsterer wurde, kam Albee. O'Bannon befand sich zu Hause in seinem Arbeitszimmer, dessen niedrige Decke zum Esszimmer führte. Es gab einen großen, flachen, mit Filz überzogenen Schreibtisch und niedrige, offene Regale an den Wänden, die nicht nur Gesetzbücher, sondern auch Romane und frühe Lieblingsromane enthielten – Henty und Lorna Doone und viele Aufzeichnungen über Reisen und Abenteuer.

Hier saß er gegen neun Uhr abends und sollte am Fall Thorne arbeiten. Sicherlich war er in Gedanken damit beschäftigt und die Papiere wurden vor ihm ausgebreitet. Er ging immer wieder, die gleiche Tretmühle, an die sein Geist gefesselt war, seit er an Drummonds Bett gestanden hatte und Alma Wooley sich weinend an seine Hand geklammert hatte.

Lydia Thorne hatte ein Verbrechen begangen und es war seine Pflicht, den Fall gegen den Verbrecher vorzutragen. Manchmal war es natürlich gerechtfertigt, dass ein Bezirksstaatsanwalt mildernde Umstände berücksichtigte, die nicht immer vor Gericht geltend gemacht werden konnten. In diesem Fall lagen jedoch keine mildernden Umstände vor. Jeder Umstand, von dem er wusste, war gegen sie. Ihr Charakter war hart und arrogant. Sie hatte bereits mit der Bestechung von Drummond gegen das Gesetz verstoßen. Zuerst hatte sie den armen Jungen verdorben und dann hatte sie ihn getötet. Sie hatte eine Strafe mehr verdient als die meisten Kriminellen, die vor seinem Gericht standen, und es war seine Pflicht, den Fall gegen sie vorzutragen. Er wiederholte es immer wieder vor sich hin. Es war ein halber Betrüger, diesen Fall als anders als alle anderen zu betrachten – und wenn sie davonkäme, wäre sie nicht dankbar dafür. Sie ging einfach davon aus, dass es nie eine Frage der Verurteilung einer Frau wie sie gegeben hatte und niemals geben konnte. Er erinnerte sich, wie sie sich unter den Kerzenschirmen am Esstisch der Piers zu ihm beugte, um ihn anzusehen, und ihren Unglauben an die gleichberechtigte Anwendung der Gesetze kundgetan hatte. Doch wenn sie zu ihm käme – wenn sie nur zu ihm käme und für sich selbst flehte, wie sie es einmal für ein paar Minuten für Evans getan hatte –, konnte er sie fast dort im Kreis seiner Leselampe sehen, ganz in der Nähe er – konnte fast den Duft von Veilchen riechen.

„Ich hoffe bei Gott, dass sie nicht kommt", sagte er sich und wünschte es sich mehr als alles andere im Leben.

In diesem Moment klingelte es an der Tür. O'Bannons Herz begann zu schlagen, bis es ihm wehtat. Wenn sie da war , musste er sie sehen, und wenn er sie sah, musste er sie wieder in seine Arme nehmen, und wenn – es war seine Pflicht, den Fall gegen sie vorzubringen.

Es klopfte an seiner Tür, und seine Mutter trat ein und führte Gouverneur Albee herein. Große und weise Männer aus Ost und West kamen, um ihren Sohn zu sehen, schien ihre Art zu sagen.

„Nun, O'Bannon", sagte der Gouverneur, „ich habe Sie seit – lassen Sie mich sehen – dem Kongress von 1916 nicht mehr gesehen, nicht wahr?"

Der jüngere Mann riss sich zusammen. Er war nicht umsonst Politiker und beherrschte fast automatisch ein einfaches, freundliches Auftreten.

„Aber ich habe Sie gesehen, Gouverneur", antwortete er. „Ich war neulich dort, um mir Ihr Kreuzverhör zu diesem Punkt der privilegierten Kommunikation anzuhören. Ich habe viel gelernt. Im Vergleich zu Ihnen sind wir alle Kleinkinder, wenn es um solche Dinge geht."

„Oh" – Albee winkte der Band mit geraden Armen zu – „jeder sagt mir, dass Sie Ihre eigene Methode haben, um an die Fakten zu gelangen. Ich höre sehr gute Dinge von Ihnen, O'Bannon. Es besteht der Eindruck, dass Princess County das tun wird." Ich werde bald einen anderen Bezirksstaatsanwalt suchen.

Mrs. O'Bannon schlich sich widerstrebend davon und schloss die Tür hinter sich. Die beiden Männer schmeichelten einander weiterhin, so wie jeder einer Frau geschmeichelt hätte. Beide waren sich nun bewusst, dass ihnen eine ernste Situation bevorstand. Sie begannen über die große Partei zu sprechen, der sie angehörten. Der Gouverneur erwähnte seine persönliche Verantwortung – womit er seine persönliche Macht meinte – als Mitglied des Nationalkomitees. Er sprach von einem Interview mit dem Parteivorsitzenden in New York – dem Vermittler großer Positionen.

„Er wird mir den Vorsitz dieser neuen Kommission übertragen. Es geht nicht so sehr um die Finanzen – 7500 –, sondern um die Chance, den Ruf, den ein Kerl machen könnte. Es braucht einen großen Mann, und doch einen jungen. Ich Ich bin dafür, dass ich einen jungen Mann eingesetzt habe.

Das war alles. Danach begann der Gouverneur über seinen bevorstehenden Wahlkampf für den Senat zu sprechen, aber O'Bannon wusste jetzt genau, warum er gekommen war. Er war gekommen, um ihm ein Bestechungsgeld anzubieten. Es war nicht das erste Mal, dass ihm Bestechungsgelder angeboten wurden. Er erinnerte sich an eine italienische Familie, die offen mit all ihren Ersparnissen zu ihm gekommen war, in der aufrichtigen Überzeugung, dass dies der einzige Weg sei, einen Sohn und einen Bruder zu retten. Sie waren weggegangen, völlig unfähig zu verstehen, warum ihr Angebot abgelehnt worden war, aber mit dem verwirrten Eindruck, dass die Bezirksstaatsanwälte in Amerika für sie zu hoch waren. Er hatte keine Wut über ihren einfachen Versuch der Korruption empfunden – nur Mitleid; Doch plötzlich erfasste ihn ein wütender Zorn gegen Albee, der so sanft und selbstzufrieden war. Unanalytisch, wie die meisten heißblütigen Menschen – die im Aufruhr ihrer Gefühle zu beschäftigt sind, um sie zu analysieren, und wenn der Aufruhr aufhört, nicht in der Lage sind, zu glauben, dass es sie jemals gab –, verstand O'Bannon die Abfolge seiner Gefühle nicht. Einen Moment lang war er wütend, dann verspürte er eine Art verzweifelte Erleichterung. Zumindest war die Frage seiner Haltung in dem Fall geklärt. Jetzt muss er mit allen Kräften vorgehen. Man konnte nicht zulassen, dass ein eleganter, korrupter alter Politiker durch die Welt ging und dachte, er hätte einen bestochen – man konnte nicht bestochen werden.

Er stützte seine Stirn auf seine Hand und schirmte sein ganzes Gesicht vor dem Licht ab, während er mit einem trockenen Stift Muster auf das Löschpapier zeichnete. Der Gouverneur brach mit einem Anschein von Spontaneität ab.

„Aber ich darf in meinen eigenen Angelegenheiten nicht so weiterreden", sagte er. „Ich bin, wie Sie vielleicht vermutet haben, wegen dieser unglücklichen Angelegenheit der armen Miss Thorne gekommen. Ich weiß nicht, ob Sie sie persönlich kennen –"

Er stoppte. Er konnte sich wirklich nicht erinnern. Er glaubte, dass Lydia erwähnt hatte, den Mann irgendwo gesehen zu haben.

„Ich habe sie ein- oder zweimal getroffen", sagte O'Bannon.

„Nun, wenn Sie sie gesehen haben, wissen Sie, dass sie ein seltenes und wunderschönes Geschöpf ist; aber wenn Sie sie nicht kennen, wissen Sie nicht, wie sensibel sie ist; behütet und stolz; sie zeigt nicht ihre tiefen, menschlichen Gefühle."."

Eine leichte Handbewegung des Staatsanwalts brachte seinen Mund und sein Kinn in den beleuchteten Bereich. Ihr Gesichtsausdruck war nicht angenehm.

„Nein", sagte er, „ich muss zugeben, dass ich das alles nicht bekommen habe."

„Diese ganze Sache bringt sie fast um", fuhr Albee fort. „Ich bin wirklich davon überzeugt, dass sie, wenn sie vor Gericht gehen muss – natürlich muss sie vor Gericht gehen, armes Kind, und sich das alles immer und immer wieder vor einer Jury anhören. Stellen Sie sich vor, wie sich irgendjemand – Sie oder ich – fühlen würden, wenn wir das getan hätten Ich habe einen Mann getötet und dann noch die natürliche Sensibilität und das Mitleid einer jungen Frau hinzugefügt. Sie können sich vorstellen, was sie durchmacht. Ich habe stundenlang mit ihr gesessen. Es ist erbärmlich – einfach erbärmlich. Alles, was Sie tun können, O'Bannon, wird das tun Es ihr leichter zu machen, werde ich als einen persönlichen Gefallen für mich betrachten, einen Gefallen, den ich nie vergessen werde, glauben Sie mir."

Der Gouverneur lächelte sein menschliches, allumfassendes Lächeln, fast wie ein Priester. Es herrschte einen Moment Stille. Albees Erfahrung war, dass es normalerweise einen Moment gab, in dem die Idee dämmerte.

Dann fragte der jüngere Mann mit großer Überlegung: „Was genau interessiert Sie in diesem Fall, Gouverneur Albee?"

Albee, der sich vollkommen beruhigte, bemerkte mit einiger Belustigung die Anspannung im Tonfall des anderen. Er hatte die Frage erwartet – eine natürliche. Es war nur natürlich, dass der Kerl die Gewissheit wünschte, dass der Gefallen, den er ihm erweisen wollte, ein echter, bedeutender Gefallen war, etwas, an das man sich erinnern würde. Er würde ein gewisses Risiko eingehen, wenn man das Interesse der Zeitungen und den Unmut vor Ort über den Fall bedenkt. Eine Wiederwahl könnte unmöglich gemacht werden.

Albee dachte bei sich, dass Lydia eine leichte Übertreibung der Bindung zwischen ihnen verzeihen würde, wenn diese Übertreibung dazu dienen würde, sie zu befreien.

„Nun, das ist eine eher vertrauliche Frage, Herr Bezirksstaatsanwalt", sagte er. „Den meisten Menschen sollte ich antworten, dass sie eine Frau ist, die ich schätze und bewundere; aber Ihnen – im strengsten Vertrauen – scheue ich nicht zu sagen, dass ich jede Hoffnung und Erwartung habe, sie zu meiner Frau zu machen." Und er fügte weniger feierlich hinzu: „Was denkt ihr jungen Burschen, einen alten Mann wie mich überholen zu lassen, nicht wahr?" Er beugte sich vor und schlug dem anderen Mann auf die Schulter.

O'Bannon stand auf, als hätte eine mächtige Hand von der Decke herabgegriffen und ihn aufgerichtet. Die Aktion war alles, was von dem ursprünglichen Impuls übrig geblieben war, Albee den Hals umzudrehen.

„Ich kann nichts tun, um Miss Thorne zu helfen", sagte er. „Sie wissen genug über Strafverfahren, um das zu wissen. Das Verfahren gegen sie ist sehr überzeugend."

„Oh, sehr stark – in den Zeitungen", sagte der Gouverneur mit einer weiteren Handbewegung. „Aber Sie dürfen nicht zulassen, dass Ihre Fälle in den Zeitungen verhandelt werden. Ich habe es mir immer zur Regel gemacht, mich in einem Fall niemals von den Zeitungen beeinflussen zu lassen."

„Ich habe eine bessere Regel als diese", sagte der andere. „Ich lasse mich von nichts außer den Fakten des Falles beeinflussen." Er stand immer noch und Albee stand nun auch auf.

„Ich verstehe", sagte er, nicht ganz so höflich wie zuvor. „Du meinst, du gehst deinen eigenen Weg und hast nichts dagegen, dir Feinde zu machen."

„Manchmal gefällt es mir", antwortete O'Bannon.

„Sie zu machen ist in Ordnung." Albee sah ihn direkt an. „Es ist nicht immer so angenehm, die Konsequenzen daraus zu ziehen. Gute Nacht."

Als das Geräusch des Motors des Gouverneurs verstummt war, ging O'Bannon zurück zu seinem Schreibtisch. Seine Mutter war schon vor langer Zeit nach oben gegangen, und im Haus war es still. Ekel und Wut waren wie Gift in seinen Adern. Dieser abscheuliche, schlanke alte Mann sollte sie also haben? An Liebe war nicht zu denken? Sie hatte nicht einmal die Entschuldigung, Geld zu brauchen! Was für ein abscheuliches Schnäppchen! Was für eine abscheuliche Frau! Zu glauben, er hätte sich von ihrer Schönheit berühren lassen? Er würde sie jetzt nicht mit seinem kleinen Finger berühren, wenn sie die letzte Frau auf der Welt wäre. Albee? Guter Gott! Dazwischen müssen 35 Jahre liegen. Jemand sollte es stoppen. Im Gefängnis wäre es besser für sie, als sich so einem alten Mann hinzugeben. Sie war kein unwissendes Kind. Sie wusste, was sie tat. Wenn er der Bruder oder Vater des Mädchens wäre, würde er sie lieber tot sehen.

Es war nach Mitternacht, als er sich an die Arbeit in dem Fall machte. Er hat die ganze Nacht gearbeitet. Der alte Diener, der Mrs. O'Bannon am frühen Morgen ihr Frühstück brachte, berichtete, Mr. Dan sei aufgestanden und weg. Er war um sechs Uhr in die Küche gekommen, um eine Tasse Kaffee zu trinken, sein Gesicht war so weiß wie das Laken und seine Augen standen ihm fast aus dem Kopf.

An diesem Nachmittag nahm Eleanor die Angelegenheit selbst in die Hand und kam in sein Büro. Sie kam spät am Nachmittag. Es war nach sechs. Sie sah sein Auto auf der Straße stehen und wusste, dass er noch da war. Sie ging am Seiteneingang von Mr. Wooleys Laden vorbei, die abgenutzte Holztreppe hinauf und durch die Glastür mit der goldenen Aufschrift „Büro des Bezirksstaatsanwalts von Princess County". Die Stenographen und Sekretärinnen waren gegangen. Ihre Schreibtische waren leer, ihre Schreibmaschinen waren verhüllt. O'Bannon stand mit Hut und Mantel allein in der Mitte des Zimmers, als wäre er gerade im Moment des Aufbruchs von einem unangenehmen Gedanken heimgesucht worden.

Eleanors Schritte auf der Treppe machten kein Geräusch. Er sah überrascht auf, als sie die Tür öffnete, und als sich ihre Blicke trafen , wusste sie genau, dass er sie nicht sehen wollte. Die Art, wie er sie ansah und dann wieder wegsah, hatte etwas fast Brutales, als hoffte er, dass sie weg sein würde, wenn er zurückblickte. Wenn sie aus eigenem Antrieb gekommen wäre, wäre sie gegangen. So wie es war, konnte sie es nicht. Sie kam herein, schloss die Tür hinter sich und lehnte sich gegen die Klinke.

„Es tut mir leid, Sie zu stören, Dan", sagte sie, „aber ich muss mit Ihnen über Lydia Thorne sprechen."

„Miss Thornes Freunde tun alles, was sie können, um die Vorbereitung eines Verfahrens gegen sie zu verhindern. Sie nehmen sich für Interviews meine ganze Zeit", antwortete er.

„Wer war sonst noch hier?" fragte Eleanor mit sinkendem Herzen.

„Oh, Bobby Dorset war hier. Das Interview war kurz."

„Und Gouverneur Albee?"

O'Bannon sah sie mit Augen an, die plötzlich wie Fackeln aufleuchteten.

„Ja, der alte Fuchs", sagte er.

Es entstand eine Pause, in der Eleanor kein Wort sagte, aber ihr ganzes Wesen, Körper und Geist, war eine Frage; und O'Bannon war, obwohl er zu diesem seltsamen, feindseligen Geschöpf geworden war, immer noch genug ihr alter Freund, um darauf zu antworten.

„Wenn Sie Einfluss auf Miss Thorne haben , sagen Sie ihr, sie soll die Politik da raushalten – einen guten Anwalt nehmen und einen guten Fall vorbereiten."

Eleanor sah, dass Albees Mission gescheitert war. Sie hätte sich darüber gefreut, wenn die Feindseligkeit von O'Bannons Verhalten sie nicht mehr verletzt hätte, als sich zu freuen. Sie war nicht wie Lydia – angetrieben von Feindschaft. Sie fühlte sich dadurch verletzt und fröstelte. Sie sagte sich, wie es Frauen unter solchen Umständen immer tun, dass an seiner Einstellung nichts Persönliches sei, dass es aber etwas furchtbar Persönliches daran sei, dass sie seine düstere Stimmung nicht ändern könne.

„Sie hat einen guten Anwalt – Wiley. Wer kann besser sein als Wiley?" Sie fragte.

„Er hat oft Erfolg, glaube ich."

Er begann, das Licht über dem Schreibtisch auszumachen – ein nicht allzu subtiler Hinweis. Eleanor begann zweimal zu sagen, dass die meisten Leute glaubten, dass keine Jury ein Mädchen wie Lydia verurteilen würde, aber jeder Satz, der ihr einfiel, klang wie eine Herausforderung. Sie gingen nach unten. Normalerweise hätte er angeboten, sie nach Hause zu fahren, obwohl ihr eigenes Auto auf sie wartete. Jetzt nahm er seinen weichen Hut ab und drehte sich gerade ab, als sie ihn am Ärmel packte. Sein Arm blieb in ihrem Griff schlaff, fast menschlich mürrisch.

„So habe ich dich noch nie erlebt, Dan", sagte sie.

„Sie müssen mir die Gerechtigkeit widerfahren lassen", antwortete er, „dass ich in letzter Zeit mein Bestes getan habe, um Ihnen aus dem Weg zu gehen."

Eleanor ließ seinen Arm sinken und er begann sich zu entfernen.

„Sag mir eins", sagte sie. „Die Grand Jury wird sie anklagen?"

"Es wird."

Sie nickte.

„Das ist es, was Mr. Wiley denkt."

„Und er denkt vermutlich auch", sagte O'Bannon, „dass keine Jury sie verurteilen wird?"

"Und was denkst du?"

„Ich denke", antwortete er so langsam, dass jedes Wort deutlich klang, „dass man eine Überzeugung haben kann und dass ich sie bekommen werde."

Eleanor antwortete nicht. Der Chauffeur hielt die Tür ihres Autos auf, und sie ging vorwärts und stieg ein. Sie hatte das gelernt, was sie lernen wollte – die Gewissheit, dass die Haltung, die er vertrat, ehrenhaft war. Sie war froh, dass seine Hände sauber waren, aber in ihrer linken Seite schmerzte ihr Herz wie ein Zahn. Er kam ihr wie ein Fremder vor – unfreundlich, distanziert, so distanziert, wie ein Mann, der in einem Strudel kämpft, selbst dem freundlichsten Zuschauer am Ufer gegenüber distanziert wäre.

Wenige Tage später fand die Grand Jury einen wahren Vorwurf gegen Lydia. Das war selbst für ihre Freunde keine Überraschung. Wiley und Albee hatten sie beide darauf vorbereitet. Das Verbrechen, wegen dem sie angeklagt wurde, war jedoch ein Schock. Es war Totschlag ersten Grades. Albee war zufrieden oder tat so, als wäre er zufrieden. Es sei bewiesen, dass sie bluffen, sagte er.

„Auf Wileys Rechnung könnte es Sie etwas mehr kosten", sagte er. „Ich nehme an, es kostet etwas mehr, wegen Totschlags freigesprochen zu werden als wegen krimineller Fahrlässigkeit; aber andererseits kann es Ihnen eine Geldstrafe von tausend Dollar ersparen. Es ist denkbar, dass ein Geschworenengericht Sie eines Verbrechens für schuldig befunden hat, für das Sie verantwortlich sein könnten mit einer Geldstrafe belegt, aber nicht von jemandem, für den die einzige Strafe eine Gefängnisstrafe ist."

Bobby war der Meinung, dass die Anklage schlüssig belege, dass hier irgendwelche krummen Arbeiten im Gange seien, und wollte, dass die Staatsanwaltschaft Ermittlungen einleitet. Die meisten von Lydias Freunden hatten allmählich das Gefühl, dass die Sache wirklich zu weit getrieben wurde.

Also New York.

In der Nachbarschaft von Wide Plains war allgemein bekannt, dass O'Bannon und Foster früh und spät arbeiteten und dass die Staatsanwaltschaft darauf aus war, eine Verurteilung im Fall Thorne herbeizuführen.

KAPITEL IX

„Isaac Herrick."

"Hier."

„William P. McCaw – ich bitte um Verzeihung – McCann."

"Hier."

„Royal B. Fisher. Herr Fisher, Sie waren gestern nicht im Gericht. Nun, Sie haben nicht auf die Liste geantwortet. Meine Herren, wenn Sie nicht antworten, wenn Ihre Namen aufgerufen werden, werde ich Ihre Namen dem Gerichtsbeamten nennen. Grover C . Wilbur."

"Hier."

Der Gerichtssaal des Bezirksgerichts mit seinem verblichenen roten Teppich und den schäbigen Holzarbeiten hatte die würdevollen Proportionen, die Räume auszeichnen, die vor hundert Jahren nach feierlicher georgianischer Tradition erbaut wurden.

Miss Bennett und Eleanor kamen, geführt von der Sekretärin von Richter Homans, durch eine Seitentür herein, gingen an der großen amerikanischen Flagge vorbei, die über dem leeren Stuhl des Richters hing, und setzten sich auf einige Quersitze auf der linken Seite. Hinter dem Geländer war der Raum bereits gut gefüllt mit der neuen Jury, den Zeugen, den Reportern und vielen von Lydias Freunden, die bereits um Plätze drängten.

Der Gerichtsschreiber, unmittelbar vor der Richterbank, aber auf einer niedrigeren Ebene, war, nachdem er mit der Protokollierung fertig war, eifrig damit beschäftigt, zu schreiben, zu schreiben, seinen gut gebürsteten rot-silbernen Kopf so tief über seine großen Laken gesenkt, dass … Die kleine kahle Stelle oben wurde dem Gerichtssaal präsentiert. Für einen Moment waren er und ein großer Anwalt menschlich und freundlich geworden, weil der Anwaltstisch nicht auf allen Vieren stand, und am Tag zuvor hatten sie im letzten Fall unter der donnernden Faust des Anwalts geschaukelt. Aber sobald es mit kleinen Papierbündeln stabilisiert war, kehrten beide Männer zu ihrer gewohnten Feierlichkeit zurück, der Angestellte widmete sich seinen Listen und der Diener, der aufrecht an der Reling stand, beobachtete die ungewöhnliche Menschenmenge und rief von Zeit zu Zeit: „Suchen Sie Sitzplätze – setzen Sie sich." „Sitze finden", was natürlich genau das war, was alle versuchten.

Foster kam eilig herein, mit einem Stapel großer Manila-Umschläge in der Hand. Er verneigte sich nervös vor Miss Bennett und setzte sich direkt vor sie, während sein Blick auf die Tür gerichtet war.

Der Gerichtsstenograph kam herein, nahm seinen Platz ein, legte seine ordentlich gespitzten Bleistifte neben sein aufgeschlagenes Buch, gähnte und warf seinen Arm über die Stuhllehne. Es schien ihm gleichgültig zu sein, welche Geschichte menschlicher Gebrechlichkeit durch seine unglaubliche Fähigkeit in die Akten aufgenommen werden sollte.

Dennoch war er nicht ganz ohne menschliche Neugier, denn plötzlich beugte er sich zu dem Angestellten und flüsterte: „Was haben die Geschworenen in diesem Entführungsfall herausgefunden?"

"Freigesprochen."

"Gut gut!"

Die beiden Männer wechselten einen Blick, der verriet, dass ihrer Meinung nach Geschworene und Kriminelle ziemlich auf einer Stufe standen.

Eine leichte Bewegung im Gerichtssaal, ein erwartungsvoller Ruf des Gerichtsdieners „Ordnung, Ordnung", und Lydia und Wiley kamen herein und setzten sich Seite an Seite an die Ecke des langen Tisches – jetzt vollkommen stabil. Lydia sah blass und ernst aus. Sie hatte viel über ihre Kleidung nachgedacht, nicht aus Eitelkeit, sondern weil die Kleidung ein entscheidender Faktor für den Erfolg ihres Verfahrens war. Sie war so einfach wie möglich gekleidet, ohne theatralisch einfach zu wirken. Sie trug einen dunklen Serge und einen Hut mit schwarzen Flügeln. Sie nickte Foster zu und lächelte Miss Bennett und Eleanor an. Sie begann, sich kühl umzusehen. Sie war noch nie vor Gericht gewesen, und das Setting interessierte sie. Es war ein bisschen wie ein Theater, dachte sie – der abgetrennte Raum stellte die Bühne dar, auf der alles stattfinden sollte, die erhöhte Bank des Richters nahm die dominierende Position hinten in der Mitte ein, die Juryloge mit ihren zwei Ebenen zu ihrer Rechten Sitze, der Zeugenstuhl auf seiner hohen Plattform und zwischen dem Richter und der Jury. In der Nähe des Geländers und im rechten Winkel zur Geschworenenbank glich der acht Fuß lange Anwaltstisch, an dem sie und Wiley mit dem Rücken zu den Zuschauern außerhalb des Geländers Platz genommen hatten, einem Theaterpublikum. Dann schlug ein Hammer heftig. Fast alle standen auf, bevor sie dazu aufgefordert wurden, und Richter Homans betrat den Gerichtssaal. Er kam langsam durch die Seitentür, die Hände vor dem Körper gefaltet, sein Gewand weht um ihn herum, wie ein Priester aus der Sakristei kommt.

Der Richter war ebenso wie der Gerichtsschreiber sofort in das Schreiben vertieft. Foster sprang auf und stand an seinem Schreibtisch und redete mit ihm, hob aber nie den Kopf. Foster blickte immer wieder über die Schulter zur Tür. Lydia wusste, auf wen er aufpasste – wie ein Welpe auf sein Abendessen, dachte sie.

Eine Stimme ertönte:

„Der Fall des Volkes gegen Lydia Thorne. Lydia Thorne an die Anwaltskammer."

Für Lydia deuteten die Worte auf ein ausgeklügeltes Spiel hin. Sie warf einen Blick auf Miss Bennett, unterdrückte ein Lächeln und sah, dass die Nerven ihrer Begleiterin durch den unheimlichen Klang erschüttert waren. Wiley stand auf.

„Bereit – für die Verteidigung", sagte er.

Foster, den Blick immer noch auf die Tür gerichtet, murmelte weniger überzeugend: „Bereit – für die Menschen."

Der Schreiber legte seinen Stift beiseite und begann, die Namen der Geschworenen aus der Kiste neben ihm zu entnehmen.

„Josiah Howell."

„Platz Nummer 1", wiederholte der Wärter im Wechsel.

„Thomas Peck."

„Platz Nummer 2."

Wiley beugte sich zu Lydias Ohr und flüsterte: „Ich möchte, dass Sie frei herausfordern – jeden, von dem Sie glauben, dass er feindselig sein könnte. Ich vertraue auf die Intuition Ihrer Frau. Die Jury ist das Wichtigste –"

Sie hörte ihn nicht mehr, denn sie sah, wie Fosters Gesicht aufleuchtete, und sie wusste, dass der Bezirksstaatsanwalt endlich vor Gericht war. Sie erkannte seinen Schritt hinter sich und fast sofort kam seine große Gestalt in ihre Sichtweite. Er setzte sich links neben Foster, verschränkte die Arme und richtete seinen Blick auf jeden Geschworenen, der die Loge betrat. Für Lydia war es wie das Aufgehen des Vorhangs für ein großes Theaterstück.

„William McCann."

„Platz Nummer 12."

Die Jury war komplett.

O'Bannon entfaltete seine lange Gestalt und erhob sich. Er durchquerte den Raum vor Lydia, kam zu den Geschworenen, blickte von einem zum anderen und stellte Routinefragen, aber mit einer ernsten Aufmerksamkeit, die sie spontan wirken ließ. Kannte einer von ihnen die Angeklagte oder ihren Anwalt? War einer von ihnen jemals wegen Geschwindigkeitsüberschreitung verhaftet worden? Hatte einer von ihnen jemals jemanden mit einem Auto verletzt?

Auf Lydia wirkte seine gesamte Persönlichkeit anders – aggressiver, feindseliger. Als er beim Sprechen die Faust ausstreckte, bemerkte sie die kräftige Masse seiner Hand, die Stärke seines Handgelenks. Sie konnte sein Gesicht nicht sehen, denn er stand ihr mit der Schulter zugewandt, aber sie konnte die nach oben gerichteten Gesichter der Geschworenen sehen.

Nummer 10 war in der Automobilbranche tätig und wurde entschuldigt. Nummer 2 gestand eine leichte Bekanntschaft mit dem Angeklagten ein, doch Lydia konnte sich nicht an ihn erinnern und neigte zu der Annahme, dass er lediglich dem Dienst entging. Mitten im Verhör gab Nummer 5 plötzlich die Auskunft, dass er aus Gewissensgründen gegen die Todesstrafe sei.

Daraufhin blickte der Richter von seinem Schreiben auf und sagte laut: „Aber das ist kein Fall der Todesstrafe."

„Nein, nein, ich weiß", sagte Nummer 5 entschuldigend. „Ich dachte nur, ich würde es erwähnen."

„Erwähnen Sie nichts, was keinen Bezug zum Fall hat", sagte der Richter und wandte sich wieder seinem Schreiben zu.

Als sich das Gericht am Mittag vertagte, waren die Geschworenen mit der Anklage noch nicht zufrieden.

Lydia, Miss Bennett und Wiley fuhren zum Mittagessen zu Eleanor. Von den drei Frauen war Lydia die fröhlichste.

„Das tut er wirklich – dieser Mann erwartet wirklich, dass er mich hinter Gitter bringt", sagte sie.

„Die Aussicht versetzt Sie offenbar in Hochstimmung", sagte Eleanor.

Lydia lachte und zeigte ihre hellen, regelmäßigen kleinen Zähne.

„Ich mag einen guten Kampf", antwortete sie.

So betrachtete sie es – als einen persönlichen Kampf zwischen dem Staatsanwalt und ihr selbst. Seit diesem ersten Interview hatte Wiley keine Gleichgültigkeit mehr, über die er sich beschweren konnte. Im Gegenteil, er lobte sie für ihr Verständnis des Falles – sie hätte Anwältin werden sollen. Sie hatte ihm alle Fakten zur Verfügung gestellt – alle Fakten, die irgendeinen Bezug zu dem Fall hatten. Dabei berücksichtigte sie nicht die genaue Art ihrer früheren Bekanntschaft mit O'Bannon; das heißt, sie erwähnte, dass sie ihn einmal bei den Piers getroffen und mit ihm Bridge gespielt hatte. Sie fügte hinzu, dass Eleanor das Gefühl hatte, dass er eine Abneigung gegen sie entwickelt habe. Wiley sagte nichts, stellte sich aber vor, sie hätte die Königin eines Staatsanwalts gespielt – was natürlich irritierend war.

Über alles andere ging sie jedoch ins Detail – insbesondere über die Bestechung von Drummond, für die sie sich offenbar überhaupt nicht schämte. Sowohl Albee als auch Wiley, die oft mit ihr zusammen waren, waren entsetzt – nicht so sehr darüber, dass sie es getan hatte, sondern darüber, dass sie keine Reue empfand. Wiley sprach als ihr Anwalt. Albee, menschlicher, amüsierter, schüttelte den Kopf.

„Wirklich, meine liebe junge Dame, Bestechung eines Polizisten –"

„Oh, kommen Sie, Gouverneur", sagte Lydia. „Das von dir!"

„Ich weiß nicht, was Sie meinen. Ich habe in meinem ganzen Leben noch nie einem Mann ein Bestechungsgeld angeboten", sagte der Gouverneur ernst.

„Und was genau haben Sie Mr. O'Bannon in Ihrem letzten Interview gesagt?"

Wiley und Albee protestierten, eher als würde sie gegen die Spielregeln verstoßen, als als würde sie etwas sagen, was den Tatsachen widerspricht. Albee erklärte ausführlich , dass es durchaus zulässig sei, einem Mann zu zeigen, dass Eigeninteressen gegensätzlich sein könnten, wenn sich ein Mann aus Eigeninteresse falsch verhalte – was natürlich der Bezirksstaatsanwalt tat. Lydia, die von dieser Erklärung nicht überzeugt war, tat nichts weiter, als nervig zu lachen. Daraufhin wandten sich beide Männer gegen sie und erklärten, wenn das Armband als Beweismittel gefunden werden könne und nachgewiesen werden könne, dass sie den Mann bestochen habe, den sie später getötet habe, würde das Verfahren gegen sie verhängt werden.

„Oh, aber sie können es nicht reinbekommen", sagte Albee, „nicht, es sei denn, Sie schlafen ein, Berater, oder der Staatsanwalt ist ein durch und durch Betrüger."

Wiley, der vorsichtiger war, war sich nicht so sicher. Wenn Lydia selbst Stellung beziehen würde –

„ Natürlich werde ich in meinem eigenen Namen aussagen", sagte Lydia.

„Ja", sagte Albee. „Beweisstück A – eine wunderschöne Frau. Urteil – nicht schuldig."

also immer wieder um die Sympathie der Jury – die Notwendigkeit, die richtigen zwölf Männer auszuwählen. Während des Mittagessens bei Eleanor an diesem ersten Tag wurde über nichts anderes gesprochen. War Nummer 6 feindselig? Hatten heutzutage alle Bauern ein Auto? Nummer 1 war anfällig, da war sich Miss Bennett sicher. Er hatte Lydia nicht aus den Augen gelassen. Nummer 7 hingegen wurde laut Lydia von „diesem Mann" hypnotisiert.

Um drei Uhr befanden sich die Geschworenen für zufrieden mit der Anklage. Jetzt war Wiley an der Reihe. Seine Art war ganz anders als die von O'Bannon – versöhnlicher. Er schien die Jury mit einer parfümierten Stimme zu umwerben, wie Lydia sie in ihren Gedanken beschrieb.

Nummer 2 gab als Antwort auf Wileys Fragen zu, dass er Vorurteile gegenüber Autos habe, da es nun unmöglich sei, seine Kühe über die Landstraße nach Hause zu treiben. Er war entschuldigt.

Nummer 7, der einst eine florierende Geflügelfarm besaß, musste diese aufgeben.

„Wegen der Motoren?"

„Ja, und weil es sich nicht ausgezahlt hat."

Hatte er das Gefühl, dass seine Vorurteile ihn daran hinderten, in diesem Fall ein unparteiisches Urteil zu fällen?

Nummer 7 sah ausdruckslos und mürrisch aus, wie ein kleiner Junge, der im Unterricht ratlos war, und sagte schließlich, dass das nicht der Fall sei.

„Entschuldigt", sagte Wiley.

„Aber ich habe gesagt, dass das nicht der Fall sein wird", protestierte Nummer 7.

„Entschuldigung", sagte Wiley und wedelte mit der Hand.

Lydia hatte zweimal auf den Tisch geklopft – das vereinbarte Zeichen.

Um vier Uhr waren die Geschworenen für beide Seiten zufriedenstellend; und dann, gerade als Lydias Nerven angesichts des Beginns des großen Spiels angespannt waren, vertagte sich das Gericht bis zehn Uhr am nächsten Morgen. Der Richter blickte von seinem Schreiben auf und ermahnte die Jury, den Fall mit niemandem zu besprechen, nicht einmal untereinander. Wie bei einem Zaubertrick brachten die Juroren unerwartete Hüte und Mäntel hervor. Der Gerichtsdiener begann zu schreien: „Behalten Sie Ihre Plätze, bis die Geschworenen ohnmächtig geworden sind", und das ganze Bild des Gerichts löste sich auf.

Wiley flüsterte Lydia zu: „Eine sehr nette Jury – eine sehr intelligente, vernünftige Gruppe von Männern." Er rieb sich die Hände.

Lydias Augen folgten O'Bannons Rücken, als er mit Foster an seiner Seite den Platz verließ.

„Ich frage mich, ob der Bezirksstaatsanwalt mit ihnen gleichermaßen zufrieden ist", sagte sie.

Bobby Dorset fuhr mit ihnen zurück und blieb zum Abendessen. Miss Bennett, die wegen der heißen Luft und der Anstrengung, sich zu konzentrieren, Kopfschmerzen hatte, hätte den Prozess gerne vergessen, aber Lydia und Bobby redeten über nichts anderes. Sie hielt einen Block und einen Bleistift bereit, um Punkte zu notieren, die ihr einfielen. Bobby, dessen Verstand zugleich scharfsinnig und trivial war, hatte merkwürdige Informationen gesammelt – dass der Richter feindselig war, dass der Türsteher sagte, das Urteil sei nicht schuldig, und dass er sich in siebenundzwanzig Jahren noch nie geirrt hatte.

Das Verfahren begann am nächsten Morgen mit der Eröffnung der Anklage durch O'Bannon. Lydia sah eine neue Waffe gegen sich, die ihre Berater offenbar nicht zu schätzen wussten – O'Bannons schreckliche Aufrichtigkeit. Seine Stimme hatte keinen künstlichen Ton. Er meinte, er konnte die Jury überzeugen.

„Meine Herren der Geschworenen", begann er, „die Anklage in diesem Fall ist Totschlag ersten Grades. Das ist Mord ohne Todesabsicht durch eine Person, die ein Vergehen begeht oder zu begehen versucht. Das wird das Volk am elften zeigen." Am Tag im März dieses Jahres tötete der Angeklagte John Drummond, einen Verkehrspolizisten, der versuchte, sie festzunehmen, als er rücksichtslos und gesetzlos ein Auto auf den Autobahnen dieses Landkreises fuhr. Drummond, dessen Ante-Mortem-Aussage vorliegen wird als Beweismittel dienen——"

Plötzlich ließ Lydias Aufmerksamkeit nach. Dieser Mann, der sie ins Gefängnis schicken wollte, hatte sie in seinen Armen gehalten. Sie sah wieder den Mond und den Nebel und spürte seine feste Hand auf ihrer Schulter. Die Erinnerung schien realer zu sein als diese unglaubliche Realität. Dann, gerade als sich Stahltüren vor dem roten Feuer eines Ofens schlossen, schloss ihr Geist diesen Aspekt der Situation aus, und sie stellte fest, dass sie – nach wie langer Pause, sie wusste nicht – O'Bannons Worten lauschte.

„——am Eingang des Dorfes teilt sich die Straße, die rechte Abzweigung biegt in einem Winkel ab, der etwas weniger als ein rechter Winkel ist. Um diese Ecke herum versuchte der Angeklagte, mit einer Technik zu umgehen, die als Schleudern eines Autos bekannt ist; das heißt, Sie fuhr immer noch mit hoher Geschwindigkeit, drehte ihre Räder scharf nach rechts und bremste so stark, dass die Hinterräder blockierten."

„Ja, mein Freund", dachte Lydia, „so wird es gemacht. Ich frage mich, wie oft du mit deinem eigenen Auto ins Schleudern geraten bist, um so viel darüber zu wissen."

„Dieses Vorgehen", fuhr O'Bannons Stimme fort, „das immer ein etwas rücksichtsloses Vorgehen ist, war in diesem Fall kriminell. Da der Polizist bekanntermaßen ihr Auto auf der linken Seite überlagerte, hätte sie genauso gut ihr Auto aufheben und angreifen können." Ihr Auto traf ihn, zerschmetterte sein Motorrad und verursachte die schrecklichen Verletzungen, an denen er innerhalb weniger Stunden starb.

Lydia schloss die Augen. Sie sah die Masse aus blutbeflecktem Khaki und Stahl auf der Straße liegen und hörte ihre eigenen Schritte auf dem Schotter.

„Das Volk wird beweisen, dass der Angeklagte zu diesem Zeitpunkt ein Vergehen begangen hat. Nach Abschnitt 1950 des Strafgesetzes ist es ein Vergehen, die Autobahnen gefährlich zu machen oder eine beträchtliche Anzahl von Personen in Lebensgefahr zu versetzen. Der Angeklagte nähert sich dem Dorf." Der Fall von Wide Plains entlang einer Autobahn, auf der sich Gebäude und Menschen mit einer Geschwindigkeit von 60 km/h befanden, war so lebensgefährlich. Meine Herren, es gab nie einen Fall, der rechtlich und sachlich einfacher war als dieser."

Lydia blickte Wiley unter ihren Wimpern an. Es schien ihr, dass O'Bannons Verhalten nahezu perfekt war. Sie glaubte, dass er die Geschworenen bereits gefangen hatte, doch aus seinem Gesichtsausdruck konnte sie nichts von Wileys Meinung herauslesen. Er erhob sich gemächlicher und gesprächiger. Die Verteidigung werde zeigen, sagte er – und sein Ton schien „ohne die geringste Schwierigkeit" hinzuzufügen –, dass das Motorrad des unglücklichen jungen Polizisten ins Schleudern geraten sei und das Auto des Angeklagten getroffen habe, was zum großen Leidwesen des Angeklagten dazu geführt habe, dass … Tod dieses tapferen jungen Helden. Sie würden beweisen, dass der Angeklagte zu diesem Zeitpunkt kein Vergehen begangen hatte, denn das Erreichen einer Geschwindigkeit von 25 oder 30 Meilen auf einer einsamen Straße stellte nicht einmal einen Verstoß gegen das Geschwindigkeitsgesetz dar, wie jeder, der ein Auto besaß, sehr wohl wusste. Was die Anklage wegen Totschlags ersten Grades angeht, schien Wileys Verhalten zu sagen, dass er wusste, dass ein Witz ein Witz war, und dass er genauso viel Sinn für Humor hatte wie die meisten Männer, aber wenn es um Totschlag ersten Grades ging – „ein Verbrechen, meine Herren, für das eine Gefängnisstrafe von zwanzig Jahren verhängt werden kann – zwanzig Jahre, meine Herren." Er hatte in seiner langen Erfahrung als Anwalt noch nie davon gehört, dass ein Gesetzesentwurf gleichzeitig so spektakulär und so völlig im Widerspruch zum Gesetz befunden worden wäre. Die Verteidigung würde ihnen zeigen, dass, wenn sie der Empfehlung seines gelehrten jungen Freundes, des Bezirksstaatsanwalts, folgen würden, die Fakten und das Gesetz zu berücksichtigen –

Sein Verhalten gegenüber O'Bannon war eher väterlich als herablassend. Er schien ihn als einen eifrigen, emotionalen Jungen darzustellen, der von Schlagzeilen in den New Yorker Zeitungen berauscht war. Wiley strahlte

Weisheit, Mitleid mit seinem Klienten, Trauer über den Verlust von Drummond und eine ermutigende Hoffnung aus, dass ein junger Mann wie O'Bannon im Laufe einiger Jahre genug lernen würde, um zu verhindern, dass er noch einmal einen demütigenden Fehler wie diesen begeht. Er sagte kein Wort darüber, aber Lydia konnte sehen, wie die Atmosphäre seiner Rede in die Köpfe der Geschworenen eindrang.

Ja, dachte sie, es war eine fähige Stelle – nicht die Art von Fähigkeit, die sie in den Tagen, als sie sich noch weniger mit dem Gesetz auskannte, mit juristischem Talent in Verbindung gebracht hätte; aber es schien die Art von Magie zu sein, die funktionierte. Sie war mit ihrem Rat zufrieden, warf ihm einen schmeichelhaften Blick zu und begann, die Miene anzunehmen, die er von ihr erwartete – die Taubenhafte.

Die Staatsanwaltschaft begann sofort, ihre Zeugen aufzurufen – zunächst die Ärzte und Krankenschwestern des Krankenhauses, um die Todesursache festzustellen. Dann wurde die genaue Zeit anhand der Uhr am Motorrad ermittelt – 3:12 Uhr, bestätigt durch die Aussagen vieler Zeugen. Dann wurde die Ante-Mortem-Aussage als Beweismittel vorgelegt. Zwischen den Anwälten kam es darüber zu einem langen technischen Streit. Es beschäftigte den ganzen Rest der Vormittagssitzung. Die Aussage wurde schließlich zugelassen, aber die Diskussion hatte dazu beigetragen, den Geschworenen klarzumachen, dass die Aussage eines Zeugen, dessen Glaubwürdigkeit nicht durch persönliche Begutachtung beurteilt werden kann und der durch den Tod vor dem Kreuzverhör durch den Anwalt des Gerichts gerettet wird Auf der anderen Seite handelt es sich um Beweise, die das Gesetz nur unter Protest zulässt.

Seinen ersten greifbaren Erfolg erzielte Wiley im Kreuzverhör der beiden Männer, die Lydia zu Hilfe gekommen waren. Bei einer direkten Vernehmung hatten sie die hohe Geschwindigkeit bezeugt, mit der Lydia gefahren war. Als Wiley sie ihm übergab, schaffte er es, sie in eine Lage zu bringen, in der sie gezwungen wurden, entweder zuzugeben, dass sie keine Kenntnis von hohen Geschwindigkeiten hatten, oder dass sie selbst häufig gegen das Gesetz verstießen. Wiley war höflich, fast freundlich; aber er ließ sie albern aussehen, und die Jury genoss das Spektakel.

Dieser Erfolg wurde von einem kleinen Rückschlag überschattet, der darauf folgte. Die Anklage hatte eine lange Reihe von Zeugen, die kurz vor dem Unfall an Lydia vorbeigekommen waren oder von ihr passiert waren. Einer von ihnen war ein junger Mann, der als Wäscher in einer Garage arbeitete, etwa eine Meile von der tödlichen Ecke entfernt. Er sagte im direkten Verhör aus, dass Lydia 75 Meilen pro Stunde gefahren sei, als sie an der Werkstatt vorbeikam.

Wiley stand auf, streng und kalt, und seine Art schien zu sagen: „Von allen Dingen auf dieser Welt hasse ich einen Lügner am meisten!"

„Und wo warst du damals?"

„Steht vor der Garage."

"Was hast du dort gemacht?"

"Nichts."

"Nichts?"

„Eine Pfeife rauchen."

„Um drei Uhr nachmittags – während der Arbeitszeit?" Wiley ließ es wie ein Verbrechen klingen. „Und während dieser kleinen Siesta oder diesem Feiertag haben Sie gesehen, wie das Auto des Angeklagten mit 45 Meilen pro Stunde fuhr – ist das die Idee?"

"Jawohl."

„Und werden Sie der Jury erzählen, wie Sie die Geschwindigkeit eines frontal auf Sie zukommenden Autos so genau einschätzen konnten?"

Die offensichtliche Antwort war, dass er es erraten hatte, aber der junge Mann hatte es nicht geschafft.

„Ich mache das mit Telegrafenmasten und Sekundenzählen."

Es stellte sich heraus, dass der junge Mann es gewohnt war, bei Auto- und Motorradrennen die Zeit zu messen.

Lydia sah, wie Foster leicht lächelte, als er seinen Chef ansah. Offensichtlich war die Verteidigung in eine hübsche kleine Falle getappt. Sie warf Wiley einen Blick zu und sah, dass er vorgab, erfreut zu sein.

"Genau genau!" sagte er und zeigte mit dem anklagenden Finger auf den Zeugen; „Sie und Drummond sind früher zusammen zu Motorradrennen gegangen."

Er hat es sehr gut gemacht, aber es ist ihm nicht gelungen. Die Jury hatte den Eindruck, dass die Zeugenaussage des Volkes zur Geschwindigkeit glaubwürdig war.

KAPITEL X

Seltsamerweise gehörten die Tage ihres Prozesses zu den glücklichsten und interessantesten, die Lydia je erlebt hatte. Sie hatten ein kontinuierliches Interesse, das sie ruhig und ausgeglichen hielt. Wenn sie normalerweise im weichsten Bett aufwachte und ihre Wange aus dem weichsten Kissen hob , fragte sie sich, was sie an diesem Tag tun sollte. Sie hatte die Wahl – unzählige Möglichkeiten –, die alle unbefriedigend waren, weil nur ihre eigene Zufriedenheit berücksichtigt werden musste.

Doch während ihres Prozesses stellte sie diese Frage nicht. Sie hatte einen Beruf und einen Lebenszweck, nicht so sehr, um sich selbst zu retten, sondern um O'Bannon zu demütigen. Das stetige, starke Interesse gab ihren Tagen Form und Muster, wie der Faden einer Perlenkette.

Sobald jede Sitzung vorbei war, gingen sie und Wiley auf dem Rasen des Gerichtsgebäudes oder in ihrem Haus, wenn sie ihn festhalten konnte, oder sie und Albee oder Bobby oder Miss Bennett, je nachdem, jeden von ihnen vorgebrachten Punkt durch Zeugen der Anklage oder durch Wileys Kreuzverhör ans Licht gebracht. Der Bezirksstaatsanwalt schien keine Überraschungen zu befürchten. Er hatte mit Drummonds Aussage vor dem Tod starke, eindeutige Argumente und zahlreiche Zeugen für Lydias Schnelligkeit. Das Armband war bisher nicht als Beweismittel zugelassen worden, und Drummonds Aussage hatte sich auch nicht darauf bezogen, und Wiley wuchs zuversichtlicher, dass es nicht zugelassen werden würde. Die Verteidigung war etwas besorgt über die Genauigkeit, mit der der Zeitpunkt des Unfalls festgestellt worden war, aber da Lydia nicht genau wusste, wann sie Eleanors verlassen hatte, und Eleanor oder einer ihrer Bediensteten nicht vorgeladen worden war , schien dies nicht der Fall zu sein Von diesem Punkt an besteht doch keine Gefahr.

Lydia, die die erste Zeugin der Verteidigung sein sollte, hatte über jeden Punkt und jede Implikation ihrer eigenen Aussage nachgedacht, bis sie sicher war, dass „dieser Mann" sie nicht in einem einzigen Punkt falsch erwischen würde. Sie hatte keine Angst vor dem Moment – sie sehnte sich danach. Wiley hatte sie auf die Gefahr hingewiesen, sich zu viel zu erinnern – ein offenes „Ich fürchte, daran erinnere ich mich nicht" würde eine Jury oft besser überzeugen als eine zu genaue Erinnerung.

„Und", fügte Wiley beruhigend hinzu, „haben Sie keine Angst, wenn der Bezirksstaatsanwalt versucht, Sie einzuschüchtern. Das Gericht wird Sie beschützen, und wenn ich es scheinbar so lasse, dann nur, weil ich sehe, dass es die Geschworenen in Ihrem Fall benachteiligt." favorisieren."

Lydias Nasenflügel flatterten mit einem langen Atemzug.

„Ich glaube nicht, dass er mir Angst machen wird", sagte sie.

Vor allem aber beriet Wiley sie hinsichtlich ihrer Haltung. Sie muss sanft, feminin und ansprechend sein, als würde sie nicht freiwillig eine Fliege verletzen. Ganz gleich , was passierte, sie durfte nicht die Zähne zusammenziehen, mit dem Fuß wippen und verächtliche Antworten erwidern.

Lydia bewegte ihren Kopf und sah genau so aus, wie Wiley nicht wollte, dass sie aussah.

„Ich kann keine Berufung einlegen", sagte sie.

„Dann wird der Bezirksstaatsanwalt seinen Fall gewinnen", sagte Wiley.

Es entstand eine Pause, und dann sagte Lydia in der Art eines guten kleinen Mädchens:

"Ich werde mein Bestes geben."

Jeder wusste, dass ihr Bestes gut tun würde.

Die Leute sollten ihren Fall an diesem Morgen abschließen. Ein Zeuge für Lydias Geschwindigkeit kurz vor dem Unfall war im Zeugenstand. Er sagte aus, dass es ihm nicht gelungen sei, sie im Auge zu behalten, da er ihr so schnell folgte, wie sein Auto fahren konnte – er hatte keinen Tacho. Sein Name war Yakob Ussolof und er hatte große Schwierigkeiten mit der englischen Sprache. Seine Aussagen waren jedoch klar und schädlich.

Die Jury bestand fast ausschließlich aus Angelsachsen, und als Wiley sich erhob, um ins Kreuzverhör zu kommen, war die Mühe, die er unternahm, um den richtigen Namen zu finden – „Mr. – äh – Mr. – U – Ussolof " – ein Appell an ihren Amerikanismus.

„Herr Ussolof , Sie fahren seit einigen Jahren Auto?"

„Yare, yare", sagte Herr Ussolof eifrig, „schon seit zehn Jahren."

„Wie lange besaßen Sie das Auto, das Sie am 11. März fuhren?"

„Seit Herbst."

„Ah, ein neues Auto. Und von welcher Marke war es ?"

„Flivver."

Das Zauberwort wirkte sein gewohntes Wunder. Alle lächelten, und Wiley, der eine Jury aus Flivver-Besitzern vor sich sah, fuhr fort:

„Und wollen Sie mir sagen, Herr Ussolof , dass Sie im schnellsten in Amerika gebauten Auto ein im Ausland gebautes Auto nicht mit dreißig Meilen pro

Stunde in Sichtweite halten könnten? Oh, Herr Ussolof , das tun Sie nicht Uns Gerechtigkeit. Wir bauen bessere Autos als das!"

Die Jury lächelte, die Zuschauer lachten, der Hammer fiel zur Ordnung und Mr. Wiley setzte sich. Er hatte Lydia gesagt, dass eine Jury ebenso wie ein Publikum diejenigen liebt, die sie zum Lachen bringen, und er setzte sich mit einem Hauch von Erfolg zusammen. Doch als Lydia sie genauer beobachtete, war sie sich nicht so sicher. Als O'Bannon aufstand, bemerkte sie die extreme Ernsthaftigkeit seines Verhaltens, seinen Blick auf die Jury, der zu sagen schien: „Das Leben eines Mannes – die Freiheit einer Frau steht auf dem Spiel, und Sie lassen zu, dass eine Bank Sie zum Lachen bringt!" Es war nur ein Blick, aber Lydia sah, dass sie wie viele Schuljungen ihre Ernsthaftigkeit wiedererlangten, als der Schulleiter hereinkam.

„Rufen Sie Alma Wooley an", sagte O'Bannon.

Alma Wooley, die letzte Zeugin des Volkes, war das Mädchen, mit dem Drummond verlobt war. Eine kleine Gestalt in tiefster Trauer bestieg die Tribüne, so blass, dass es aussah, als würde ein starker Strahl durch sie hindurch scheinen, und obwohl ihre Augen trocken waren, hatte ihre Stimme den flüssigen Klang, der mit viel Weinen einhergeht. Viele der Geschworenen kannten sie, als sie im Geschäft ihres Vaters arbeitete. Sie sagte aus, dass ihr Name Alma Wooley sei, sie neunzehn Jahre alt sei, und dass sie bei ihrem Vater gelebt habe.

„Miss Wooley", sagte O'Bannon, „Sie wurden am elften März dieses Jahres ins Krankenhaus geschickt, nicht wahr?"

Ein fast unhörbares „Ja, Sir", war die Antwort.

„Du hast Drummond gesehen, bevor er starb?"

Sie senkte den Kopf.

„Wie lange warst du bei ihm?"

Sie hauchte nur die Antwort: „Etwa eine Stunde."

Geschworener Nummer 6 meldete sich zu Wort und sagte, er könne nichts hören. Der als Beispiel angeführte Richter sagte mit lautem Brüllen: „Sie müssen lauter sprechen. Sie müssen so sprechen, dass der letzte Geschworene Sie hören kann. Nein, schauen Sie mich nicht an. Schauen Sie sich die Jury an."

Auf diese Weise ermahnt, erhob Miss Wooley ihre schwache, flüssige Stimme und bezeugte, dass sie anwesend gewesen sei, als Drummond seine Aussage machte.

„Erzählen Sie der Jury, was passiert ist."

"Ich sagte--"

Ihre Stimme verlor die Fassung. Wiley sprang auf.

„Euer Ehren, ich muss protestieren. Ich kann den Zeugen nicht hören. Es ist mir unmöglich, die Interessen meines Mandanten zu schützen, wenn ich ihn nicht hören kann."

Der Stenograph wurde angewiesen, seine Notizen laut vorzulesen, und er las schnell und ohne die geringste Miene:

„Frage: ,Erzählen Sie der Jury, was passiert ist.' Antwort: „Ich sagte: „Oh, Jack, Liebling, was haben sie mit dir gemacht?" Und er sagte: „Sie war es, Liebling." Sie hat mich doch erwischt."

Wiley war wieder auf den Beinen und protestierte mit einer Stimme, die alle anderen Geräusche übertönte. Es kam zu einem erbitterten Streit zwischen den Anwälten. Sie stritten miteinander , gingen hin und flüsterten dem Richter ihre Argumente ins Ohr. Am Ende durfte Miss Wooleys Aussage keinen Bezug zu einem früheren Treffen zwischen Drummond und Lydia enthalten, sondern beschränkte sich auf eine bloße Bestätigung der Einzelheiten von Drummonds eigener Aussage. Technisch gesehen hatte die Verteidigung ihren Standpunkt durchgesetzt, aber der emotionale Eindruck, den das Mädchen hinterlassen hatte, ließ sich nicht so leicht auslöschen, ebenso wenig wie der Verdacht, dass die Verteidigung etwas zu verbergen hatte. Wiley nahm kein Kreuzverhör vor, da er wusste, dass es umso besser war, je früher die erbärmliche kleine Gestalt den Zeugenstand verließ. Aber es gelang ihm zu vermitteln, dass es sein Mitgefühl für den Leidenden war, das ihn dazu veranlasste, auf ein Kreuzverhör zu verzichten.

Der Fall des Volkes ruhte.

Lydia wurde gerufen. Als sie aufstand und hinter die Geschworenenbank auf die wartende Bibel zuging , wurde ihr klar, warum O'Bannon Alma als letzten seiner Zeugen in den Zeugenstand gesetzt hatte. Es sollte jedem Reiz, den Jugend, Reichtum und Schönheit auf die Emotionen der Jury ausüben könnten, eine Tragödie entgegensetzen. Solch ein Trick, so schien es, verdiente einen Gegentrick und versöhnte sie mit der Lüge, obwohl sie schwor, dass ihr Zeugnis die Wahrheit, die ganze Wahrheit und nichts als die Wahrheit sein würde, also steh ihr bei, Gott.

Sicherlich war es eine Verfolgung für das Gesetz, sich zu solchen Methoden zu beugen. Sie fühlte sich hart wie Stahl an. Frauen werden nicht fair behandelt, dachte sie. Hier war sie und wollte wie eine Tigerin kämpfen, und ihre einzige Chance zu gewinnen bestand darin, so sanft und harmlos wie die Taube zu erscheinen. Sie sagte aus, dass ihr Name Lydia Janetta Thorne sei, sie vierundzwanzig Jahre alt sei und ihren Wohnsitz in New York habe.

„Miss Thorne", sagte Wiley sehr sachlich, „seit wie vielen Jahren fahren Sie Auto?"

"Für acht Jahre."

„So oft drei- oder viermal pro Woche?"

„Viel öfter – ständig – jeden Tag."

„Sind Sie jemals wegen Geschwindigkeitsüberschreitung verhaftet worden?"

„Nur einmal – vor etwa sieben Jahren in New Jersey."

„Wurden Sie mit einer Geldstrafe belegt oder inhaftiert?"

„Nein, der Fall wurde abgewiesen."

„Hatten Sie vor dem 11. März jemals einen Unfall, bei dem Sie sich selbst oder jemand anderen verletzt haben?"

"NEIN."

„Erzählen Sie den Geschworenen jetzt, soweit Sie sich erinnern können, genau, was von dem Zeitpunkt an, als Sie Ihr Haus am Morgen des 11. März verließen, bis zu dem Unfall am Nachmittag passiert ist."

Lydia wandte sich an die Jury – nicht taubenhaft, aber mit einem veränderten Strahl offener Freundlichkeit, der sehr gewinnend war. Sie beschrieb ihren Tag. Sie hatte ihr Haus gegen halb elf verlassen und war in anderthalb Stunden zu Miss Bellington gelaufen, eine Entfernung von dreißig Meilen. Sie hatte erwartet, den Nachmittag dort zu verbringen, aber als sie erfuhr, dass ihre Freundin eine Verlobung hatte, hatte sie früher als erwartet aufgegeben. Nein, sie hatte überhaupt kein Motiv, schnell in die Stadt zu kommen. Im Gegenteil, sie hatte mehr Zeit zur Verfügung. Nein, sie hatte die Stunde, zu der sie Miss Bellington verließ, nicht bemerkt, aber es war kurz nach dem Mittagessen; Ungefähr fünfundzwanzig Minuten vor drei, sollte sie sich vorstellen.

War ihr zu irgendeinem Zeitpunkt bewusst, dass sie schnell fuhr?

Ja, kurz nachdem ich Miss Bellington verlassen habe. Es gab ein gutes Stück Straße und keinen Verkehr. Sie war sehr schnell gelaufen – wahrscheinlich 35 Meilen pro Stunde.

Hat sie so schnell angerufen?

Ja, das hat sie. Als sie das sagte, benahm sie sich wie ein sehr gutes kleines Mädchen.

Wie lange hatte sie diese hohe Geschwindigkeit beibehalten?

Sie fürchtete, sie könne sich nicht mehr genau erinnern, außer an zwei oder drei Meilen. Als sie sich dem Dorf Wide Plains näherte , war sie auf ihre normale Geschwindigkeit von 25 Meilen pro Stunde abgebremst – langsamer, als sie das Dorf tatsächlich betrat. Sie konnte nicht sagen, wie lange Drummond ihr schon gefolgt war – sie hatte ihn nicht bemerkt. Sie hatte ihn gesehen, als sie das Dorf betrat – hatte sein Spiegelbild in ihrem Spiegel gesehen. Es war schwierig, Entfernungen anhand einer solchen Spiegelung genau abzuschätzen. Sie hatte ihn gerade im Moment des Unfalls nicht bemerkt. Ja, ihre Entscheidung, nach rechts abzubiegen, war plötzlich gekommen. Sie hatte den Aufprall gespürt. Sie glaubte, der Polizist sei ihr über den Weg gelaufen. Sie befand sich auf ihrer eigenen Straßenseite und bog nach rechts ab.

Warum nahm sie die rechte Straße, die länger war als die linke?

Weil es angenehmer war und weil sie es nicht eilig hatte, nach Hause zu kommen , machte ihr der zusätzliche Abstand nichts aus.

Nach dem Unfall war sie geblieben und hatte jede in ihrer Macht stehende Hilfe geleistet, war ins Krankenhaus gegangen und dort geblieben, bis der vorläufige Bericht über Drummonds Zustand eingegangen war. Sie hatte ihre Adresse und Telefonnummer hinterlassen, damit das Krankenhaus sie nach Abschluss der Röntgenuntersuchung anrufen konnte.

Ihre Freunde atmeten erleichtert auf, als ihre direkte Aussage beendet war. Es stimmte, sie war keine attraktive Figur wie Alma Wooley; aber sie war klar, hörbar, direkt und ihr direkter Blick unter ihren dunklen, ebenen Brauen war überzeugend ehrlich.

Als sie ihre direkte Aussage beendet hatte , blickte sie auf ihre in ihrem Schoß gefalteten Hände. Der wichtige Moment war gekommen. Sie hörte Wileys sanfte Stimme, die „Ihr Zeuge" sagte, als würde er dem Volk ein großartiges Geschenk machen. Als ihr bewusst wurde, dass O'Bannon aufstand und sie ansah, hob sie den Blick bis zum obersten Knopf seiner Weste, hob dann langsam Kopf und Augen zusammen und starrte ihm direkt ins Gesicht.

Er hielt ihren Blick mehrere Sekunden lang fest und versuchte, dachte sie, in der Stille Besitz von ihrem Verstand zu ergreifen, so wie er von dem der Geschworenen Besitz ergriffen hatte.

„Nicht so einfach, mein Freund", sagte sie sich, und gerade als sie es sagte , hörte sie seine Stimme kühl sagen: „Schauen Sie sich bitte die Geschworenen an, nicht mich."

Als sie sie in die gewünschte Richtung drehte, blitzte es in ihren Augen auf.

„Miss Thorne, um wie viel Uhr haben Sie Miss Bellington verlassen?"

„Ich habe keine Möglichkeit, es genau zu bestimmen – ungefähr 2:35.“

„Sind Sie ganz sicher, dass es nicht später war?“

„Ich kann nicht innerhalb von vier oder fünf Minuten sicher sein.“

„Wie groß ist die Entfernung von Miss Bellington zum Unfallort?“

„Etwa fünfzehn Meilen, schätze ich.“

„Ihre Rechnung ist, dass Sie, da sich der Unfall um 3:12 Uhr ereignete und Sie um fünfundzwanzig Minuten vor drei losgefahren sind, fünfzehn Meilen in siebenunddreißig Minuten gefahren sind – also mit einer Geschwindigkeit von vierundzwanzig Meilen pro Stunde. Ist das richtig?"

"Ja."

„Und du bist nie schneller als 35 Meilen pro Stunde gelaufen?“

"Niemals."

„Schauen Sie mich nicht an. Schauen Sie sich bitte die Geschworenen an.“

Es fiel ihr schwer, unter dieser wiederholten Ermahnung taubenhaft zu bleiben. „Als ob“, dachte sie, „ich meine Augen nicht von ihm lassen könnte, obwohl es natürlich in der Natur des Menschen liegt, die Person anzusehen, die mit dir spricht.“

„Sie sagen“, fuhr er fort, „dass Sie damit gerechnet hatten, länger bei Miss Bellington zu bleiben, als Sie es tatsächlich taten.“

"Ja."

„Und was hat Sie dazu bewogen, Ihre Pläne zu ändern?“

„Ich habe herausgefunden, dass sie eine Verlobung hatte.“

„Hat sie es bei Ihrer Ankunft erwähnt?“

"NEIN."

„Wann hat sie es erwähnt?“

„Nach dem Mittagessen.“

„Wurde sie während Ihres Besuchs ans Telefon gerufen?“

"NEIN."

"Bist Du Dir sicher?"

Es entstand eine Pause. Die Tore zu Lydias Erinnerung hatten sich plötzlich geöffnet. Der Anruf, der damals keinen Eindruck hinterlassen hatte, weil sie nicht begriffen hatte, dass er von O'Bannon kam, fiel ihr plötzlich wieder ein.

Sie versuchte hastig zu erkennen, was es mit ihrem Fall zu tun hatte, aber er ließ ihr keine Zeit.

„Beantworten Sie bitte meine Frage. Können Sie schwören, dass es Ihres Wissens nach keinen Anruf gab?"

"Nein ich kann nicht."

„ Tatsächlich gab es einen Anruf?"

"Ja."

„Während dieses Telefongesprächs wurde die Verlobung geschlossen?"

„Das kann ich nicht sagen – ich weiß es nicht."

„Wie lange blieben Sie nach diesem Telefonat?"

„Ich bin sofort gegangen."

„Du hast deinen Hut aufgesetzt?"

"Ja."

„Und dein Schleier?"

"Ja."

„Und ein Mantel?"

"Ja."

Es war unmöglich, bei diesem Verhör wie eine Taube zu wirken. Die Jury erlaubte sich ein Lächeln.

„War Ihr Auto vor der Tür stehen geblieben?"

"NEIN." Sie hatte das Gefühl, dass ihr Kiefer anfing, sich zu spannen, und es fiel ihr schwer, ihren Fuß ruhig zu halten.

„Sie mussten warten, bis es abgeholt wurde?"

"Ja."

„Mit anderen Worten, Miss Thorne, Sie müssen nach dem Anruf mindestens fünf Minuten gewartet haben?"

"Wahrscheinlich nicht."

„Antworten Sie bitte mit Ja oder Nein."

"NEIN." Sie warf es nach ihm.

„Wenn das Telefon dann dreizehn Minuten vor drei kam, müssen Sie frühestens acht Minuten vor drei abgereist sein, und der Unfall ereignete sich um 15:12 Uhr. Dann haben Sie die Strecke – in Wirklichkeit sind es dreizehneinhalb Meilen – in zwanzig Minuten zurückgelegt ; das heißt, mit einer Geschwindigkeit von vierzig Meilen pro Stunde.

Wiley protestierte, dass es keine Beweise dafür gebe, dass das Telefongespräch dreizehn Minuten vor drei geführt worden sei, und O'Bannon antwortete, dass er mit Zustimmung des Gerichts die Aufzeichnungen der Telefongesellschaft als Beweismittel zur Verfügung stellen werde, um das genaue Datum zu beweisen Stunde. Dieser Punkt war geklärt, es folgte eine Pause. Lydia erhob sich halb, weil sie glaubte, die Tortur sei vorbei, aber O'Bannon hielt sie zurück.

„Einen Moment", sagte er. „Sie sagen, dass Sie seit mehreren Jahren nicht mehr wegen Geschwindigkeitsüberschreitung verhaftet wurden. Wurden Sie jemals von einem Polizisten angehalten?"

Wiley protestierte sofort.

„Ich erhebe Einspruch, Euer Ehren, mit der Begründung, es sei irrelevant."

Der Richter sagte zu O'Bannon: „Was ist der Zweck der Frage?"

„Glaubwürdigkeit, Euer Ehren. Ich möchte zeigen, dass die Angeklagte hinsichtlich ihrer eigenen Geschwindigkeit keine kompetente Zeugin ist."

Der Richter verschränkte seine Finger mit den Ellbogen auf den Armlehnen seines Stuhls und drehte sich nachdenklich um.

„Die Tatsache, dass sie einmal von der Polizei angehalten wurde, ist kein Ausschlag dafür. Möglicherweise hat sie gegen eine andere Verordnung verstoßen."

„Wenn Euer Ehren es erlaubt, werde ich nachweisen, dass sie wegen Geschwindigkeitsüberschreitung angehalten wurde."

Schließlich wurde die Frage zugelassen; und Lydia, die immer widerstrebender aussagte, sich immer mehr darüber im Klaren war, dass der Eindruck, den sie machte, schlecht war, musste aussagen, dass Drummond selbst sie im Herbst angehalten hatte. Auf die Frage, was er zu ihr gesagt habe, antwortete sie verächtlich, dass sie sich nicht erinnern könne.

„Hat er gesagt: ‚Was ist das Ihrer Meinung nach – eine Rennstrecke?'"

„Ich erinnere mich nicht."

er Sie verhaften würde, wenn Sie so schnell weiterfahren würden ?"

"NEIN."

Wenn Hass töten könnte, wäre die Staatsanwältin von ihrem Blick niedergeschlagen worden.

„Sie erinnern sich an nichts von dem Gespräch, das zwischen Ihnen stattgefunden hat?"

"NEIN."

„Und Sie können sich nicht erklären, warum ein Verkehrspolizist Sie ohne Vorwarnung angehalten und losgelassen hat?"

"NEIN."

„Würde es Ihr Gedächtnis auffrischen, Miss Thorne, dieses Armband anzusehen, das ich in meiner Hand halte?"

„Ich protestiere, Euer Ehren!" schrie Wiley, aber eine Sekunde zu spät. Lydia hatte das Armband gesehen und war davor zurückgeschreckt – mit einer schnellen Geste des Abscheus.

LYDIA hatte das Armband gesehen und war davor zurückgeschreckt.

Die Ermittlungen wurden nicht zugelassen, das Armband wurde nicht als Beweismittel vorgelegt, die Frage wurde aus den Akten gestrichen; Aber die Gesamtwirkung ihrer Aussage bestand darin, bei den Geschworenen den Eindruck zu hinterlassen, dass sie zu dem Verhalten, das die Staatsanwaltschaft ihr zuschrieb, durchaus fähig war. Wiley hielt sie einige

Augenblicke zur erneuten Untersuchung fest, in der Hoffnung, die Taube wiederzugewinnen, aber vergebens.

Miss Bennett wurde vor Gericht gestellt, um Lydias gewohnheitsmäßige Umsicht als Fahrerin zu bezeugen; Gouverneurin Albee bezeugte ihre hervorragende Leistung; Ein halbes Dutzend anderer Freunde waren zwar überzeugend, konnten aber den Schaden, den sie ihrem eigenen Fall zugefügt hatte, nicht wiedergutmachen.

Der Bezirksstaatsanwalt legte die Unterlagen der Telefongesellschaft als Beweismittel vor und zeigte, dass zwischen zwei und drei Uhr am 11. März nur ein einziger Anruf im Bellington-Haus getätigt worden war, und zwar dreizehn Minuten vor drei.

KAPITEL XI

Als Lydia den Zeugenstand verließ, wusste sie mit der Weisheit, die besonders den Mutigen zu eigen ist, dass ihr Prozess gegen sie ausgegangen war. Miss Bennett war hoffnungsvoll, als sie nach Hause fuhren. Bobby gratulierte ihr tatsächlich zu der Klarheit und Gewichtigkeit ihrer Aussage.

Albee, dessen eigene Ermittlungen am Tag zuvor glänzend abgeschlossen hatten, kam an diesem Abend, um sich von ihr zu verabschieden. Er wurde aus geschäftlichen Gründen in seinen Heimatstaat zurückgerufen und reiste mit einem Mitternachtszug ab.

Seit dem Unfall hatte Lydia Albee jeden Tag gesehen – hatte ihn benutzt und konsultiert und doch seine Existenz fast vergessen. Während sie nun auf sein Erscheinen wartete, überkam sie ein Schock der Überraschung, dass sie einmal kurz davor gewesen war, sich mit ihm zu verloben; dass er, wenn er sich für ein paar Wochen auf diese Weise trennte, zu der Annahme gelangen könnte, dass sie vorhatte, seine Frau zu werden. Sie dachte, sie könnte ihren Prozess als guten Vorwand dafür nutzen, dass sie sich weigerte, einen solchen Vorschlag in Betracht zu ziehen. Das würde ihn loswerden, ohne seine Gefühle zu verletzen. Sie dachte an den Satz: „Eine Frau in der Situation, in der ich mich befinde, kann keine Verlobung eingehen." Der bloße Gedanke an eine solche Ehe war ihr jetzt zutiefst zuwider. Wie konnte sie darüber nachdenken?

Er trat ein, löwenhaft und doch adrett in seinem zweireihigen blauen Serge und einer Perle in seiner schwarzen Krawatte. Er nahm ihre Hand und strahlte auf sie herab, als ob viele Dinge in seinem Herzen wären, mit denen er sie in dieser Krise nicht belästigen würde, indem er sie aussprach.

„Ah, meine Liebe", sagte er, „ich wünschte, ich könnte morgen hier sein, um deinen Triumph zu sehen, aber ich werde in etwa einem Monat zurück sein, und dann – bis dahin lasse ich dich in guten Händen. Wiley ist es." Kapital. Sein Resümee morgen wird ein Meisterwerk sein. Und denken Sie daran, wenn sie zufällig – Geschworene sind riskant, wissen Sie – ein negatives Urteil fällen, sind Sie als Kirche in der Berufung sicher." Er hob eine kalte, steife kleine Hand an seine Lippen.

Mit ihrer vollkommenen Klarheit sah sie, dass er sie im Stich ließ, und war froh, ihn ihr aus dem Weg zu räumen. Sie verspürte nicht einmal den Drang, ihn dafür zu bestrafen, dass er gegangen war.

Am nächsten Morgen regnete es in Strömen. Es schien, als würde sich der Globus selbst im Regen und nicht im Äther drehen. Regen prasselte auf die Straßen von New York, so dass der Asphalt in schwarzen Bächen von Bordstein zu Bordstein floss; Regen fegte über die offenen Flächen des

Landes, und als sie durch den Sturm rannten, spritzte Wasser in langen Strömen aus den Rädern des Autos. Im Gerichtssaal lief der Regen in flüssigen Mustern an den Fenstern auf beiden Seiten der amerikanischen Flagge herunter. Der Gerichtssaal selbst hatte eine andere Atmosphäre. Das elektrische Licht brannte, die Luft roch nach Schlamm und Gummimänteln, und Richter Homans, der an Rheuma litt, war steif und grimmig.

Zu Beginn erwartete Lydia ein Schlag. Sie hatte nicht verstanden, dass die Verteidigung zuerst das Resümee zog – dass die Staatsanwaltschaft das letzte Wort bei den Geschworenen hatte. Was könnte „dieser Mann" mit seiner hypnotischen Aufrichtigkeit nicht mit der Jury anfangen? Sie fürchtete sich auch vor Wileys Zusammenfassung, weil sie befürchtete, sie würde rednerisch sein – umso mehr, als er jede solche Absicht immer wieder verneinte.

„Der Tag der Beredsamkeit ist vorbei", sagte er immer wieder. „Man versucht heutzutage nicht mehr, ein Daniel Webster oder ein Rufus Choate zu sein. Aber natürlich ist es notwendig, die Herzen der Jury zu berühren."

Sie glaubte, O'Bannons Appell ginge ihnen zu Kopf, und doch könnte Wiley recht haben. Die Leute waren solche Gänse, dass sie vielleicht Wileys Methode der von O'Bannon vorziehen würden.

Gleich nach der Gerichtseröffnung begann Wiley mit der Zusammenfassung, und sogar sein Mandant gefiel seiner einfachen, gemächlichen Art. Er ging sehr klar und effektiv auf die lediglich rechtlichen Punkte ein. Das Verbrechen des Totschlags ersten Grades – ein Verbrechen, für das eine Strafe von zwanzig Jahren verhängt werden könnte – war nicht bewiesen. Es lagen auch keine glaubhaften Beweise für eine kriminelle Fahrlässigkeit vor, ohne die ein Urteil wegen Totschlags zweiten Grades nicht gefällt werden könnte. Als er die Fakten überprüfte, gelang es ihm, ein Bild von Lydias Jugendlichkeit, ihrer Mutterlosigkeit , von Thornes frühen Anfängen als Arbeiter und von seinem Tod zu zeichnen, der Lydia als Waise zurückließ. Er ließ ihre Schönheit und ihren Reichtum als Nachteil erscheinen – eine schreckliche Versuchung für einen ehrgeizigen jungen Staatsanwalt, der ein Auge auf Schlagzeilen hatte. Er erweckte den Anschein, als würden Geschworene immer junge Damen wegen ihrer gesellschaftlichen Stellung verurteilen, diese besondere Geschworenengemeinschaft jedoch durch einen Triumph der Fairness in der Lage sein, dieses Vorurteil zu überwinden. Ein Geschworener, der über Alma Wooley geweint hatte, vergoss nun eine unparteiische Träne für Lydia.

„Meine Herren der Geschworenen", endete Wiley, „ich bitte Sie, diesen Fall allein auf der Grundlage der Fakten zu prüfen – und sich nicht von den emotionalen Appellen eines ehrgeizigen und gebildeten jungen Staatsanwalts mit der so oft vorkommenden Rücksichtslosigkeit ablenken zu lassen." mit jungem Ehrgeiz; ein unschuldiges Mädchen nicht zu verurteilen, dessen einziges Verbrechen darin zu bestehen scheint, dass sie die Verwalterin des Reichtums ist, den ihr Vater, ein amerikanischer Arbeiter, unter den Bedingungen der amerikanischen Industrie gewonnen hat. Wenn Sie nur die Beweise betrachten, werden Sie feststellen, dass nein Es wurde ein Verbrechen begangen. Ich bitte Sie, meine Herren, um ein Freispruchsurteil."

Lydia, deren Blick auf den roten Teppich gerichtet war, der nur wenige Meter von O'Bannons Stuhl entfernt lag, sah, dass Miss Bennett sich freudig an Eleanor wandte und dass Bobby versuchte, ihren Blick für ein Glückwunschnicken zu erregen; aber sie bewegte keinen Muskel, bis O'Bannon aufstand und zu den Geschworenen hinüberging. Ihre Augen folgten ihm. Dann erinnerte sie sich daran, sich umzudrehen und ihrer eigenen Anwältin ein mechanisches Lächeln zu schenken – ein Lächeln wie das einer Krankenschwester einem klugen Kind, das gerade am Strand eine Festung gebaut hat, die die nächste Welle mit Sicherheit hinwegfegen wird.

„Meine Herren der Geschworenen", sagte O'Bannon – und er unterbrach seine Worte scharf; tatsächlich schienen er und Wiley die Rollen getauscht zu haben . Er, der während des Prozesses so kühl geblieben war, zeigte nun Gefühl, eine Art stille Leidenschaft – „Dies ist kein persönlicher Kampf zwischen dem angesehenen Anwalt der Verteidigung und mir. Weder meine Jugend noch mein Ehrgeiz noch meine angebliche Rücksichtslosigkeit stehen in Frage." Die Frage ist nur: Erweisen die Beweise zweifelsfrei, dass die Angeklagte das Verbrechen begangen hat, für das sie angeklagt wurde?"

Dann fuhr er ohne einen weiteren Satz, fast ohne ein Adjektiv fort, schnell die Beweise gegen sie anzuhäufen, bis sie ihren Höhepunkt im Beweis der kurzen Zeit erreichten, die zwischen ihrem Verlassen von Eleanor und dem Unfall verstrichen war.

„In diesem Fall liegt eine besonders schwere Verantwortung bei Ihnen, meine Herren. Der Verteidiger scheint davon auszugehen, dass es den Reichen vor unseren Gerichten schlechter geht als den Armen. Das habe ich nicht erlebt. Darüber würde ich mich freuen Ich bin ein Anhänger der Demokratie, wenn ich glauben könnte, dass den Armen mehr Gerechtigkeit zuteil wird als den Reichen, aber das kann ich nicht. Letzten Monat war in diesem Gericht ein Junge, jünger als der Angeklagte, der seinen Lebensunterhalt als Fahrer eines Lieferwagens verdiente , wurde wegen eines geringeren Verbrechens zu drei Jahren Gefängnis verurteilt, und zwar auf der Grundlage von Beweisen, die nicht ein Zehntel so überzeugend waren wie die Beweise, die Ihnen jetzt vorliegen. Viele von uns hatten auch Mitleid mit diesem Jungen, aber wir hatten das Gefühl, dass im Wesentlichen der Gerechtigkeit Genüge getan wurde . Wenn in diesem Fall durch Gefühl oder

Mitleid keine wesentliche Gerechtigkeit herbeigeführt werden kann, wenn Geschlecht, Reichtum oder herausragende Stellung eine Garantie für Immunität sind, wird der Achtung des Rechts in diesem Land ein Schlag versetzt, für den Sie, meine Herren, die Verantwortung übernehmen müssen. Wenn Sie anhand der Beweise feststellen, dass die Angeklagte das ihr zur Last gelegte Verbrechen begangen hat, bitte ich Sie, sich dieser Tatsache mit Mut und Ehrlichkeit zu stellen und einen Schuldspruch zu fällen.

Es herrschte leichte Aufregung im Gerichtssaal. Der Gerichtsvollzieher kündigte an, dass jeder, der den Gerichtssaal verlassen wolle, dies unverzüglich tun müsse. Niemand durfte sich bewegen, während der Richter Anklage erhob. Niemand bewegte sich. Die Türen waren geschlossen, die Diener lehnten dagegen.

Wiley beugte sich vor und flüsterte: „Diese Art von Klassenappell ist heutzutage nicht mehr erfolgreich. Machen Sie sich keine Sorgen."

Besorgnis war das Letzte, was Lydia empfand, oder besser gesagt, sie verspürte überhaupt keine Emotionen. Ihr Interesse war plötzlich zusammengebrochen, das Spiel war vorbei. Sie war sich bewusst, dass die Luft im Gerichtssaal stickig war und dass sie sich unaussprechlich müde fühlte, besonders an ihren Handgelenken.

Der Richter drehte sich zu den Geschworenen um und zog sein Kinn ein, bis es auf seiner Wirbelsäule zu ruhen schien.

„Meine Herren der Geschworenen", sagte er, „wir haben jetzt das Stadium dieses Prozesses erreicht, in dem es meine Pflicht ist, Ihnen die Angelegenheit zur Beratung vorzulegen. Sie wissen, dass das Gesetz zwischen der Pflicht des Gerichts und der Pflicht unterscheidet." der Jury. Sie sind der Richter und der einzige Richter der Tatsachen, aber Sie müssen das Gesetz vom Gericht akzeptieren. Sie dürfen nicht darüber nachdenken, ob Sie das Gesetz gutheißen oder nicht; ob Sie ein besseres Gesetz erlassen könnten oder nicht. "

Lydia unterdrückte ein Gähnen.

„Der lästige alte Mann", dachte sie. „Es scheint ihm tatsächlich Spaß zu machen, das alles zu sagen."

Seine Ehre definierte weiterhin einen berechtigten Zweifel:

„Es ist keine Laune, keine Spekulation oder Vermutung. Es ist ein Zweifel, der auf der Vernunft beruht – auf einem Grund, der angegeben werden kann."

Lydia dachte: „Stellen Sie sich vor, Sie bekämen ein Gehalt dafür, dass Sie den Leuten sagen, dass ein berechtigter Zweifel ein Zweifel ist, der auf der

Vernunft beruht." Sie hatte nicht gedacht, dass sie sich in irgendeinem Moment ihres eigenen Prozesses langweilen würde, aber sie war – unfassbar gelangweilt.

„Ich muss Ihre Aufmerksamkeit auf Abschnitt 30 des Strafgesetzes lenken, der besagt, dass die Geschworenen, wenn sie ein Verbrechen in Grade einteilen, bei der Verurteilung den Grad des Verbrechens ermitteln müssen, dessen sich der Gefangene schuldig gemacht hat. Totschlag ist ein Verbrechen." in Grade unterschieden – nämlich den ersten und den zweiten Grad."

beiden nicht kannte, schwachsinnig sein müsste, aber Seine Ehre definierte sie weiter:

„Im ersten Grad, wenn eine Person, die ein Vergehen begeht oder zu begehen versucht, ohne die Absicht begangen hat, den Tod herbeizuführen."

Sie glaubte, diesen Satz jetzt zu kennen, da sie als Kind einige Regeln der lateinischen Grammatik gekannt hatte – Verben, die mit *ad, ante, con, in, inter konjugiert wurden* – was machten sie? Wie komisch, dass sie sich nicht erinnern konnte. Ihr Blick hatte sich wieder auf die Stelle auf dem Teppich geheftet, die so nahe an O'Bannons Füßen lag, dass sie jede seiner Bewegungen bemerkte, und doch blickte sie ihn nicht an. Eine Fliege kroch schlaff in ihr Blickfeld, und ihre Augen folgten ihr, als sie auf O'Bannons Stiefel landete. Sie blickte zu der Stelle auf, an der seine Hand auf seinem Knie ruhte, und wandte dann den Blick ab – zurück zum Boden.

„Wenn Sie feststellen, dass sich die Angeklagte nicht des Totschlags ersten Grades schuldig gemacht hat, müssen Sie prüfen, ob sie sich des Totschlags zweiten Grades schuldig macht – das heißt, ob sie den Tod von Drummond durch eine schuldhafte Fahrlässigkeit verursacht hat." Schuldhafte Fahrlässigkeit wurde von Recorder Smyth im Fall von – im Fall des Volkes gegen Bedenseick definiert als das Unterlassen, etwas zu tun, was ein vernünftiger und umsichtiger Mann tun würde, oder als das Tun von etwas, das ein solcher Mann unter den gegebenen Umständen des Einzelfalls nicht tun würde. Oder was ist dasselbe –"

Wie unglaublich ermüdend! Sie warf einen Blick auf die Jury. Sie hörten tatsächlich zu und saugten die Worte des Richters in sich auf. Plötzlich wusste sie an seinem Tonfall , dass er zu Ende ging.

„Wenn Sie feststellen, dass eine Tötung stattgefunden hat, es sich aber weder in irgendeiner Hinsicht um Totschlag handelt, dann ist es Ihre Pflicht, ihn freizusprechen. Wenn Sie andererseits den Angeklagten in irgendeiner Hinsicht für schuldig befunden haben, dürfen Sie nicht über die mögliche Strafe nachdenken verhängt werden. Das ist die Zuständigkeit des Gerichts; Ihre Aufgabe ist es, die Fakten zu prüfen. Das ist das Gesetz, meine Herren.

Die Beweise liegen vor Ihnen. Es steht Ihnen frei, die Aussage eines Zeugen teilweise oder teilweise zu glauben oder nicht zu glauben ein Ganzes, entsprechend Ihrem gesunden Menschenverstand. Wägen Sie die Aussage ab, geben Sie jeder Tatsache ihr angemessenes Verhältnis und fällen Sie dann nach bestem Wissen und Gewissen Ihr Urteil.

Seine Ehre schwieg. Es gab einige Anträge auf Anklage von beiden Seiten, und die Geschworenen reichten feierlich ihre Klage ein. Fast ohne Pause wurde der nächste Fall aufgerufen, die Stimme des Gerichtsdieners erklang wie zuvor: „Der Fall des Volkes gegen …“

Lydia hatte keine Lust, sich zu bewegen, als ob selbst ihre Knochen aus weichem, löslichem Material bestünden. Dann sah sie, dass sie keine Wahl hatte. Die nächste Gefangene wartete auf ihren Platz – ein unrasierter, hohläugiger Italiener, an seiner Seite ein stämmiger, grau gekleideter Anwalt, der wie Caruso aussah. Als sie das Gericht verließ , konnte sie hören, wie der Gerichtsschreiber die neue Jury rief.

„William Roberts.“

„Platz Nummer eins.“

Richter Homans schmeichelte sich besonders mit der Schnelligkeit, mit der sein Gericht vorging.

KAPITEL XII

Mehrere New Yorker Zeitungen brachten am nächsten Morgen Leitartikel, in denen das Urteil gelobt wurde. Lydia saß mit einem Frühstückstablett auf dem Knie im Bett und las sie kühl durch.

„Die Sicherheit der Autobahnen" – „die Verantwortungslosigkeit der jüngeren Generation, insbesondere der großen Reichen" – „Mitleid darf nicht in Sentimentalität ausarten" – „die gleichberechtigte Anwendung unserer Gesetze –"

also mit dem Urteil zufrieden, oder? Es wusste wenig. Sie selbst war voller Bitterkeit. Der Moment der Urteilsverkündung war für sie schrecklich gewesen.

Das stundenlange Warten hatte ihr nichts ausgemacht. Sie fühlte sich abgestumpft und hatte kein besonderes Interesse daran, was die Jury entschied. Doch das änderte sich, als bekannt wurde, dass die Jury zu einem Urteil gelangt war. Es dauerte eine schreckliche Zeit, während die vertrauten Namen zum letzten Mal aufgerufen wurden. Dann wurde ihr gesagt, sie solle aufstehen und sich ihnen stellen, oder besser gesagt, sie solle sich dem Vorarbeiter Josiah Howell stellen, einem bärtigen Mann mit faltigem braunen Gesicht. Er sah fast zitternd ernst aus.

Lydia biss die Zähne zusammen, schaute ihn an und dachte: „Welche Geschäfte mischt du denn in mein Schicksal ein?" Aber er war nicht die Figur, die sie am meisten wahrnahm. Es war der Bezirksstaatsanwalt, dessen Aufregung, wie sie wusste, genauso groß war wie ihre eigene.

„Wie sagen Sie?" sagte eine Stimme. „Schuldig oder nicht schuldig?"

„Totschlag zweiten Grades schuldig", antwortete der Vorarbeiter.

Lydia wusste, dass alle Augen im Gerichtssaal auf sie gerichtet waren. Sie hatte von Angeklagten gehört, die ohnmächtig wurden, als sie ein negatives Urteil hörten – sie fielen wie tote Menschen um. Aber vor Wut fällt man nicht in Ohnmacht, und Wut war Lydias Gefühl – Wut darüber, dass „dieser Mann" tatsächlich das Urteil erhalten hatte, das er wollte. Ihr Atem ging schnell und ihre Nasenlöcher weiteten sich. Wie widerlich, dass sie nichts anderes tun konnte, als da zu stehen und ihn triumphieren zu lassen! Keine spätere Umkehr würde ihm diesen Moment nehmen.

Der Jury wurde gedankt und sie wurde entlassen. Wiley war damit beschäftigt, Einwände vorzubringen, die es ihr ermöglichen würden, während der Berufung ihres Falles in Freiheit zu bleiben. Sie stand allein, jetzt still wie eine Statue. Sie dachte, dass die Welt eines Tages erfahren sollte, mit welchen Methoden dieses Urteil zustande gekommen war.

Sie hatte sich während ihres Prozesses gut benommen; hatte ein zurückgezogenes Leben geführt und niemanden außer Wiley und ihren unmittelbaren Freunden gesehen. Aber es gab keinen weiteren Grund, eine Rolle zu spielen. Im Gegenteil, sie hatte das Gefühl, es würde ihren Geist erleichtern, der Welt – und O'Bannon – zu zeigen, dass sie noch nicht besiegt war. Sie hatte nicht die Absicht, sich als Kriminelle zu betrachten, weil er eine Jury veranlasst hatte, sie zu verurteilen.

Sie kaufte sich neue Kleidung und ging jeden Abend aus, tanzte bis zum Morgengrauen und schlief bis zum Mittag. Sie begann einen neuen Flirt, dieses Mal mit einem gutaussehenden, unverschämten jungen englischen Schauspieler, Ludovic Blythe, kaum einundzwanzig, mit einer seltsamen Kombination aus Bosheit und Naivität, die manche englischen Jungen besitzen. Ihre Freunde missbilligten ihn zutiefst.

Auf seinen Vorschlag hin buchte sie für Anfang Juli eine Überfahrt nach England. Wiley warnte sie, dass es unwahrscheinlich sei, dass die Entscheidung in ihrem Fall bald ergangen sei, und dass sie sonst das Land nicht verlassen könne.

„Es schadet nicht, eine Kabine zu besetzen, oder?" Sie antwortete.

Ihr Plan war es, das Ende der Londoner Saison mit ein paar Hauspartys im englischen Land abzurunden, den September in Venedig zu verbringen, zwei Wochen in Paris, um Kleidung zu kaufen, und im Oktober nach Hause zu kommen.

„Nach Long Island?" fragte Miss Bennett.

„Natürlich. Wo sonst?" antwortete Lydia. „Glaubst du, ich werde mich aus meinem eigenen Zuhause vertreiben lassen?"

Doch der Juli kam ohne Entscheidung und Lydia musste ihre Überfahrt absagen. Sie war genervt.

„Diese faulen alten Richter", sagte sie, „haben tatsächlich zwei Monate vertagt, und jetzt kann ich erst im September freikommen." Ihr Ton ließ darauf schließen, dass sie viel für das Recht ihres Landes tat, indem sie ihre Pläne auf diese Weise änderte.

Sie hörte, dass O'Bannon auch Urlaub machte und für einen Monat nach Wyoming fuhr. Sie dachte, dass sie gerne etwas vom Westen sehen würde, aber stattdessen mietete sie sich für August – einen fieberhaften Monat – ein Haus in Newport. Blythe verbrachte den Sonntag bei ihr und blieb zwei Wochen, verliebte sich in May Swayne und versuchte, seine Position als Gast von Lydia zu nutzen, um in den Augen der Familie Swayne als begehrenswerterer Verehrer zu erscheinen – als solider Altmodischer Glück – und wurde von Lydia nach einer Szene ungewöhnlicher Gewalt vertrieben.

Es folgte eine Fehde, in der viele Menschen die Seite vertraten und wechselten. Lydia kämpfte fröhlich und energisch im Freien. Ihr Ziel war nicht Blythes Tod, sondern sein gesellschaftliches Aussterben, und ihre Methode war nicht kalter Stahl, sondern Spott. Der Krieg war gewonnen, als May gezwungen wurde, ihn als eine unmögliche, komische, aufstrebende Figur zu sehen – was er vielleicht auch war, aber nicht mehr als damals, als Lydia ihn selbst empfangen hatte. Obwohl er danach noch ein paar Tage in einem Hotel verbrachte, war sein endgültiges Verschwinden sicher. Lydia und May blieben die ganze Zeit über Freunde – so sehr wie nie zuvor. Seit dem Tag ihrer ersten Begegnung hatten die beiden Frauen nie zugelassen, dass ein Mann mit ihnen beiden befreundet war.

Albee kam und verbrachte kurze vierundzwanzig Stunden mit ihr zwischen einem Mitternachtszug und einem Sonntagsboot. Er befand sich mitten im Wahlkampf als US-Senator aus seinem eigenen Bundesstaat – eine Wahl war ihm sicher. Lydia war freundlich und geduldig mit ihm, aber ehrlich gesagt gelangweilt.

„In Bobby steckt mehr drin", vertraute sie Benny an, „der nicht erwartet, dass du bei seinem Nicken zitterst. Ich hasse falsche starke Männer. Ich fühle mich immer versucht, ihren Bluff aufzudecken. Es ist eine schwierige Rolle, die sie spielen wollen." Wenn sie dich nicht brechen, verachtest du sie. Wenn sie es tun – nun, dann bist du gebrochen und nützt niemandem etwas."

Sie bat Eleanor, den August bei ihr zu verbringen, aber Eleanor lehnte ab und sagte, was wahr sei, dass sie Newport nicht ertragen könne. In diesem Moment konnte sie die ständige Verbindung mit Lydia noch weniger ertragen. Lydias einzige Sorge, als sie zusammen waren, bestand darin, Eleanors Freundschaft mit O'Bannon zu zerstören. Früher hatte Eleanor oft darüber gelacht, wie beharrlich Lydia diese Art von Hasskampagne betrieben hatte, aber jetzt konnte sie nicht lachen, denn tatsächlich war ihre Freundschaft mit O'Bannon bereits zerstört. Sie sah ihn kaum, und wenn doch, war ein Schleier zwischen ihnen. Er war nett, er war offen zu ihr, er war alles andere als interessiert.

Eleanor liebte O'Bannon, aber mit einem so intellektuellen Prozess, dass sie nicht ganz falsch lag, als sie es für eine Freundschaft hielt. Sie hätte ihn geheiratet, wenn er sie darum gebeten hätte, aber sie hätte dies hauptsächlich getan, um sich seiner Gesellschaft zu versichern. Wenn jemand hätte garantieren können, dass sie ihr ganzes Leben lang nur ein paar Meter voneinander entfernt leben würden, wäre sie zufrieden gewesen – zufrieden sogar mit dem Wissen, dass hin und wieder eine andere, weniger vernünftige Frau kommen und ihn von sich wegreißen würde . Sie wusste, dass er ein Temperament hatte, das anfällig für schreckliche Gefühlsausbrüche war, aber sie glaubte, dass dies ihre Macht über ihn war – sie war so sicher.

Die Distanziertheit, die in ihre Beziehung eindrang, deutete nun auf eine andere Frau hin, und doch kannte sie sein Alltagsleben gut genug, um zu wissen, dass er niemanden außer ihr und Alma Wooley traf; Und obwohl Gerüchte über seine Aufmerksamkeit für das Mädchen im Umlauf waren, hatte Eleanor das Gefühl, den Grund dafür zu verstehen. Alma ließ ihn emotional spüren, was er rational wusste – dass seine Strafverfolgung gegen Lydia lediglich ein Akt der Gerechtigkeit gewesen war. Alma hielt ihn für den größten aller Männer und war ihm zutiefst dankbar, dass er ihren toten Liebhaber als Helden etabliert hatte – als einen Mann, der bei der Erfüllung seiner Pflicht getötet wurde. Für sie war Lydia ein unglaublicher Horror, wie eine böse Prinzessin in einem Märchen. Eleanor fragte sich, ob sie für O'Bannon nicht irgendwie genauso aussah. Er erwähnte ihren Namen nie, wenn sie, Eleanor, von ihr sprach. Es war, als würde man einen Stein in einen bodenlosen Brunnen fallen lassen. Sie hörte zu und hörte zu, und aus O'Bannons abgründigem Schweigen kam nichts zurück. Er sprach nur einmal von ihr, und zwar an dem Tag, als er nach Wyoming aufbrach, um sich von Eleanor zu verabschieden. Er wollte unbedingt weg – in diese Berge, um unter den Sternen zu schlafen und alles und jeden im Osten zu vergessen.

„Gnade", dachte Eleanor, „wie rücksichtslos Männer sind! Ich würde keinem meiner Freunde sehen, dass ich froh war, ihn zu verlassen, selbst wenn ich es wäre."

„Es ist ein mieser Job – meiner", sagte er. „Ich schicke immer Leute ins Gefängnis, die entweder so abnormal sind, dass sie nicht menschlich wirken, oder so menschlich, dass sie genauso menschlich wirken wie ich."

Dann erwähnte Eleanor, dass Lydia sie gebeten hatte, für einen Monat nach Newport zu gehen. O'Bannon drehte sich scharf zu ihr um.

„Und gehst du?"

Sie sagte nein, aber das rettete sie nicht vor seiner Verachtung.

„Ich verstehe nicht, wie du eine Freundin dieser Frau sein kannst, Eleanor", sagte er.

„Lydia hat die anhänglichsten Eigenschaften, wenn man sie kennt, Dan."

„Anhängen!" Er brach in einer unterdrückten Verärgerung aus, die sie noch nie erlebt hatte – einem seltsamen Hass auf sie, Eleanor, weil sie so etwas gesagt hatte. „Arrogant, unflexibel, nutzt all ihre Gaben – ihren Verstand und ihre unglaubliche Schönheit – nur, um ihre eigenen egoistischen Ziele voranzutreiben!"

Ein Impuls, der teilweise auf reiner Loyalität beruhte, teilweise aber auch auf der Idee, dass sie ihre Position verbessern könnte, indem sie zeigte, dass ihre Freundin kein echtes Monster war, veranlasste sie zu der Antwort: „Du glaubst nicht, Dan, wie sie es sein kann , wenn sie sich wirklich um dich kümmert." zart, fast anschmiegsam."

„Um Gottes willen, reden wir nicht über sie!" sagte O'Bannon, und in diesem Sinne trennten sie sich.

Er schrieb ihr nur einmal, obwohl seine Briefe an seine Mutter ihr immer zur Verfügung standen. Sie sah viel von der alten Dame, die eine leichte Rippenfellentzündung bekam, sobald sie ihrem Sohn den Rücken zuwandte, und wollte nicht, dass Dan davon erzählte. Eleanor verbrachte den größten Teil des heißen Augusts damit, sich um sie zu kümmern.

„Ich möchte, dass er einen ununterbrochenen Urlaub hat", sagte Mrs. O'Bannon bestimmt. „Es ging ihm nicht gut. Er schläft nicht so, wie er sollte, und er ist wütend, und du weißt, dass es Dan nicht ähnlich sieht, wütend zu sein."

Am letzten Augusttag war er schlank und sonnenverbrannt zurück und gab an, in ausgezeichneter Verfassung zu sein. Seine erste Frage bezog sich auf den Fall Thorne.

„Machen Sie sich darüber Sorgen?" sagte seine Mutter.

„Kein bisschen. Sie können uns nicht umkehren", antwortete er.

Nach dem Labor Day zog Lydia zurück in ihr Haus auf Long Island und war dort, als die Entscheidung in ihrem Fall gefällt wurde. Das Urteil der Vorinstanz wurde bestätigt. Es war ein schwerer Schlag für sie – vielleicht der erste wirkliche Schlag, den sie jemals erlitten hatte. Sie war so fest davon überzeugt, dass das frühere Urteil das Ergebnis einer unzulässigen Einflussnahme des Bezirksstaatsanwalts gewesen sei, dass sie es für unmöglich gehalten hatte, dass das höhere Gericht es bestätigen würde. Ein weiterer Triumph für „diesen Mann"! Die Vorstellung einer Bestrafung war für sie schrecklich – als Kriminelle mit einer Geldstrafe belegt zu werden. Sie konnte sich immer noch nicht vorstellen, dass sie ins Gefängnis geschickt werden könnte.

„Mir fallen viele Möglichkeiten ein, wie ich lieber tausend Dollar ausgeben würde", war ihr einziger Kommentar.

Aber Tag und Nacht dachte sie an die Szene vor Gericht, als sie sich zur Verurteilung melden musste. Im Geheimen verließ sie ihr Mut. Es wäre das sichtbare Symbol für O'Bannons Triumph über sie. Doch ihr Wille warf sich vergeblich gegen die Notwendigkeit. Nichts als der Tod konnte sie retten. Es wäre sowieso kurz. Sie wusste, wie es sein würde. Sie und Wiley würden mitten im Prozess gegen einen anderen Unglücklichen auftauchen. Am Schreibtisch des Richters gab es Geflüster, und O'Bannon war da – er sah sie nicht an, sondern triumphierte in seinem schwarzen Herzen, und der Richter sagte: „Tausend Dollar Geldstrafe" oder – nein, nichts so Prägnantes. Er würde es als Gelegenheit nutzen, zunächst über sie und ihren Fall zu sprechen. Und dann würde sie das Geld bezahlen und als verurteilte Kriminelle das Gericht verlassen.

Und dann würde die zweite Phase beginnen. Sie wäre an der Reihe. Sie würde ihr Leben dafür geben, sich mit O'Bannon zu arrangieren. Sie, die schon immer einen Sinn gebraucht hatte – einen Faden, an den sie ihr Leben knüpfen konnte –, hatte ihn im Hass gefunden. Die meisten Menschen fanden es in der Liebe, aber sie ihrerseits genoss den Hass. Es war aufregend und aktiv und, oh, was für ein Höhepunkt es versprach! Ja, wie die Abenteurerin im Melodram ging sie selbst zu ihm und sagte: „Ich habe zehn Jahre darauf gewartet, dich zu ruinieren, und jetzt habe ich es getan. Hast du dich all die Jahre gefragt, was gegen dich war – was?" hat dich zurückgehalten und alles vergiftet, was du berührt hast? Ich war es!"

Sie wusste, dass andere Leute solche Dinge dachten und sie nie in die Tat umsetzten. Aber sie hatte keinen Grund, der Macht ihres eigenen Willens zu misstrauen, und noch nie hatte sie etwas so gewollt wie dieses. Sie begann es zu arrangieren. Es gab drei Möglichkeiten, einen Mann zu verletzen – durch seine Liebe, durch seine Ambitionen und durch seine Finanzen. Ein korrupter Politiker wie O'Bannon könnte am meisten unter dem politischen Ruin leiden. Dafür muss sie Albee immer festhalten. Geld würde für O'Bannon wahrscheinlich keine große Rolle spielen. Aber Liebe – er war ein emotionales Wesen. Sie war sich sicher, dass Frauen in seinem Leben eine enorme Rolle spielten . Und er war attraktiv für sie – wahrscheinlich an Erfolg gewöhnt. Oh, wenn ich bedenke, dass sie ein paar Sekunden lang in seinen Armen gelegen hatte! Und doch bedeutete das, dass sie Macht über ihn hatte. Sie wusste, dass sie Macht hatte. Sollte das ihre Methode sein – ihn glauben zu machen, dass sie ihn nicht als Feind gesehen hatte, sondern als Helden, als Kreuzritter, als Meister, dass sie ein anbetendes Opfer war? Oh, wie leicht konnte sie mit ihm schlafen und wie erfolgreich! Sie könnte sich vorstellen, vor ihm auf die Knie zu fallen und sich um ihn zu schlingen, nur dass sie den Höhepunkt bereithalten musste, um im selben Moment sowohl seine Liebe als auch seine Karriere zu zerstören. Sie musste warten, und es würde schwer sein zu warten; aber sie musste warten, bis sie und Albee eine tiefe Grube gegraben hatten. Dann würde sie ihn zu sich rufen und er müsste kommen. Durch diese Gedanken gelang es ihr, gelassen und eiskalt vor Gericht zu erscheinen.

„Was haben Sie jetzt zu sagen, warum das Urteil des Gerichts nicht über Sie verkündet werden sollte?"

Der Richter winkte sie und Wiley zu seinem Schreibtisch. O'Bannon war bereits da und stand so nah, dass ihr Arm seinen berührt hätte, wenn sie nicht zurückgeschreckt wäre. Sie zitterte vor Hass. Es war schrecklich, ihm so nahe zu sein. Sie hörte, wie sein eigener Atem unsicher anzog. Über den Raum, der sie trennte, sprangen Wellen einer greifbaren Emotion hin und her . Sie blickte zu ihm auf und stellte fest, dass er sie mit geballten Händen und hochgezogenen Brauen ansah. Also blieben sie.

„Euer Ehren", sagte Wiley in seinem sanften Tonfall, „ich würde gerne darum bitten, dass dieser Gefangenen eine Geldstrafe statt einer Gefängnisstrafe auferlegt wird, nicht nur wegen ihrer Jugend und ihrer früheren guten Leistungen, sondern weil sie eine Frau von … ist." Für ihre behütete Erziehung ist eine Gefängnisstrafe eine härtere Strafe, als das Gesetz vorsieht."

„Ich bin völlig anderer Meinung, Herr Berater", sagte der Richter mit lautem Klingelton. „Der Grund, warum das Gericht bei der Verhängung von Gefängnisstrafen so zurückhaltend ist, ist die daraus resultierende Schwierigkeit, seinen Lebensunterhalt zu verdienen. Diese Überlegung fehlt im vorliegenden Fall völlig. Andererseits wäre die Verhängung einer Geldstrafe offensichtlich lächerlich und würde dies begründen." Für den Angeklagten gibt es keinerlei Strafe. Ich verurteile diesen Gefangenen" – der Richter hielt inne und zog das Kinn ein – „zu nicht weniger als drei und nicht mehr als sieben Jahren Staatsgefängnis."

Sie hörte, wie Wiley Richter Homans leidenschaftlich anflehte. Neben ihr stand nun eine blau gekleidete Gestalt. Es war immer noch unglaublich.

„Das ist deine Schuld", hörte sie ihre eigene Stimme ganz sanft zu O'Bannon sagen.

Zu ihrer Überraschung sah sie, dass dieses Gefühl, das sie nicht kannte, es ihm unmöglich machte, zu antworten. Seine Augen starrten sie aus einem Gesicht an, das weißer war als ihres. Es war seine Emotion, die ihr ihre eigene Situation mitteilte. Seine Hand auf dem Schreibtisch zitterte. Sie wusste, dass er nicht hätte tun können, was sie tat. Sie drehte sich um und ging mit dem Polizisten zu dem mit Eisengittern versehenen Durchgang, der zum Gefängnis führte.

Als die Tür hinter ihr ins Schloss fiel, drehte sich O'Bannon um, verließ den Gerichtssaal, stieg in sein Auto und fuhr nach Westen. Um zwei Uhr morgens wurde Eleanor durch ein Telefon von Mrs. O'Bannon geweckt. Dan war nicht nach Hause gekommen. Sie hatte Angst, dass ihm etwas passiert sei. Ein Mann in seiner Position hatte viele Feinde. Dachte Eleanor, dass ein Freund oder Liebhaber dieses Thorne-Mädchens –

Oh nein, das war Eleanor sicher nicht!

Am nächsten Morgen – denn eine kleine Stadt birgt nur wenige Geheimnisse – wusste sie, dass O'Bannon um sechs Uhr betrunken zurückgekehrt war.

„Oh mein Gott", dachte Eleanor, „muss er diesen Weg noch einmal zurücklegen?"

KAPITEL XIII

Lydia und ihre Wache kamen am frühen Abend im Gefängnis an. Sie war den ganzen heißen, hellen Septembertag hindurch unterwegs gewesen. In der ersten Stunde hatte sie nur die Nähe des Wachmanns wahrgenommen, das überfüllte Auto, den vermischten Geruch von Orangen und Kohlenrauch, die Zeitung auf dem Boden, die von jedem Fuß zertreten wurde und wahrscheinlich einen Bericht über ihre Abreise für sie enthielt lange Haft. Dann, als ihr Blick zum Fluss wanderte, fiel ihr plötzlich ein, dass es Jahre dauern würde, bis sie wieder Berge und fließendes Wasser sah. Vielleicht würde sie sie nie wieder sehen.

Im vergangenen Winter war sie mit Benny und Mrs. Galton zu einem Gefängnis in einem Nachbarstaat gefahren – einem Männergefängnis. Es wurde als unglückliches Beispiel angesehen. Szenen aus diesem Besuch kamen ihr in einer Reihe von Bildern in Erinnerung. Ein riesiger Neger, der mit schwerer, hoffnungsloser Regelmäßigkeit an einem riesigen Webstuhl webt. Schwarze, luftleere Strafzellen – „heutzutage nie mehr benutzt", hatte der Aufseher leichthin gesagt und war durch ein leises Murmeln des Wärters korrigiert worden; Zwei davon waren derzeit im Einsatz. Die Etagen gewöhnlicher Zellen, nicht viel besser, mit ihren vergitterten Schießscharten. Und die Gerüche – die schrecklichen Gefängnisgerüche. Im besten Fall desinfizierende und abgestandene Seife; Im schlimmsten Fall wusste Lydia nie, dass es möglich war, sich an einen Geruch zu erinnern, so wie sie sich jetzt an diesen erinnerte. Vor allem aber erinnerte sie sich an die kalkhaltige Blässe einiger Gefangener, von denen einige offensichtlich an Tuberkulose litten, andere vor nervösen Beschwerden zuckten. Sie bezweifelte kühl, ob viele Menschen stark genug wären, jahrelang so etwas durchzustehen.

Deshalb würde sie auf den Fluss blicken, als würde sie ihn nie wieder sehen.

Sie befanden sich bereits in den Highlands, und die Hügel auf der Ostseite – ihrer Seite des Flusses – warfen einen Morgenschatten auf das Wasser, während auf der anderen Straßenseite die weißen Marmorgebäude von West Point im Sonnenlicht leuchteten. Storm King schob sich mit seiner abrupten Masse zwischen die beiden Abschnitte der neuen Straße – der Straße, deren Fertigstellung sich Lydia so sehr gewünscht hatte. Sie und Bobby hatten geplant, damit zu den Emmonses zu fahren eines Tages – Newburgh. Dort gab es ein Hotel, in dem sie auf dem Weg nach Tuxedo von irgendwoher einmal zum Mittagessen angehalten hatte. Dann bald die Brücke von Poughkeepsie und dann der Bahnhof, an dem sie ausgestiegen war, als sie den Sonntag bei den Emmons verbracht hatte , an dem Tag, an dem Evans verhaftet worden war und diesem Mann gestanden hatte – dort war genau die Säule, neben der sie eine Weile gewartet hatte Der Chauffeur schaute in ihrem Gepäck nach. Jetzt begann der Fluss sich zu verengen, es gab sumpfige Inseln und riesige wackelige Eishäuser am Ufer. Alles entfaltete sich vor ihr wie ein Bild, das sie nie wieder sehen würde. Dann rasten Albany, das auf seinen Hügeln lag, und der Zug, der scharf wendete, über die Brücke in den geschwärzten Bahnhof. Fast alle im Auto stiegen hier aus, denn der Zug hielt einige Zeit; aber sie und ihre Wache saßen weiterhin schweigend nebeneinander. Dann gingen sie gleich wieder weiter, durch das schöne weite, fruchtbare Tal des Mohawk – Sie kamen näher, sehr nahe . Sie hatte keine Angst, sondern fühlte sich körperlich krank. Sie fragte sich, ob ihre Haare kurz geschnitten werden würden. Natürlich würde es das tun. Es kam ihr wie eine von O'Bannon selbst begangene Demütigung vor.

Als sie den Bahnhof erreichten, war es dunkel, so dunkel, dass sie nur die große Mauer des Gefängnisses und das Geräusch der Entriegelung des großen Tores erkennen konnte. Später lernte sie die Tür mit ihrer unpassenden Schönheit kennen – die weiße Tür mit Oberlicht und Seitenfenstern und zwei niedrigen Treppen, die sich zu ihr hinaufführten, und darüber die schmiedeeiserne Veranda, die auf quadratischen schmiedeeisernen Säulen mit Blattmuster ruhte und suggestiv wirkte irgendwie an eine alte Glyzinienrebe. Aber jetzt wusste sie nichts mehr zwischen dem Tor und dem Öffnen der Haustür.

Sie betrat einen Raum, der wie die weite Halle eines altmodischen und außerordentlich kargen Landhauses aussah. Direkt vor ihr erhob sich eine breite Treppe, und breite, altmodische Türen öffneten sich förmlich nach links und rechts.

Sie wurde in das Zimmer rechts geführt – das Zimmer der Oberin. Während ihr Name, ihr Alter und ihre Straftat registriert wurden, stand sie da und starrte direkt vor sich hin, wo Bücherregale bis zur Decke reichten. Sie konnte bekannte Einbände erkennen – die Werke von Marion Crawford und Mrs. Humphry Ward.

Ruhige, braunäugige Frauen schienen sie zu umgeben, doch sie blickte sie nicht einmal an. Ihre unpersönliche Freundlichkeit schien auf dem beleidigenden Wissen um ihre völlige Hilflosigkeit zu beruhen. Sie unterhielten sich ein wenig mit dem Wachmann, der sie gebracht hatte. Hatte der Zug Verspätung? Nun ja, nicht so schlimm wie beim letzten Mal.

Sie fragte sich, wie bald sie ihr die Haare schneiden würden.

Nach einer Weile wurde sie durch einen langen Korridor direkt in ein geräumiges Badezimmer geführt. Ihre in ein Laken gewickelten Kleider wurden weggetragen. Daraufhin lachte Lydia kurz. Es gefiel ihr als Zeichen dafür, dass die Routine in ihrem Fall offensichtlich lächerlich war – ihre Sachen wegzunehmen, als wären sie infiziert. Sie wurde gebadet, ihr wurde ein Nachthemd von höchst unfreundlicher Beschaffenheit ausgehändigt, und bald darauf wurde sie in ihrer Zelle eingesperrt – immer noch im Besitz ihrer Haare.

Sie fühlte sich wie ein Tier in einer Falle – konnte sich vorstellen, wie sie über den Boden rannte und nach Rissen roch, auf der Suche nach einer Hoffnung auf ein Entkommen, mit der seltsamen Kopfbewegung, auf und ab, auf und ab, wie bei einem frisch eingesperrten Tier.

Mehr noch als die Schlösser und Riegel achtete sie auf das offene Gitter in der Tür, das wie ein Auge aussah, durch das sie jederzeit des Tages und der Nacht ausspioniert werden konnte. Bei jedem Schritt bereitete sie sich darauf vor, dem Blick eines Inspektors mit trotzigem Blick zu begegnen. Die Zelle war kaum eine Zelle, sondern ein Raum, der größer war als die meisten Flurschlafzimmer. Das Bett hatte eine weiße Decke; ebenso der Tisch; und das Fenster war zwar vergittert, aber groß. Aber das machte auf Lydia keinen Eindruck. Sie war sich bewusst, dass sie eingesperrt war. Nur ihr Stolz und ihr gesunder Menschenverstand hielten sie davon ab, mit bloßen Händen gegen die Tür zu schlagen und einen dieser Schreiausbrüche hervorzurufen, die den Gefängnisbeamten so vertraut sind.

Sie, die noch nie gezwungen worden war, sollte nun zu jeder Handlung gezwungen werden, überall umgeben von Symbolen des Zwanges. Sie war eine so starke Individualistin gewesen, dass sie ein französisches Modell verworfen hatte, wenn sie sah, dass andere Frauen es trugen, und sollte nun ein gestreiftes Gingham-Kleid mit universellem Muster tragen. Sie, deren fähige weiße Hände noch nie eine nützliche Arbeit geleistet hatten, wurde zu mindestens drei oder mehr als sieben Jahren Zwangsarbeit verurteilt. Was wäre das – harte Arbeit? Die Vision dieses riesigen Negers, der hoffnungslos an seinem Webstuhl arbeitete, stand ihr die ganze Nacht vor Augen.

Die ganze Nacht wanderte sie in ihrer Zelle auf und ab und legte ab und zu ihre Hand auf die Tür, um sich zu vergewissern, dass sie unglaublicherweise verschlossen war. Nur für ein paar Minuten im Morgengrauen schlief sie ein, vergaß die Katastrophe, das böse Schicksal, das sie ereilt hatte, und wachte mit der Vorstellung auf, zu Hause zu sein.

Als ihre Zellentür aufgeschlossen wurde , betrat sie denselben Korridor, durch den sie in der Nacht zuvor gegangen war. Sie empfand es als grellen Sonnenschein. Große Flecken Sonnenlicht fielen in gitterförmigen Mustern auf die Dielen des Bodens, die so weiß geschrubbt waren wie das Deck eines Kriegsschiffes. Als sie sich an die düsteren Granitschlupflöcher ihrer Fantasie erinnerte, schien diese Sonne unverschämt hell zu sein.

Das Gesetz verpflichtet jeden Gefangenen, sofern er nicht ausdrücklich davon ausgenommen ist, täglich eine Stunde in der Schule zu verbringen.

Lydias Prüfung war zufriedenstellend genug, um sie von der Schule zu befreien, aber sie musste im Klassenzimmer arbeiten, Bücher verteilen, mit den Papieren helfen, die Tafeln abwischen, Kreide und Radiergummis einsammeln. Auf diese Weise ging die gesamte Gefängnisinsasse – etwa fünfundsiebzig Frauen – in den verschiedenen Klassenstufen an ihr vorbei. Sie hätte vielleicht Interesse und Gelegenheit gefunden, aber sie hatte keine Lust, kooperativ zu sein .

Sie saß da und verachtete sie alle und spürte ihren eigenen wesentlichen Unterschied – von der strahlenden Italienerin, die vor achtzehn Monaten noch kein Englisch gesprochen hatte und nun eine so fleißige Schülerin war, bis zu der großen, ruhigen, unglaublich gutmütigen Lehrerin. Die Atmosphäre im Raum erinnerte nicht an eine Gefängnisschule, sondern an einen Kindergarten. Das war es, was Lydia ärgerte – dass diese Frauen offenbar gerne lernten. Sie buchstabierten mit Begeisterung – diese erwachsenen Frauen. Sie gingen die Seiten auf und ab und buchstabierten „Passagier", „Umsteigen" und „Station" – es handelte sich offensichtlich um eine Lektion über eine Straßenbahn. War von ihr, Lydia Thorne, zu erwarten, dass sie sich freudig an solch einer kindlichen Disziplin beteiligte? Im Kopfrechnen wurde die Konkurrenz immer härter. Muriel, ein farbiges Mädchen mit sanfter Stimme, machte aus acht und sieben dreizehn. Die Klasse lachte fröhlich. Lydia bedeckte ihr Gesicht mit ihren Händen.

„Oh", dachte sie, „er hätte mich besser töten können als das!"

Es schien ihr, als würde sich diese schreckliche, unpersönliche Routine wie ein großes Rad um sie drehen und sie in die Erde schleifen. Was für eine unglaubliche Perversität es war, dass niemand – kein Gefangener, kein Wärter, nicht einmal die kläräugige Matrone – die offensichtliche Tatsache erkennen würde, dass sie keine Kriminelle war wie diese anderen.

Hatte O'Bannons Macht sogar bis in die Isolation des Gefängnisses reichte und verlangt, dass sie wie alle anderen behandelt werden sollte – sie, die so anders war als diese ungebildeten, emotionalen, instabilen Wesen um sie herum?

Es war ihre ehemalige Magd Evans, die diese Illusion zerstörte. Die verschiedenen Abteilungen des Gefängnisses aßen getrennt; und da Evans nicht in ihrer Gemeinde war, trafen sie sich tagsüber nicht. Sie trafen sich in der Stunde nach dem Tee, bevor die Gefangenen für die Nacht in ihren Zellen eingesperrt wurden; eine Stunde, in der sie im großen Saal lesen und reden und nähen und tätowieren durften – Tatzen war damals sehr beliebt.

Lydia war in einen Schaukelstuhl gesunken. Sie konnte sich nicht auf ein Buch konzentrieren, und sie wusste nicht, wie man näht oder tätowiert, und Reden um des Redens willen gehörte noch nie zu ihren Vergnügungen. Sie dachte: „In vielleicht sieben Jahren ist ein Tag vergangen. In sieben Jahren werde ich dreiunddreißig sein", als sie spürte, wie sich jemand ihr näherte, und als sie aufblickte, sah sie, dass es Evans war.

Evans, der ein gestreiftes Baumwollkleid trug, sah nicht so anders aus als die Zofe der alten Tage, außer dass sie, wie Lydia mit einiger Überraschung feststellte, an Gewicht zugenommen hatte. Sie kam mit dem eiligen Gang, der dazu führte, dass ihre Röcke auf den Fersen ausfielen – derselbe Gang, mit dem sie immer kam, wenn sie zu spät kam, um Lydia für das Abendessen anzuziehen. Sie erwartete fast, das Vertraute zu hören: „Was werden Sie anziehen, Fräulein?" Ein Dutzend Erinnerungen schossen ihr durch den Kopf – Evans polierte ihre Juwelen im Sonnenlicht, Evans war in dem unaufgeräumten Schlafzimmer eingesperrt und verweigerte jedem ihr Vertrauen, und dann brach er zusammen und gestand „diesem Mann".

Sie wandte den Blick von der sich nähernden Gestalt ab und hoffte, dass das Mädchen den Hinweis verstehen würde; Aber nein, Evans rückte einen Stuhl heran, so als würde er einem Neuankömmling Gastgeber sein.

„Oh, Evans!" war Lydias Begrüßung, ganz in ihrer alten Art.

„Du nennst mich hier besser Louisa – ich meine, es sind Vornamen, die wir verwenden", sagte Evans.

Muriel hatte ihre frühere Arbeitgeberin bereits auf diese Tatsache aufmerksam gemacht und sie in dem vergeblichen Versuch, freundlich zu sein, nichts weiter getan, als sie Lydia zu nennen. Sie wappnete sich dafür, es von Evans zu hören, der es jedoch schaffte, es zu vermeiden. Sie schwatzte über die Neuigkeiten aus dem Gefängnis und versuchte, den Neuankömmling mit der Weisheit, die sie sich angeeignet hatte, aufzumuntern und ihm zu helfen. Lydia bewegte sich weder, noch antwortete sie, noch sah sie wieder auf.

„Wie die Oberin sagt", fuhr Evans fort, „das Schlimmste ist vorbei, wenn Sie hier ankommen. Es sind der Prozess, das Urteil und die Reise, die am schlimmsten sind. Nach etwa einer Woche werden Sie sich daran gewöhnen."

Lydias Nasenflügel zitterten.

„Ich werde mich nie daran gewöhnen", sagte sie. „Ich gehöre nicht hierher. Was ich getan habe, war kein Verbrechen."

Es entstand eine kurze Pause. Lydia wartete auf Evans' herzliche Zustimmung zu einer scheinbar selbstverständlichen Behauptung. Es kam keiner. Stattdessen sagte sie sanft, wie sie es vielleicht einem Kind erklärt hätte: „Oh, Fräulein, das denken sie alle!"

"Denk was?"

„Dass das, was sie getan haben, kein wirklicher Schaden war – dass sie zu Unrecht verurteilt wurden. Es gibt hier niemanden, der Ihnen das nicht sagen würde. Je schlimmer es ihnen geht, desto mehr denken sie es."

Lydia hatte von ihrer Betrachtung des grauen Flickenteppichs aufgeblickt. Keine Predigt hätte sie so kurz aufhalten können – die Vorstellung, dass sie genau wie alle anderen Insassen war. Sie protestierte, mehr gegen sich selbst als gegen Evans.

„Aber es ist anders! Was ich getan habe, war ein Unfall, kein vorsätzliches Verbrechen."

Evans lächelte ihr altes, seltenes, sanftes Lächeln.

„Aber das Gesetz besagt, dass es ein Verbrechen war."

Schrecklich! Schrecklich, aber wahr! Lydia musste feststellen, dass sich dort jede Frau genau so fühlte wie sie; dass sie ein Sonderfall war; dass sie nichts falsch gemacht hatte; dass ihre Verurteilung durch einen inkompetenten Anwalt, einen rachsüchtigen Bezirksstaatsanwalt, eine bestochene Jury und einen meineidigen Zeugen herbeigeführt worden sei. Das erste, was jeder von ihnen erklären wollte, war, dass sie – wie Lydia – ein Sonderfall war.

Das unschuldig aussehende kleine Mädchen, das Bigamie begangen hatte. „Ist es nicht zum Lachen?" sagte sie. „Mensch, wenn man bedenkt, was Männer uns antun! Und ich bekomme fünf Jahre, weil ich nicht wusste, dass er tot ist! Und welchen Schaden habe ich ihm überhaupt zugefügt?"

Und die hagere ältere Stenographin, die für ihre Arbeitgeber einen illegalen Versandhandel betrieben hatte. Einer von ihnen hatte offensichtlich ihren gesamten Horizont eingenommen und war an die Stelle aller moralischen und juristischen Gesetze getreten.

„Er sagte, es sei absolut legal", wiederholte sie immer wieder und glaubte offensichtlich, dass der Richter und die Jury erbärmlich falsch informiert worden waren.

Und da war die stämmige Frau mittleren Alters mit sandfarbenem Haar und einem neutralen, kompetenten Auftreten – sie war kompetent. Sie hatte sich auf Immobilienbetrug spezialisiert.

„Ich habe mich voll und ganz an die Gesetze gehalten", sagte sie, als jemand, der kaum daran interessiert war, die Angelegenheit zu diskutieren.

Und es gab fröhliche junge Mulattinnen und strahlende Italienerinnen, die alle das Gleiche sagten: „Jeder macht es, nur das andere Mädchen hat mich angeschrien" – und es gab die Egoisten, die nie wieder in diesen Schlamassel geraten würden . Manche Mädchen verdienten ihren Lebensunterhalt mit Stehlen; Sie hatten genug Verstand, um geradeaus zu gehen. Sogar die Frau, die versucht hatte, ihren Mann zu töten, hatte das Gefühl, dass sie absolut im Recht gewesen sei, und nachdem Lydia ihre Geschichte gehört hatte, war sie geneigt, ihr zuzustimmen.

Nur Evans schien das Gefühl zu haben, dass ihr Satz gerecht gewesen war.

„Nein, es war nicht richtig, was ich getan habe", sagte sie und ragte wie ein Star heraus, ihrer Umgebung überlegen. Sie lernte und wuchs nur in der schrecklichen Routine. Bald kam es Lydia so vor, als sei dieses kleine, dumme Mädchen ein großartiger Mensch. Warum?

Von der Dunkelheit bis zum Tageslicht in ihrer Zelle eingesperrt, verbrachte Lydia einen Großteil ihrer Zeit mit Nachdenken. Wie viele Menschen auf dieser Welt hatte sie noch nie darüber nachgedacht. Sie hatte ihr Leben speziell so eingerichtet, dass sie nicht nachdenken sollte. Die meisten Menschen, die denken, dass sie denken, träumen wirklich. Lydia war keine Träumerin. Ihr fehlte die romantische Vorstellungskraft, die Träume magisch macht. Als sie das Leben klarsichtig und pessimistisch betrachtete, war ihr die Realität abscheulich vorgekommen, und so schnell wie möglich schaute sie weg und blickte zurück auf die materielle Schönheit, mit der sie sich umgeben hatte, und auf die angenehmen Aktivitäten, die immer in Reichweite waren. Jetzt, abgeschnitten von Vergnügen und Schönheit, schien es ihr zum ersten Mal, als ob es ein echtes Abenteuer wäre, den Mut zu haben, den gesamten Lebensplan zu untersuchen. Sein Muster könnte kaum abscheulicher sein als das eines jeden Tages.

Was war sie? Welchen Grund hatte sie zu leben? Welchen Nutzen könnte das Leben haben? Was war die Wahrheit?

Ein Vers, den sie nicht einordnen konnte, ging ihr immer wieder durch den Kopf:

Quand j'ai Connu la Vérité, ich bin es, der es geschafft hat une Amie; Als ich dich umklammerte und empfand, J'en étais déjà dégoûté .

Et pourtant elle Europäische Sommerzeit éternelle, Et ceux qui se sont geht vorbei d'elle Ici - bas Ich habe es einfach ignoriert .

Sie hatte bewusst keine Ahnung vom Leben – von allem.

Sie durchlebte eine Phase der Verzweiflung, die umso schlimmer war, als sie wie ein Gesicht in einem Albtraum ohne Merkmale war. Es war Verzweiflung, nicht über die Tatsache, dass sie im Gefängnis war, sondern über den gesamten Plan des Universums, die vergeblichen Horden von Menschen, die lebten, hofften, scheiterten und vergingen.

Die Verzweiflung lähmte ihre körperlichen Aktivitäten. Ihr Verstand und sogar ihr riesiger Wille versagten ihr. Sie konnte weder schlafen noch essen und wurde nach einer Woche ins Krankenhaus gebracht. Das Gerücht, sie würde verrückt werden, ging im Gefängnis um – so fing es immer an. Sie lag zwei Tage im Krankenhaus und bewegte sich kaum. Ihr Gesicht schien kleiner geworden zu sein und ihre Augen waren groß und feurig geworden. Der Arzt kam und sprach mit ihr. Sie wollte ihm nicht antworten; sie wollte seinem Blick nicht begegnen; Sie würde nichts anderes tun, als lange, unnatürliche Atemzüge wie Seufzer auszustoßen.

Im Zimmer neben ihr war eine Mutter mit einem sechs Monate alten Baby. Selbst in ihren besten Zeiten hatte sich Lydia nie besonders für Babys interessiert, obwohl alle jungen Tiere eine gewisse Anziehungskraft auf sie ausübten. Den Babys ihrer Freunde, gewickelt und von Krankenschwestern bewacht, fehlte der spontane Charme eines Kätzchens oder Welpen. Dieses Baby jedoch – er hieß Joseph und wurde immer so genannt – war anders. Er verbrachte viel Zeit alleine und saß aufrecht in seinem weißen Eisenbettchen. Trotz der Umstände seiner Geburt war er ruhig, rotwangig und gesund. Am ersten Tag, als Lydia wach war, warf sie ihm einen Blick zu, als sie an der Tür vorbeikam. Er vermittelte ihr irgendwie den Eindruck, ein getrenntes Leben zu führen. Zuerst starrte sie ihn nur von der Tür aus an ; Dann wagte sie sich hinein, lehnte sich an das Kinderbett, reichte ihm einen Finger, an dem er sich festklammerte, erfand ein Spiel des Händeklatschens und wurde mit einem zahnlosen Lächeln und einem langen, komplizierten Gurgeln der Freude belohnt.

Das Geräusch war zu viel für Lydia – die Vorstellung, dass das Baby froh war, das quälende Abenteuer des Lebens zu beginnen. Sie ging weinend in ihr Zimmer zurück, weinte nicht wegen ihres eigenen Kummers, sondern weil alle Menschen so unendlich erbärmlich waren.

Am nächsten Tag kam Anna, die Mutter, herein, während sie sich über das Kinderbett beugte. Lydia kannte ihre Geschichte, die alltägliche – die Geschichte eines respektablen, behüteten Mädchens, das sich plötzlich unsterblich in einen hübschen Jungen verliebte und, als er nach ein paar Monaten ihrer überdrüssig wurde, feststellte, dass sie nie seine Frau gewesen war – das er war bereits verheiratet.

Lydia blickte die gepflegte, blonde Frau mit Brille neben sich an. Es war schwer vorstellbar, dass sie jemanden ermordete. Sie wirkte sanft, vage, vielleicht ein wenig mangelhaft. Später in ihrer Bekanntschaft erzählte sie Lydia, wie sie es gemacht hatte. Seine Niedertracht hatte ihr nicht so viel ausgemacht, bis er ihr erzählte, dass sie die ganze Zeit gewusst hatte, dass sie nicht verheiratet waren – dass sie es mit offenen Augen getan hatte – dass sie „eine schöne Zeit draußen" gehabt hatte. Er war unter anderem ein Tapezierer, und auf dem Tisch hatte eine große Schere gelegen. Das erste, was sie wusste, war, dass sie in seiner Seite begraben waren.

Lydia konnte nicht widerstehen, sie zu fragen, ob sie bereue, was sie getan hatte.

Das Mädchen überlegte. „Ich denke, es war richtig, dass er gestorben ist", sagte sie, aber Joseph tat ihr leid. Bald würde ihr das Baby weggenommen und in eine staatliche Einrichtung gebracht werden. Sie war mütterlich – ursprünglich mütterlich – und ihre wahre Strafe war nicht die Gefangenschaft, sondern die Trennung von ihrem Kind. Lydia sah das, ohne es ganz zu verstehen.

Das Mädchen hatte zu ihr gesagt: „Ich nehme an, Sie können sich nicht vorstellen, jemanden zu töten?"

Lydia versicherte ihr, dass sie es – oh, sehr leicht – könne. Sie ging zurück in ihr Zimmer und dachte, dass sie im Herzen eher eine Mörderin sei als dieses Mädchen, das jetzt nichts weiter als eine Mutter war.

Als sie aus dem Krankenhaus kam , wurde sie nicht wieder zur Arbeit im Klassenzimmer eingesetzt, sondern in die Küche geschickt. Es handelte sich um einen riesigen, gekachelten Raum, der beim ersten Betreten den Eindruck erweckte, völlig leer zu sein. Dann fiel der Blick auf eine Reihe von Kupferbehältern – drei davon so hoch wie sie – einer für Tee, einer für Kaffee, einer für heißes Wasser und drei kleinere Töpfe, rund wie Hexenkessel, zum Kochen von Müsli und Fleisch und Kartoffeln. Gebacken wurde in einer angrenzenden Nische. Dort wurde Lydia zur Arbeit eingesetzt. Allmählich begann sie sich für den Vorgang zu interessieren – das Mischen des Teigs und das gleichzeitige Backen von Dutzenden von Broten in einem großen Ofen mit rotierenden Regalen darin. Der Ofen hatte, wie alle Öfen, seine Launen, die von der Wärmemenge abhingen, die der Rest der Einrichtung verbrauchte. Lydia machte sich daran, das Thema zu meistern. Eine gewisse praktische Kompetenz war in ihr noch nie zum Ausdruck gekommen.

KAPITEL XIV

Als Lydia aus ihrer Depression herauskam, klammerte sie sich an Evans, der ihr als Erster klar gemacht hatte, dass sie nichts Menschliches denken konnte, das ihr fremd war. Die disziplinierte kleine Engländerin, aufrichtig und ohne Selbstmitleid, schien die Überbringerin von Weisheit zu sein. Sie sah ihre eigenen Fehler deutlich. William – William war der blasse junge Lakai, über den sie viel redeten – hatte sie schon lange gedrängt, ab und zu einen Zehn-Dollar-Schein oder ein vergessenes Schmuckstück mitzunehmen. Sie hatte nie die Versuchung verspürt, dies zu tun, bis Lydia der Verlust des Armbands so gleichgültig gegenüberstand. Was nützte es, sich so sehr um die Sicherheit der Juwelen zu kümmern, wenn sich der Besitzer so wenig darum kümmerte?

„Oh, dieses Armband!" murmelte Lydia und erinnerte sich daran, wie sie es zuletzt vor Gericht in O'Bannons Hand gesehen hatte. Einen Moment lang folgte sie nicht, was Evans sagte, und kam mitten im Satz zurück.

„——und ließ mich erkennen, dass ich dadurch nicht Recht hatte, weil du Unrecht hattest dass der einzige Weg, zurückzukommen, darin bestehe, dem Gesetz zu gehorchen, ins Gefängnis zu gehen und es so schnell wie möglich hinter mich zu bringen. Ich habe ihm viel zu verdanken, Lydia – nicht, dass er mir gepredigt hätte, aber seine Augen blickten direkt in mich hinein ."

„Von wem sprichst du?" fragte Lydia scharf.

„Von Mr. O'Bannon", antwortete Evans, und ihre Stimme klang ehrfürchtig.

Das war zu viel für Lydia. Sie brach aus und versicherte Evans, dass es völlig richtig gewesen sei, die Juwelen zu nehmen. Sie, Lydia, wusste jetzt, was für eine gedankenlose und rücksichtslose Arbeitgeberin sie immer gewesen war. Aber was „diesen Mann" betrifft, muss Evans erkennen, dass er sie nur dazu gebracht hatte, ein Geständnis zu machen, um sich Ärger zu ersparen. Es war eine Feder in seiner Mütze – ein Geständnis zu bekommen. Er hatte nicht daran gedacht, ihre Seele zu retten. Lydia stampfte auf die alte Art mit dem Fuß auf, ohne jedoch irgendeinen Eindruck auf das verzauberte Mädchen zu machen, das darauf bestand, dem Mann, der sie eingesperrt hatte, dankbar zu sein.

„Ist es das, was er von mir erwartet?" dachte Lydia.

Lange, lange Winternächte im Gefängnis sind ausgezeichnete Zeiten, um über Rache nachzudenken. Sie erkannte, dass es nicht einfach sein würde, sich an O'Bannon zu rächen. Wenn es Albee wäre, wäre es ganz einfach – sie würde ihn öffentlich lächerlich machen. Diesen sensiblen Egoismus zu verletzen, würde bedeuten, den inneren Menschen zu töten. Wenn es Bobby wäre – der arme Bobby –, würde sie sein Selbstvertrauen zerstören und ihn verhungern lassen, weil er glaubte, er sei wertlos. Aber was konnte sie O'Bannon antun, außer ihn zu töten – oder ihn dazu zu bringen, sie zu lieben? Vielleicht drohen Sie, ihn zu töten. Sie versuchte, an ihn zu denken, wie er auf den Knien um sein Leben flehte. Aber nein, sie konnte die Vision nicht Wirklichkeit werden lassen. Er würde nicht auf die Knie gehen; er würde nicht flehen; Er würde ihr trotzig die Stirn bieten und sie wäre gezwungen zu schießen, um zu beweisen, dass sie es ernst gemeint hatte.

Sie war etwa drei Monate im Gefängnis, als eines Morgens in der Küche die Nachricht eintraf, dass sie im Empfangsraum gesucht werde. Das bedeutete einen Besucher. Es war nicht Miss Bennetts Tag. Es muss ein besonders privilegierter Besucher sein. Ihr Gast war Albee.

Gefangene, deren Verhalten so gut war, dass sie in der ersten Klasse bleiben konnten, durften einmal pro Woche Besucher empfangen. Miss Bennett kam regelmäßig, und Eleanor war mehr als einmal gekommen. Lydia war sehr gespannt darauf, diese beiden zu sehen, aber nicht darauf, irgendjemanden anderen zu sehen. Bei Neuankömmlingen gab es immer einen schrecklichen Moment der Schüchternheit – einen peinlichen, hässlichen Moment. Sie wollte niemanden sehen, der sie nicht auf eine einfache menschliche Art liebte, die jegliche Zurückhaltung beseitigte.

Sie wollte Albee nicht sehen, und sie war sich ebenso sicher, dass er sie nicht sehen wollte, sondern von der Angst des Politikers getrieben worden war, er könnte auf seinem Vorwärts- und Aufstiegskurs jedes schwelende Feuer des Hasses zurücklassen, das ein wenig lockere Freundlichkeit löschen könnte . Tatsächlich hasste sie Albee weder – noch mochte sie ihn. Sie erkannte ihn einfach als einen nützlichen Menschen, den sie ihr ganzes Leben lang nutzen würde. Dieses bevorstehende Interview muss dazu dienen, ihn an sie zu binden, sodass sie, wenn sie in Zukunft einen mächtigen Politiker brauchte, der ihr dabei hilft, O'Bannon zu zerstören, einen zur Hand hatte. Sie wusste genau und instinktiv, wie sie mit Albee umgehen sollte – nicht indem sie ansprechend und freundlich war. Wenn sie nett zu ihm wäre , würde er mit dem Gefühl gehen, dass dieses Kapitel in seinem Leben zufriedenstellend abgeschlossen sei. Aber wenn sie feindselig wäre, wenn sie ihm Unbehagen bereiten würde, würde er daran arbeiten, ihre Freundschaft zurückzugewinnen. So gefangen sie auch war, sie würde seine Herrin sein. Sie bereitete sich mit ihrem Gesichtsausdruck und ihrem Geist darauf vor, ihm streng zu begegnen.

Sie dachte nicht lange darüber nach, welchen Eindruck sie auf ihren Besucher machen würde – in ihrem gestreiften Kleid und ihren Gefängnisschuhen. Lydia hatte nie die Angewohnheit, zuerst an den Eindruck zu denken, den sie machte.

Sie wurde in das Zimmer der Oberin gebracht, und dann überquerte sie den Flur und betrat den kahlen Empfangsraum mit seinem kühlen, weißen Kaminsims, dem von einer Metallplatte verdeckten Kamin, seinem leeren Tisch in der Mitte und den steifen Stühlen mit gerader Rückenlehne. Sie trat ein, ohne zu ahnen, was sie erwartete, und sah eine große Gestalt, die sich gerade vom Fenster abwandte. Es war O'Bannon. Sie hatte nur eine verschwommene Sicht auf seine grauen Augen und die Vertiefungen in seinen Wangen. Dann schienen ihre Handgelenke und Knie zu schmelzen, ihr Herz drehte sich in ihr um; Alles wurde gelb, grün und schwarz, und sie fiel in Ohnmacht und fiel sanft der Länge nach vor die Füße des Staatsanwalts.

Als sie zu sich kam , war sie in ihrer eigenen Zelle. Sie drehte ihren Kopf langsam nach rechts und links.

„Wo ist dieser Mann?" Sie sagte. Man sagte ihr, er sei gegangen.

Natürlich war er gegangen – gegangen, ohne auf ihre Genesung zu warten, ohne mit jemand anderem zu sprechen. Es gab den Beweis, dass er rachsüchtig war; dass er gekommen war, um sie zu demütigen, um seine Augen an ihrem Kummer zu weiden. Er hatte kaum zu hoffen gewagt, dass sie zu seinen Füßen in Ohnmacht fallen würde. Es sei wirklich grausam für dich, dachte sie – das Leben einer Frau zu ruinieren und dann zu kommen und das Spektakel zu genießen. Was für eine Geschichte für ihn, mit der er nach Hause geht, sich daran erinnert und darüber lächelt, um sie vielleicht seiner Mutter oder Eleanor zu erzählen!

„Das arme Mädchen!" könnte er mit einem Unterton falschen Mitleids in seiner Stimme sagen. „Bei meinem bloßen Anblick fiel sie in Ohnmacht und lag in ihrem Gefängniskleid zu meinen Füßen, ihre Hände waren von der harten Arbeit grob geworden –"

Dieser letzte Beweis ihrer völligen Wehrlosigkeit machte sie wütend. Sie war zu ihrer Rache berechtigt, was auch immer sie sein mochte. Der Gedanke daran zog sich wie eine heimliche Romanze durch alle ihre Träume.

Es begann sich in ihrem Kopf als politischer Ruin abzuzeichnen. Von Eleanor wusste sie, dass er Ambitionen hatte. Er hatte das Amt des Bezirksstaatsanwalts mit der Absicht übernommen , daraus ein höheres politisches Amt zu erlangen. Sie träumte davon, ihn im Wahlkampf zu besiegen und die ganze Tragödie ihrer eigenen Erfahrung zu nutzen, um die Emotionen des Publikums zu wecken. Mit Albees Hilfe war es einfacher, ihn innerhalb seiner eigenen Gruppe zu vernichten – einfacher, aber nicht so spektakulär. Er würde vielleicht nicht wissen, wer es getan hatte, wenn sie nicht zu ihm ging und es ihm erklärte. Während dieses Interviews schweiften ihre Gedanken oft ab.

Als ihre Vorstellungen von Vergeltung Gestalt annahmen , wurde sie in ihrem täglichen Leben glücklicher, als würde der Gedanke an O'Bannon das ganze Gift in ihrer Natur aufsaugen und ihre anderen Verwandten süßer machen.

Wenn Lydia es nur gewusst hätte, wäre ihre Rache vollkommen gewesen, als sie ihm zu Füßen fiel. Die Monate, die sie im Gefängnis verbracht hatte, waren im Vergleich zu den Monaten, die er auf freiem Fuß verbracht hatte, ein Paradies gewesen. Kaum war das Urteil in dem Fall gefallen, begannen ihn Zweifel an seinen eigenen Motiven zu quälen. Es half ihm nicht, dass seine Vernunft ihm eine perfekte Verteidigung bot. Das Mädchen war eine Kriminelle – rücksichtslos, verantwortungslos und unaufrichtig und verdiente mehr Strafe als die meisten Angeklagten, die vor Gericht kamen. Wenn seine Anklage irgendeine persönliche Feindseligkeit beinhaltete, dann gab es eine Entschuldigung dafür in der Tatsache, dass Albee sicherlich mit der Absicht zu ihm gekommen war, in ihrem Namen unehrenhaften Druck auszuüben. Jeder, den er sah – seine Mutter, Eleanor, Foster, Richter Homan –, alle glaubten, dass er trotz vieler leuchtender Versuchungen, schwach mitleidig zu sein, dem Weg der Pflicht gefolgt war. Aber er selbst wusste – und gab nach und nach zu –, dass er getan hatte, was er leidenschaftlich wollte. Selbst er konnte nicht tief genug in sein eigenes Herz blicken, um seine Beweggründe zu verstehen, aber er begann sich einer heimlichen wachsenden Reue bewusst zu werden, die sein Innenleben vergiftete.

Der Gedanke an sie im Gefängnis ging ihm nie aus dem Kopf, und es war ein Albtraumgefängnis, an das er dachte. In den ersten warmen Septembertagen stellte er sich die bleierne, stickige Hitze der Zellen vor. Als es im Oktober plötzlich kalt und windig wurde, erinnerte er sich daran, wie sie es gewohnt war, auf den windigen Golfplätzen Golf zu spielen, und wie er sie einmal von einem Abschlag am Straßenrand hatte fahren sehen, während ihr kräftiger Schwung ihre Röcke um den Körper geschlungen hatte. Er gab es auf, Bridge zu spielen – die Erinnerungen waren zu ergreifend. Und nachdem Eleanor einmal erwähnt hatte, dass Lydia gern tanzte , konnte er sich keine Tanzmusik mehr anhören. Weihnachten war für ihn eine besonders anstrengende Zeit, mit all der Anmut der Freude – ein Gefängnisweihnachten!

In den Ferien war er einige Tage in New York. Seine Theorie war, dass Bewegungsmangel der Grund dafür sei, dass er nicht besser schlafe. Um müde ins Bett zu gehen, unternahm er nachmittags und abends lange Spaziergänge.

Eines Nachmittags ging er in der Dämmerung um den Stausee im Park herum , als er in einer schlanken kleinen Gestalt, die auf ihn zukam, etwas

Vertrautes erkannte – etwas, das seinen Herzschlag veränderte. Es war Miss Bennett. Er hielt sie auf, unsicher über seinen Empfang.

„Ist das Mr. O'Bannon?" sagte sie und starrte ihn im trüben Licht an.

Die Stadt hinter den kahlen Bäumen begann sich in eine Art universellen lila Nebel zu verwandeln, der von gelben Lichtpunkten unterbrochen wurde. Es war zu dunkel, als dass Miss Bennett irgendeine Veränderung in O'Bannons Aussehen erkennen konnte, irgendetwas Verwüstetes und Abgenutztes, irgendetwas, das auf eine ungewöhnliche Belastung hindeutete. Obwohl Miss Bennett freundlich und sanft war, hatte sie keine Vorstellungskraft von turbulenten, unregelmäßigen Gefühlen, wie sie sie selbst nicht erlebte. Sie war nicht auf der Suche nach Gefahrensignalen.

Sie fühlte sich O'Bannon gegenüber nicht unfreundlich. Im Gegenteil, sie bewunderte ihn. Sie konnte, wie sie sagte, seine Seite davon sehen. Sie war stolz darauf, bei jeder Frage beide Seiten zu sehen. Sie begrüßte ihn herzlich, sobald sie sicher war, dass er es war . Er drehte sich um und ging mit ihr. Sie hatten den Stausee für sich allein.

Miss Bennett hielt es für taktvoller, Lydia nicht zu erwähnen. Sie begann über die Schönheit der Stadt zu sprechen. Die Menschen auf dem Land sprachen immer so, als ob jegliche natürliche Schönheit aus den Städten ausgeschlossen wäre, aber ihrerseits –

O'Bannon unterbrach sie plötzlich.

„Haben Sie Miss Thorne in letzter Zeit gesehen?" sagte er in einem seltsamen, schnellen, leisen Ton.

Wenn Benny etwas fühlte, konnte sie es immer ausdrücken. Das war ein Glück für sie, denn als sie es ausdrückte , linderte sie die Schärfe ihrer eigenen Gefühle. Daher suchte sie ganz natürlich nach der richtigen Formulierung, manchmal sogar nach einer fast unanständigen Eindringlichkeit, denn je eindringlicher sie der anderen Person das Gefühl gab, desto sicherer konnte sie sich ihrer eigenen Erleichterung sein. Andererseits war es ihr auch nicht leid, dass O'Bannon genau verstand, was er getan hatte – vielleicht seine Pflicht, aber er konnte genauso gut die Konsequenzen kennen.

„Habe ich sie gesehen?" rief sie aus. „Oh, Mr. O'Bannon!" Es entstand eine Pause, als wäre es zu schrecklich, um weiterzumachen, aber natürlich fuhr sie fort. „Ich sehe sie jede Woche. Sie ist wie ein Tier in einer Falle. Vielleicht hast du noch nie eines gesehen – in einer Falle meine ich. Lydia hatte einmal einen grauen Wolfshund, und im Wald verirrte er sich und geriet in eine Nerzfalle. Es war fast tot, als wir es fanden, aber so geduldig und hoffnungslos. Sie wird immer so – jede Woche etwas geduldiger als in der Woche zuvor – sie, die nie geduldig war. Oh, Mr. O'Bannon, ich habe manchmal das Gefühl als ob ich es nicht ertragen könnte – so wie sie es in ein paar Monaten aus ihr herausgepresst haben! Sie kommt mir vor wie eine alte Frau im Körper einer hübschen jungen Frau. Das haben sie mir nicht verdorben – zumindest nicht noch."

Sie wischte sich mit einem hauchdünnen Taschentuch über die Augen und ihre Schritte wurden forscher. Sie fühlte sich besser. Für einen Moment hatte sie das Pathos der Situation los. Sie sah, dass O'Bannon ihre Bürde auf sich genommen hatte. Er ging ein paar Schritte schweigend neben ihr her, nahm dann plötzlich seinen Hut ab, murmelte etwas darüber, dass er zu spät zu einer Verlobung komme, verließ sie und verschwand den steilen Abhang des Stausees hinunter.

Er wanderte ruhelos auf und ab wie ein Mann mit körperlichen Schmerzen. Keine Realität, entschied er schließlich, könnte so schrecklich sein wie die Visionen, die ihm seine Fantasie mit Hilfe von Miss Bennett immer wieder vor Augen rief. In dieser Nacht nahm er den Zug und kam mitten am nächsten Morgen am Gefängnistor an.

Es war für ihn kein Problem, den Gefangenen zu sehen. Seine Erklärung, dass er auf dem Weg zum Aufseher wegen eines der männlichen Gefangenen vorbeikam, war nicht erforderlich. Die Oberin stimmte bereitwillig zu, Lydia holen zu lassen. Es kam ihm vor, als würde es lange dauern, bis sie kam. Er stand da und starrte aus dem Fenster, während in seinem Kopf vereinzelte Sätze auftauchten – „nicht weniger als drei und nicht mehr als sieben Jahre" – „ein Tier in der Falle" – „eine alte Frau im Körper einer schönen jungen Frau". Er hörte Schritte näherkommen und sein Puls begann heftig und heftig zu schlagen. Er drehte sich um und dabei fiel sie ihm zu Füßen.

Die Matrone kam herein und rannte beim Geräusch ihres Sturzes. O'Bannon nahm sie schlaff wie eine Stoffpuppe in die Arme und trug sie zurück in ihre Zelle. Unter den meisten Umständen wäre ihm aufgefallen, dass die Zelle hell und groß war, aber jetzt verglich er sie mit einem Stich im Herzen nur noch mit dem großen, luxuriösen, verlassenen Schlafzimmer von Lydia, in dem er Evans einmal interviewt hatte.

Die Oberin vertrieb ihn, bevor Lydia das Bewusstsein wiedererlangte. Er wartete im Vorzimmer, hörte, dass es ihr vollkommen gut ging, und verabschiedete sich dann elend. Am späten Abend kehrte er nach New York zurück und legte am nächsten Tag sein Amt als Bezirksstaatsanwalt nieder.

Eleanor las zunächst in der Lokalzeitung von seinem Rücktritt und wandte sich dann an seine Mutter, um eine Erklärung zu erhalten. aber Mrs. O'Bannon war genauso überrascht wie alle anderen. Ohne es zuzugeben, hatten beide Frauen Angst vor der Aussicht, dass O'Bannon ohne Unterstützung versuchen würde, eine Anwaltskanzlei in New York aufzubauen. Beide fürchteten die Auswirkungen eines Scheiterns auf ihn. Beide hätten ihm von einem Rücktritt abgeraten. Vielleicht war gerade aus diesem Grund keiner von beiden konsultiert worden.

Die beiden Frauen, die ihn liebten, trennten sich mit offensichtlichen Vertrauensbekundungen. Zweifellos würde Dan damit großen Erfolg haben, sagten sie. Er war brillant und hat so hart gearbeitet.

Kapitel XV

Im Frühjahr wurde Lydia von der Küche in das lange, helle Arbeitszimmer verlegt. Hier säumten die weiblichen Häftlinge die im Männergefängnis gewebten Decken. Hier webten sie selbst die Flickenteppiche für die Böden, fertigten die Hauswäsche und ihre eigene Kleidung – auch die von Joseph – nicht nur ihre Gefängniskleidung, sondern die komplette Kleidung, mit der jeder Gefangene entlassen wurde.

Lydia war mit der Nadel unglaublich unbeholfen. Es überraschte die große, dünne Assistentin, die für den Arbeitsraum verantwortlich war, dass jeder, der das gehabt hatte, was sie als Vorteile bezeichnete, so völlig unwissend über die Kunst des Nähens sein konnte. Lydia wusste kaum, an welchen Finger sie ihren Fingerhut stecken sollte, und machte einen Knoten in ihren Faden wie ein Mann, der ein Seil bindet. Aber es war gerade ihre Unfähigkeit, die ihr Interesse, ihren Willen weckte. Sie mochte es nicht, dümmer zu sein als alle anderen. Eines Tages klappte ihr kleiner Kiefer plötzlich zusammen und sie beschloss, Nähen zu lernen. Von diesem Moment an begann sie, sich an das Gefängnisleben zu gewöhnen.

fragte sich Lydia, wenn man bedenkt, dass Gefangene in der ersten Klasse einmal in der Woche Besuch von ihren Familien erhalten dürfen und von anderen, mit Genehmigung des Direktors, einmal im Monat, da nur wenige Besucher ins Gefängnis kamen. Wurden all diese Frauen von ihren Familien verstoßen? Evans erklärte ihr die Angelegenheit, und Lydia schämte sich, dass sie einer Erklärung bedurft hatte.

„Ein Mann braucht ein Wochengehalt – auch bei einem guten Job – von New York hin und zurück."

Lydia tat, was für sie selten war: Sie färbte. Zum ersten Mal in ihrem Leben schämte sie sich, nicht so sehr wegen der Privilegien des Geldes, sondern wegen der Leichtigkeit, mit der sie diese stets in Kauf genommen hatte. Es kam ihr klar, dass dies eines der Objekte war, für die Mrs. Galton einst um ein Abonnement gebeten hatte. Es kam mir eine Erinnerung an die Art und Weise in den Sinn, wie sie früher ihre morgendliche Post entsorgt hatte, wenn sie auf ihrem geblümten Frühstückstablett eintraf. Anzeigen und Finanzaufrufe unbekannter Herkunft wurden von ihren energischen Fingern zusammengedreht und in den Papierkorb geworfen. Das von Mrs. Galton könnte durchaus dazu gehört haben.

Sie war entsetzt, als sie auf ihren eigenen Mangel an Menschlichkeit zurückblickte. Ohne die Erfahrung gemacht zu haben, hätte sie vielleicht vermutet, dass das Leben im Gefängnis einer Erleichterung bedarf. Es bedeutete ihr sehr viel, Benny jede Woche zu sehen. Benny trat an die Stelle ihrer Familie. Sie sehnte sich danach, von der Außenwelt und ihren alten Freunden zu hören. Aber sie sehnte sich nicht so sehr nach diesen Besuchen wie die inhaftierten Mütter danach, ihre Kinder zu sehen.

Ihr Gedanke führte in Lydia schnell zur Tat und sie arrangierte über Miss Bennett die Finanzierung der Besuche von Familien im Gefängnis und ließ zu, dass es sich um Miss Bennetts Unternehmen handelte. Alle freuten sich, als wäre es ein gemeinsamer Vorteil, über den Besuch von Muriels Mutter und der schönen kastanienbraunen Tochter des Immobilienverwalters mittleren Alters. Lydia hatte das Gefühl, ihr ganzes Leben lang außerhalb der menschlichen Rasse gestanden zu haben und gerade erst in sie eingeweiht worden zu sein. Sie sagte so etwas zu Evans.

„Oh, Louisa, reiche Leute wissen doch nichts, oder?"

Evans versuchte sie zu trösten.

„Wenn sie wollen , können sie es immer."

Es stimmt, dachte Lydia; sie hatte es nicht wissen wollen. Sie hatte nichts anderes gewollt als ihren eigenen Weg, unabhängig von dem anderer. Das war kriminell – zu sehr seinen Willen durchsetzen zu wollen. Das war alles, was diese Leute um sie herum gewollt hatten – diese Fälscher und Betrüger – auf ihre eigene Art, auf ihre eigene Art. Obwohl sie immer noch davon überzeugt war, dass die Ermordung von Drummond ein Unfall gewesen war, erkannte sie, dass die Bestechung falsch gewesen war – die gleiche Ader in ihr, die gleiche Entschlossenheit, ihren Willen durchzusetzen. Sie dachte an ihren Vater und all ihre frühen Kämpfe und daran, dass es ihr am schlechtesten ergangen war, als sie geglaubt hatte, sie würde am meisten über ihn triumphieren.

Ihr armer Vater! Von ihm hatte sie ihren Willen geerbt, aber er hatte im Leben gelernt, wie sie jetzt im Gefängnis lernte, dass der stärkste Wille der Wille ist, der sich zu beugen weiß.

Sie dachte viel an ihren Vater. Er muss manchmal furchtbar einsam gewesen sein. Sie hatte ihm nie Zuneigung entgegengebracht. Sie hatte ihn nicht wirklich geliebt, und doch liebte sie ihn jetzt. Ihr Herz schmerzte mit einer spürbaren Last der Reue. Er war ihr einziger Verwandter gewesen, und sie hatte nichts anderes getan, als gegen ihn zu kämpfen, sich ihm zu widersetzen und ihn zu verletzen. Was für ein grausames, dummes Wesen sie gewesen war – ihr ganzes Leben lang! Und jetzt war es zu spät. Ihr Vater war tot, so lange, dass sie ihn in einer Hinsicht fast vergessen hatte. Und andererseits schien es, als müsste er immer noch irgendwo sein und darauf warten, sie nach oben zu befehlen, wie er es getan hatte, als sie noch ein Kind war.

Nur Benny war noch übrig – Benny, den sie so verachtet hatte. Dennoch müsste Benny nicht ins Gefängnis gehen, um zu lernen, die Rechte anderer Menschen zu respektieren. Benny war mit dem Wissen geboren worden, was alle anderen wollten – er war begierig darauf, allen Männern das zu erfüllen, was sie sich wünschten.

Lydia war vom Temperament her nicht religiös. Sie hatte jetzt nichts mehr von der Freude einer großen Offenbarung. Aber sie hatte den Mut, sich selbst so zu betrachten, wie sie war, auch ohne das Gefühl einer höheren Macht. Sie erkannte jetzt, dass ihr Verhältnis zum Leben immer hässlich, feindselig und gewalttätig gewesen war. Jeder, der sie jemals geliebt hatte, war in der Lage, durch etwas Schönes in seiner eigenen Natur zu lieben – trotz all ihrer Lieblosigkeit. Sie dachte nicht nur an die Beziehungen, die sie vermisst hatte, wie die Beziehung zu ihrem Vater, sondern auch an Freundschaften, die sie verloren hatte und die sie in dem schrecklichen täglichen Kampf, ihren eigenen Willen durchzusetzen, absichtlich gebrochen hatte. Sie würde diesen Kampf jetzt nie wieder aufnehmen. Sie war mit etwas in Kontakt gekommen, das stärker war als sie selbst, wofür die unpersönliche Macht des Gesetzes nur ein sichtbares Symbol war. Sie war sich nicht sicher, ob es sie gebrochen oder neu gemacht hatte, aber es hatte ihr Frieden gegeben – ein Glück, das sie nie gekannt hatte – einen Frieden, von dem sie glaubte, dass er ihn bewahren konnte, selbst wenn sie den Schutzalltag des Gefängnisses verließ. Das einzige Merkmal des Lebens, das sie erschreckte und empörte, war die beharrliche Individualität von Lydia Thorne. Wenn es nur einen anderen Zauber als den Tod gäbe, um dich von dir selbst zu befreien! Manchmal fühlte sie sich wie eine Wahnsinnige, die an einen Spiegel gekettet war. Doch sie wusste, dass es die langen Monate erzwungener Kontemplationen waren, die sie gerettet hatten.

Am Freitagabend durften die Häftlinge im Versammlungsraum – halb Theater, halb Kapelle – tanzen. In ihrem Bemühen, sich selbst zu entfliehen, ging Lydia einmal hin, um zuzusehen, und kam immer wieder mit zunehmendem Interesse. Bald verbreitete sich das Gerücht, dass sie eine gute Tänzerin sei und neue Schritte beherrsche. Aus den Tänzen wurden Tanzkurse. Abgesehen von ihrer natürlichen Ungeduld war Lydia eine geborene Lehrerin, klar in ihren Erklärungen und bereit, für Perfektion zu arbeiten.

Evans, der Lydia in den vergangenen Jahren auf so viele Bälle mitgenommen hatte, lächelte, als er sah, wie sie sich über die Stufen einer schweren Großmutter oder eines leichtfüßigen – und vielleicht leichtfingrigen – Mulattenmädchens quälte.

Ein Abend kehrte plötzlich zu ihr zurück. Es war in New York. Sie war gegen elf Uhr mit Miss Thornes Opernumhang und Fächer heruntergekommen. Es waren Leute zum Abendessen da, aber bis auf Mr. Dorset waren alle gegangen, und er wurde in eine neue Feinheit des Tanzes eingewiesen. Miss Bennett, die einer Generation angehörte, die etwas vom Klavierspielen wusste, machte Musik für sie. Evans konnte, wenn sie die Augen schloss, Lydia sehen, wie sie damals war, in einem kurzen blauen Brokat, wie sie versuchte, ihren Partner in den richtigen Schritt zu bringen, und ihn buchstäblich schüttelte, als er ihren Rhythmus nicht mitbekam. Sie war viel geduldiger mit Muriel, hielt ihre blassen kaffeefarbenen Hände und wiederholte: „Eins-zwei, eins-zwei; eins-zwei-drei-vier. Da, Muriel, du hast es geschafft!" Ihr Gesicht leuchtete vor Vergnügen, als sie sich an Evans wandte. „Ist sie nicht schnell darin, Louisa?"

Lydias zweiter Frühling im Gefängnis war schon weit fortgeschritten, als sie von der Oberin gerufen wurde. Eine solche Vorladung war ein Ereignis. Lydia zerbrach sich den Kopf darüber, was auf sie zukam – im Guten wie im Bösen. Die erste Frage der Oberin war verblüffend. Wusste sie etwas über Baseball?

Hat sie? Ja, etwas. Ihre Gedanken wanderten zurück zu einer Hausparty am 4. Juli, auf der sie jedes Jahr ein Baseballspiel unter den Gästen veranstaltet hatte. Sie und die Oberin diskutierten über die Möglichkeiten, zwei Neuner unter den Insassen aufzustellen. Sie schlug vor, dass es Bücher zu diesem Thema gäbe. Ein Buch würde zur Verfügung gestellt. Sie fühlte sich berührt und geschmeichelt über die Verantwortung, die ihr auferlegt wurde, und war voller Demut darauf bedacht, Erfolg zu haben.

Die ganze Frage begann sie zu beschäftigen. Sie studierte es am Abend und dachte tagsüber darüber nach, wobei sie die Möglichkeiten ihres Materials und das Verhältnis von Charakter zu Können abwägte. Grace, eine Fälscherin, war eigentlich eine bessere Werferin, aber die Frau, die ihren Mann getötet hatte, hatte unendlich viel mehr Durchhaltevermögen.

Den ganzen zweiten Sommer über beschäftigte sie sich Tag und Nacht mit dem Team, je mehr der September zu Ende ging. Denn sie wusste, dass der Bewährungsausschuss mit dem nahenden Ablauf ihrer Mindeststrafe über ihre Freilassung nachdenken würde. Die Freiheit war aller Wahrscheinlichkeit nach nahe, und Freiheit ist für Gefangene ein desorganisierender Gedanke. Der Frieden, den sie im Gefängnis gewonnen hatte, begann zu schwinden, je mehr Tag sie ihrer Freilassung näher brachte. Sie begann zu träumen, dass sie bereits frei sei, und erwachte unzufrieden, mit einer Spur der gleichen unruhigen Verärgerung wie in den ersten Wochen. Könnte es sein, dachte sie, dass sie doch nichts gelernt hatte? Konnte schon die Vorstellung, in das alte Leben zurückzukehren, sie wieder in das alte, abscheuliche Ding verwandeln?

Die Gefängnisbehörden haben gelernt, dass die letzte Nacht im Gefängnis die Moral eines Gefangenen mehr belastet als jede andere, außer vielleicht die erste. Lydia fand es so, als ihre letzte Nacht dort kam. Sie wusste, dass sie am frühen Morgen freigelassen werden sollte. Miss Bennett würde dort sein und sie würden gemeinsam einen frühen Zug nach New York nehmen. Es war eine Gewissheit, sagte sie sich immer wieder, eine Gewissheit, auf die sie sich verlassen konnte, und doch verbrachte sie die ganze Nacht in einer Qual der Angst und Ungeduld. Sie wäre ruhiger gewesen, wenn sie auf die Stunde einer vereinbarten Flucht gewartet hätte. Die Dunkelheit der Nacht hielt so lange an, dass es schien, als hätte eine unangekündigte Sonnenfinsternis den Sonnenaufgang vernichtet, und als endlich die Morgendämmerung begann, das Fenster zu färben, war die Stunde zwischen ihr und ihrem Erscheinen nichts weiter als eine fieberhafte Angst.

Sie war sich kaum bewusst, dass Miss Bennett im Zimmer der Oberin auf sie wartete – kaum, dass die Oberin selbst, unerschütterlich wie immer, sich von ihr verabschiedete. Nur das Klappern des Tors hinter ihr brachte sie zum Schweigen. Nur von außerhalb der Gitterstäbe wollte sie innehalten und auf das Gefängnis zurückblicken wie auf eine alte Freundin.

Es war ein heller Herbstmorgen. Der Wind jagte riesige weiße Wolken über den Himmel und zerstreute die Blätter der endlosen Baumreihe, die wie Wächter entlang der hohen Mauer stand.

Miss Bennett wollte sofort über die Straße zum Bahnhof eilen, obwohl ihr Zug erst nach einiger Zeit abfahren würde; Sie wollte der Bedrohung durch diese dunkle Mauer entkommen – ein sehr perfektes Stück Mauerwerk. Aber Lydia hatte es schon zu lange von innen gesehen, als dass sie nicht unbedingt den Blick von außen genießen wollte. Sie blickte sich langsam um wie eine Touristin vor einem Schauspiel von atemberaubender Schönheit. Sie schaute die Gasse zwischen den Bäumen und der Mauer entlang, bis zu ihrer Linken die scharfe, saubere Ecke des Mauerwerks war. Sie schaute nach rechts, wo sie, je höher die Mauer stieg, den kleinen Wachturm des Gefängniswärters sehen konnte. Dann drehte sie sich ganz um und blickte durch die Gitterstäbe auf das Gefängnis selbst zurück.

„Findest du nicht, dass es eine ziemlich alte Tür ist?" Sie sagte.

Miss Bennett erkannte seine Schönheit eher kurz an.

„Würden Sie mir sagen, warum auf dem Pferdeblock ‚State Asylum' steht?" Sie sagte.

„Genau das ist es", sagte Lydia – „eine Anstalt, für einige von uns eine echte Anstalt. Früher war es für Geisteskranke, Benny. Deshalb."

Auf der ganztägigen Reise nach New York hatte Miss Bennett damit gerechnet, die gesamte psychologische Geschichte der letzten zwei Jahre zu hören. Bei ihren Besuchen im Gefängnis hatte sie festgestellt, dass Lydia etwas über die Außenwelt hören und nicht über sich selbst sprechen wollte; Aber jetzt, da sie frei war, hoffte Miss Bennett, dass sich dies ändern würde. Sie hatte sich ein Abteil gemietet, damit sie alleine sein konnten, aber sobald die Tür hinter ihnen geschlossen wurde, vollzog sich in Lydia eine seltsame Veränderung. Sie wurde abwesend und angespannt, und schließlich sprang sie auf und öffnete sie.

„Offen ist es angenehmer", sagte sie hochmütig und lachte dann plötzlich. „Oh, Benny, eine verschlossene Tür öffnen zu können!"

Miss Bennett begann leise zu weinen. All diese Monate hatte sie versucht, sich einzureden, dass die Veränderung bei Lydia auf die Gefängniskleidung zurückzuführen sei; Aber jetzt, da sie so gekleidet war wie früher, war die Veränderung immer noch da. Sie war dünner, feiner – sozusagen durch eine schärfere Form geformt. Alle ihre Reaktionen waren langsamer. Sie brauchte länger, um zu antworten, länger, um zu lächeln. Dies verlieh ihr einen Hauch von Geheimnis, den Lydia noch nie zuvor empfunden hatte, als ob ihr wirkliches Leben woanders, unter der Oberfläche, fernab von Kameradschaft, ablaufen würde.

Sie wischte sich über die Augen und dachte, dass sie Lydia nicht vermuten lassen durfte, dass sie glaubte, sie hätte sich verändert. Ihre Blicke trafen sich. Lydia entdeckte eine merkwürdige Tatsache, die sie wiederum für besser verheimlichte. Es ging darum, dass die Figuren ihres Gefängnislebens eine Tiefe und Realität hatten, die den Rest der Welt wie Schatten erscheinen ließen. Selbst als sie Miss Bennett nach ihren Freunden befragte, hatte sie das Gefühl, als würde sie nach Charakteren in einem Buch fragen, für dessen Ende sie keine Zeit gehabt hatte. Würde Bobby sicher am Bahnhof sein? Kam Eleanor an diesem Abend in die Stadt, um sie zu sehen? Wo war Albee?

Miss Bennett wusste nicht, wo Albee war, und ihr Ton verriet, dass es ihr egal war. Sie hatte nicht vor, Lydia gegen irgendjemanden aufzuhetzen, konnte aber nicht umhin, sich zu wünschen, dass Lydia Albee bestrafen würde. Er war nicht wirklich loyal gewesen, und er war der Einzige im engeren Kreis , der das nicht getan hatte. Ein Mann mit rotem Blut in den Adern, dachte Miss Bennett, hätte Lydia am Tag vor ihrer Gefängnisstrafe geheiratet oder würde zumindest mit dem Hut in der Hand auf den Tag warten, an dem sie herauskam.

Bobby, fröhlich und liebevoll wie immer, holte sie am Bahnhof ab und fuhr mit ihnen zum Stadthaus. Morson öffnete die Haustür und rannte mit ausdruckslosem Gesicht und flotter Art die Stufen hinunter, als wäre sie von einem Wochenende zurückgekehrt; aber als sie aus dem Motor stieg , versuchte er einen Satz.

„Freut mich, Sie wiederzusehen, Miss", sagte er und dann gab seine Selbstbeherrschung nach. Er drehte sich zur Seite, hielt sich mit einer Hand die Augen und tastete mit der anderen wild in seiner Schwanztasche nach einem Taschentuch.

Auch Lydia begann zu weinen. Sie legte ihre Hand auf Morsons Schulter und sagte: „Ich freue mich so sehr, Sie zu sehen, Morson. Sie sind fast die älteste Freundin, die ich auf der Welt habe", und sie fugte ohne Scham zu Miss Bennett hinzu: „Ist nicht wahr?" Ist es nicht schrecklich, wie ich heutzutage über irgendetwas weine?

Sie ging ins Haus und putzte sich die Nase.

Das Haus war voller Telegramme und Blumen. Lydia öffnete die Telegramme nicht, aber die Blumen schienen ihr Freude zu bereiten. Sie ging umher und atmete lange ihren Duft ein und berührte ihre Blütenblätter. Morson, der sich vollkommen unter Kontrolle hatte, aber mit feuerroten Augen, kam und fragte, zu welcher Stunde sie zu Abend essen würde.

Lydia hatte vor dem Abendessen noch viel zu tun. Sie holte ein schmutziges Papier aus ihrer Handtasche hervor und begann, es zu studieren.

„Gibt es etwas Besonderes, das Sie bestellen möchten?" sagte Miss Bennett.

Lydia blickte nicht auf, sondern antwortete, dass Morson sich daran erinnere, was ihr gefiel, was ihn wieder aus dem Zimmer trieb. Offenbar richtete sie ihre Anrufe an die Familien und Freunde ihrer Mithäftlinge. Sie ging dabei sehr gewissenhaft vor und war sehr geduldig, selbst gegenüber jenen, die, weil sie nicht an das Telefon gewöhnt waren oder nicht bereit waren, den Kontakt zu einer Stimme zu verlieren, die erst vor Kurzem von ihren Lieben kam, immer wieder die gleiche Frage stellten.

Aber schließlich war es vorbei, und Lydia hatte Zeit, zu baden und sich anzuziehen und sich schließlich in ihrem eigenen Esszimmer zu einer wunderbaren kleinen Mahlzeit niederzulassen, die das Symbol ihrer Freiheit war. Doch alles, woran sie denken konnte, war der Geruch der frisch gebackenen Brötchen, der die große, niedrige Küche und den Drehofen — der sich vielleicht gerade in diesem Moment drehte — so weit weg brachte.

„Oh mein Lieber", sagte Miss Bennett, „ich habe das netteste kleine Dienstmädchen für Sie gefunden — ein Schweizer Mädchen, das nähen kann — wirklich Ihre Sachen nähen kann, wenn Sie es möchten, und —"

Lydia war verlegen. Sie drehte ihren Kopf hin und her, während Miss Bennett weiterlief und die Entdeckung beschrieb. Sie konnte einfach nie wieder ein

Dienstmädchen haben. Wie sollte sie es erklären? Sie verstand es selbst nicht ganz, wusste nur, dass sie nie wieder von einer anderen Frau – vielleicht so jung und vergnügungssüchtig wie sie selbst – verlangen konnte, dass sie sich ein Leben lang um ihre Garderobe kümmerte. Persönlicher Service wie dieser würde sie jetzt ärgern und in Verlegenheit bringen. Das erste, was sie tun musste, war, ihr Leben in solchen Angelegenheiten weniger komplex zu gestalten. Sie legte ihre Hand auf die Hand von Miss Bennett, die auf dem Tisch lag.

„Solltest du nicht glauben, dass sie mir die Zwangsarbeit zurück wünschen würde?" sagte sie zu Bobby. „Sie macht sich so viel Mühe für mich."

Miss Bennett, emotional empfänglich für Lob, wischte sich die Augen und ging sofort weg, wobei sie Bobby und Lydia allein ließ. Sie fragte sich, ob das vielleicht das Beste für Lydia wäre – ihr Leben auf Bobbys fröhlicher, aber unerschütterlicher Hingabe neu aufzubauen.

Lydia, die Ellenbogen auf den Tisch gestützt und das Kinn auf die Hände gestützt, hörte zu, während Bobby über die leeren Kaffeetassen hinweg klatschte. Wusste Lydia von diesem Kohlemann aus dem Westen, den May Swayne heiraten würde? Bobby stellte ihn augenblicklich vor sie: „Ein Mann mit rundem Gesicht, Lydia, mit 30.000.000 Dollar und so einem Wortschatz! Er denkt nie; er vermutet. Er kommt nicht in ein Zimmer; er wagt es, sich einzumischen. May hat ganz schön was." Es müssen viele Änderungen an ihm vorgenommen werden.

Und die Piers – hatte Lydia davon gehört? Fanny hatte sich in den Propheten einer neuen Religion verliebt und alle Vorkehrungen getroffen, um sich von Noel scheiden zu lassen, doch bevor sie ihn verließ, dachte sie, als Beweis ihrer neuen Kräfte, sie würde ihn vom Alkohol heilen. Nun, meine Liebe, das hat sie. Und das Ergebnis war, dass ihr ein alkoholfreies Noel lieber gefiel als je zuvor – und sie schmiss den Seher weg. Kannst du es schlagen?

Schatten – sie kamen Lydia tatsächlich wie Schatten vor. Während sie vor sich hinstarrte, verfiel sie in Meditation und erinnerte sich an Evans und die blasse kaffeefarbene Muriel und die Matrone – die kleine Matrone mit den ruhigen Augenbrauen, die keine Angst kannte.

Plötzlich wurde ihr klar, dass Bobby ihr einen Heiratsantrag machte.

Die meisten ihrer Bekannten glaubten, dass er nie etwas anderes getan hätte; aber tatsächlich war es das erste Mal, dass er es jemals in Worte fasste. Er war sich nicht sicher, ob das jetzt eine taktvolle Entscheidung war. Sie könnte denken – Bobby war sich immer schrecklich darüber im Klaren, was die Leute denken könnten –, dass er, wenn er ihr eine so mittelmäßige Zukunft vorschlug, zugab, dass er sie für geschlagen hielt. Für ihn hingegen war sie so triumphierend und begehrenswert wie eh und je. Andererseits könnte es genau das Richtige sein. Da Männer wie Albee in Deckung gehen mussten und manche Menschen zwangsläufig hasserfüllt waren, konnte sie sich sagen: „Na ja, ich kann jederzeit Bobby heiraten und in Italien leben."

Er legte es ihr vor.

„Lydia, würdest du nicht darüber nachdenken, mich morgen zu heiraten und nach Griechenland, Sizilien oder Grenada zu segeln – das ist ein himmlischer Ort? Ich würde so überaus glücklich sein, mein Lieber, dass ich denke, dass du dich auf eine milde Art freuen würdest.", zu."

Geh weg? Es war das Letzte, was sie tun wollte.

„Nein, nein!" sagte sie schnell. „Ich muss hier bleiben!"

„Nun, heirate mich und bleib hier."

Sie schüttelte den Kopf und versuchte ihm zu erklären, dass sie niemals heiraten würde. Sie hatte einen neuen Lebensweg gefunden und wollte diesen alleine verfolgen. Sie hatte Interesse, ein intensives, lebenswichtiges Interesse, das sie dem Leben und den Angelegenheiten widmen konnte – ja, und sogar den Menschen; aber sie hatte keine Liebe. Menschliche Beziehungen konnten ihr Leben nicht mehr verändern oder beeinträchtigen. Sie wollte arbeiten – nichts anderes.

Sie hielt inne, und in der Pause öffnete sich die Tür zum Esszimmer und Eleanor kam herein. Eleanor war im Morgengrauen aufgestanden, um rechtzeitig einen Zug von den Adirondacks zu bekommen, um Lydia am Bahnhof zu treffen, und natürlich hatte der Zug Verspätung gehabt. Würde Lydia sie für die Nacht unterbringen?

Lydias Willkommensruf klang nicht wie ein Mensch, dem alle menschlichen Beziehungen gleichgültig geworden waren. Tatsächlich war Eleanor die Person, die sie am liebsten sehen wollte. Eleanor war nicht emotional, oder besser gesagt, sie drückte ihre Emotionen durch eine erhöhte intellektuelle Sensibilität aus. Sie würde nicht weinen, sie würde Lydia nicht wie Miss Bennett als ein geschorenes Lamm betrachten, und sie würde auch nicht davon ausgehen, dass sie völlig unverändert sei, wie es alle anderen ihrer Freunde tun würden. Eleanors Verhalten war fast alltäglich. Vielleicht wäre es fairer zu sagen, dass sie die Einleitung von dramatischen Ereignissen Lydias Entscheidung überließ.

Bobby ging bald weg und ließ die beiden Frauen zusammen zurück. Sie gingen nach oben in Lydias Schlafzimmer und unterhielten sich in ihren Morgenmänteln und auf Stühlen, die vor dem Feuer standen. Sie unterhielten sich mit langen Pausen dazwischen. Niemand außer Eleanor hätte dieses lange Schweigen ungestört verstreichen lassen, aber sie war klug genug zu wissen, dass es das Wesentliche an Kameradschaft war.

Obwohl Eleanor mehrere Fragen zu den Einzelheiten des Gefängnislebens stellte, war sie zu klug, um etwas über die grundlegende Veränderung zu fragen, die ihrer Meinung nach in Lydia stattgefunden hatte. Sie verriet nicht, dass sie das Gefühl hatte, dass es eine Veränderung gab. Sie fragte sich, ob Lydia es selbst wusste. Das war schwer zu sagen, denn das Mädchen, das mit verbalen Ausdrücken schon immer unerfahren war, war in den zwei Jahren der Einsamkeit und Kontemplation noch unerfahrener geworden . Die Spontaneität ihrer Sprache war verschwunden. Sie war, dachte Eleanor, wie jemand, der eine unbekannte Sprache benutzt und sich der Schwierigkeit bewusst ist, Gedanken in Worte zu fassen.

Sie war berührt – und ein wenig amüsiert – über die Ernsthaftigkeit, mit der Lydia ihre verstorbenen Gefährten erwähnte; Lydia, die gegenüber ihren eigenen Freunden immer so wählerisch und gegenüber allen anderen so verächtlich gewesen war. Sie sprach von Evans, dem blassen kleinen Dieb, als wäre Licht von ihr ausgegangen wie von einer Inkarnation Buddhas. Als Eleanor sah, dass Lydia den Gedanken zum Nachdenken gebracht hatte, hielt sie es für besser, ihn in Worte zu fassen.

„Erzähl mir jetzt nicht, meine Liebe", sagte sie, „dass auch du herausgefunden hast, dass alle Kriminellen rein weiße Seelen sind."

„Genau das Gegenteil. Alle rein weißen Seelen sind Kriminelle – wir alle sind im Herzen Kriminelle. Der einzige Weg, es nicht zu sein, besteht darin, die Tatsache zu erkennen, dass man es ist. Das ist zunächst eine schreckliche Idee – zumindest für mich. Es Es war, als würde man durch den Tod gehen und lebend daraus hervorgehen. Lydia hielt inne und starrte vor sich hin, und jeder auf der Welt außer Eleanor hätte gedacht, sie sei fertig; Aber Eleanors feines Ohr erfasste den Takt einer nahenden Idee. „Aber es ist so ein Trost, Nell, zum Stamm zu gehören – so eine Erleichterung. Und ich hätte es nie gehabt, wenn es nicht gewesen wäre" – sie zögerte, und Eleanors Herz zog sich zusammen mit einer plötzlichen Angst, dass der Name O'Bannon wollte gerade eintreten – „wenn mein Unfall nicht gewesen wäre."

Eleanor war sich nicht sicher, ob Lydia den Namen absichtlich vermieden hatte. Was, fragte sie sich, blieb von diesem ungerechten und bitteren Hass übrig? Sie konnte heute Abend nirgends eine Spur von Bitterkeit in Lydias Wesen entdecken. Aber sie hatte immer diese Momente der Sanftheit gehabt.

Plötzlich kam Miss Bennett herein und sagte in ihrer alten, schüchternen, anzüglichen Art, dass es spät sei – sie hasste es, sie zu unterbrechen, aber sie meinte wirklich, dass Lydia zu Bett gehen sollte. Lydia stand sofort auf.

„Das sollte ich wohl tun", sagte sie. „Es war ein aufregender Tag für mich."

Eleanor bemerkte, dass ein solcher Vorschlag von Miss Bennett früher dazu geführt hätte, dass Lydia es für ihre Pflicht gehalten hätte, noch eine Stunde wach zu bleiben.

„Ich muss, meine Liebe", hätte sie gesagt, „sonst würde Benny versuchen, mich in jedem Detail meines Lebens zu zwingen."

Kapitel XVI

Am nächsten Morgen wachte Lydia zur regulären Gefängniszeit erschrocken auf. Sie war sich schon seit einiger Zeit eines seltsamen, unerklärlichen Rauschens in ihren Ohren bewusst. Sie schaute sich um und stellte überrascht fest, dass das Licht der Morgendämmerung nicht durch eine hohe vergitterte Öffnung am Kopfende ihres Bettes fiel, sondern durch zwei mit Chintzvorhängen versehene Fenster in ein großes, mit Teppichen ausgelegtes Zimmer fiel. Dann fiel ihr ein, dass sie zu Hause war; das Brüllen war der übliche Lärm einer großen Stadt; Das Zimmer war das Zimmer, das sie seit ihrer Kindheit hatte. Es kam ihr weniger vertraut und weniger heimelig vor als ihre Zelle. Sie streckte ihre Hand nach der Satindecke und den Laken aus, die weicher als Satin waren. Das körperliche Gefühl des Kontakts war köstlich, und doch hatte es auch etwas Trauriges. Es war der Gedanke an ihre verstorbenen Gefährten, der sie traurig machte, als hätte sie sie in Schwierigkeiten im Stich gelassen.

Es würde zwei Stunden oder länger dauern, bis Eleanor und Benny wach wären. Sie warf die Arme über den Kopf und lehnte sich nachdenklich zurück. Sie durfte nicht zulassen, dass man sie wie ein verwundetes, geplagtes Wesen verehrte. Sie war jetzt beneidenswerter als in den alten Kampftagen, als ihr ganzes Innenleben eine Art vergifteter Aufruhr gewesen war. Damals hatte niemand Mitleid mit ihr gehabt.

Sie hatte vorgehabt, ihr neues Leben nicht zu voreilig einzurichten, denn sie wusste, dass es Arbeit beinhalten musste – Arbeit im Zusammenhang mit Gefangenen. Aber jetzt wurde ihr klar, dass sie keine Minute verlieren durfte. Sie muss sofort Arbeit haben, die sie von sich selbst wegbringt. Sie konnte den kommenden Tag kaum ertragen – alle betrachteten sie und ihr abscheuliches Ego und fragten sie, was sie tun wollte. Sie muss sofort eine Routine haben. Sie war noch nicht stark genug, um ohne sie zu leben. Nur eines muss Vorrang vor allem anderen haben – eine Begnadigung für Evans. Sie konnte es nicht ertragen, in Freiheit zu bleiben, während Evans noch immer eine Haftstrafe verbüßte. Nachdem das geschafft war, konnte sie in Frieden weitermachen. In Frieden? Als sie darüber nachdachte, wusste sie, dass es einen Winkel ihres Geistes gab, in dem es keinen Frieden gab und niemals geben würde. Erst gestern Abend, im ersten Glück, zu Hause zu sein, drohte die Erwähnung von O'Bannons Namen es zu zerstören.

Und jetzt war er in ihrem Kopf, ohne Rivalen. Der Moment war gekommen, in dem ihr Hass auf ihn Ausdruck finden konnte. Es muss kein geheimer Traum sein, wie ein Kindermärchen. Sie brauchte es nicht zu unterdrücken – sie konnte handeln. Wenn sie gestern Abend nicht so feige gewesen wäre, hätte sie ihm einen Namen gegeben und wäre mutig weitergegangen und hätte von Eleanor erfahren, wo er war, was er tat, was sein Herzenswunsch war. Wenn sie ihre Fragen offenherzig gestellt hätte, hätte Eleanor es ihr vielleicht nicht gesagt; aber es wäre nicht schwer, einen so verliebten Freund zu täuschen. Eleanor konnte leicht davon überzeugt werden, dass sein Opfer im Gefängnis so gezähmt und zerquetscht worden war, dass sie ihn bewunderte und anders auf die Welt sah.

Plötzlich saß Lydia aufrecht in ihrem Bett. Und hatte sie sich nicht verändert? In den alten Tagen hatte sie noch nie so bittere Gewalt empfunden wie jetzt. Die Aufregung um ihre Rache hatte jedes andere Interesse ausgelöscht. Die Flamme ihres Hasses hatte die gesamte Struktur ihrer neuen Philosophie zerstört. Sie setzte sich in ihrem Bett auf und rang die Hände. Was konnte sie tun? Was konnte sie tun? Der bloße Gedanke an diesen Mann verwandelte sie wieder in die Frau, die sie so hasste. Sie würde lieber sterben, als wieder wie sie selbst zu leben, aber wie konnte sie anders, als an ihn zu denken, wenn der Gedanke, ihn zu verletzen, lebhafter und aufregender war als jeder andere Gedanke auf der Welt? Als sie aus dem Gefängnis kam, hatte sie beschlossen, dass ihr erster Schritt darin bestehen würde, eine Begnadigung für Evans zu erwirken, und hier vergaß sie ihre Verpflichtungen und ihre Reue, vergaß alles außer dem Wunsch, zu verletzen und zu zerstören. Er hatte die Macht, sie zu dem zu machen, was sie verabscheute.

Ihr Zimmer befand sich auf der Rückseite des Hauses, und die Sonne, die einen Spalt zwischen den Häusern hinter dem Thorne-Haus fand, kroch unter die Jalousien und begann langsam über den schlichten, dunklen Samtteppich zu wandern. Es hatte Zeit, sich ein Stück zurückzuziehen, während sie unbeweglich da saß und sich ihrer Umgebung nicht bewusst war.

Allmählich wurde ihr klar, dass sie sich zwischen beidem entscheiden musste. Entweder musste sie den Gedanken, sich an O'Bannon zu rächen, für immer aufgeben, oder sie musste all den Frieden und die Weisheit aufgeben, die sie so mühsam gelernt hatte – sie hatte ihn schon fast verloren, und es waren noch keine vierundzwanzig Stunden vergangen Gefängnis.

Eine Stunde später wurde Eleanor durch das Öffnen ihrer Tür geweckt. Lydia stand am Fußende ihres Bettes und umklammerte die Bettkante mit ihren beiden weißen Händen. Es war Eleanors erster genauer Blick auf sie im Tageslicht. Sie war überrascht von Lydias Schönheit – einer Schönheit, die sie noch nie zuvor gehabt hatte. Niemand hätte sie jetzt mit einem Bild von Cabanel vom Stern des Harems vergleichen können. Alles Glatte, Harte und Glatte war verschwunden. Sie sah eher wie das Bild einer verwüsteten, blassen spanischen Heiligen aus, die noch so jung war, dass der innere Kampf ihr Gesicht nicht mehr gezeichnet hatte. Sie stand da und starrte Eleanor an, ihr dunkles Haar stand ihr ins Gesicht, und ihr heller Morgenmantel betonte die schöne Linie ihrer Schultern, als sie sie hob und ihre Hände auf das Fußende des Bettes drückte.

„Nun, mein Lieber, guten Morgen", war Eleanors Begrüßung, obwohl ihr nicht verborgen blieb, dass etwas Emotionales in der Luft lag.

„Eleanor", begann die andere, ihre riesigen, tragischen Augen jetzt nicht auf die ihrer Freundin gerichtet, sondern auf eine etwa fünf Zoll entfernte Stelle auf dem Kissen, „ich möchte dir etwas sagen." Die beste Vereinbarung war Schweigen, und Lydia fuhr fort: „Ich möchte, dass du nie mit mir über diesen Mann sprichst – deinen Freund – ich meine O'Bannon."

„Reden Sie von ihm!" rief Eleanor und ihr erster Gedanke war: „Rede ich immer von ihm?"

„Ich möchte nichts von ihm hören oder an ihn denken oder über ihn sprechen."

Dieses Mal war Eleanors Zögern nicht ganz nachsichtig.

„Ich kann verstehen", sagte sie, „dass du ihn vielleicht nicht sehen willst, aber über ihn sprechen – ich habe darüber nachgedacht, Lydia, dass das eines der Themen ist, über die du und ich reden sollten." ausdiskutieren."

„Nein, nein!" antwortete Lydia schnell, und Eleanor sah überrascht, dass sie nur dadurch, dass sie sich auf ihre Hände stützte, sie vor dem Zittern bewahrte. „Ich kann es dir nicht erklären – ich möchte nicht darauf eingehen –, aber ich möchte mich nicht daran erinnern, dass er existiert. Wenn du es einfach als Tatsache akzeptieren und es anderen Leuten erzählen würdest – Benny und Bobby . Wenn du das für mich tun würdest, Eleanor –"

„ Natürlich werde ich es tun", antwortete Eleanor. Mehr gab es eigentlich nicht zu sagen. Im nächsten Augenblick war Lydia verschwunden.

Eleanor lag ganz still da und versuchte, die Bedeutung der Szene zu verstehen. Ihre Freunde beschuldigten sie oft der Kälte, des Mangels an menschlicher Vorstellungskraft und des Versuchs, mentale durch emotionale Prozesse zu ersetzen. Sie wusste, dass diese Anschuldigungen durchaus gerechtfertigt waren, und versuchte sie zu sühnen, indem sie ihr Denkvermögen geduldig und behutsam auf die Probleme derer, die sie liebte, einsetzte. Von Natur aus war sie nicht in der Lage, Prallheit wirklich zu verstehen, aber sie schaffte es besser als die meisten Menschen, indem sie es vermied, sich falsche Urteile darüber zu bilden. Für Lydia empfand sie jetzt das gleiche Gefühl wie einst, als O'Bannon ihr seinen Kampf gegen das Trinken geschildert hatte: Sie wunderte sich, dass ein Mensch, der so viel mutiger und stärker war als sie, Eleanor, sich damit zufrieden geben konnte, der Versuchung zu entgehen, anstatt dagegen anzukämpfen.

Beim Frühstück, das die drei Frauen gemeinsam zu sich nahmen, sah Eleanor, dass Lydia ihre Ruhe vom Vorabend wiedergefunden hatte. Während sie noch am Tisch saßen, wurde Wiley hereingeführt. Er verspürte offensichtlich einen gewissen Zwang, eine Verlegenheit, nicht zu wissen, was er sagen sollte, was er hinter einer förmlichen, professionellen Art verbarg. Lydia machte dem einfach ein Ende, indem sie aufstand und ihre Arme um seinen Hals legte.

„Seit meiner Kindheit habe ich so viel über alles nachgedacht, was du für mich getan hast", sagte sie.

Er war in ihren Gedanken mit ihrem Vater verbunden. Wiley spürte, wie seine Augenlider brannten.

„Warum, mein liebes Kind, mein liebes Kind!" er sagte. Und er hielt sie davon ab, sie anzusehen, als wäre er sich nicht sicher, ob es dasselbe Mädchen war. „Nun, ich muss sagen, das Gefängnis scheint dir nicht viel geschadet zu haben."

„Es hat mir hoffentlich gut getan", sagte Lydia.

Sie forderte ihn auf, sich hinzusetzen und eine zusätzliche Tasse Kaffee zu trinken. Es entstand so etwas wie ein Fest in der Kameradschaft, die sich zwischen den vieren entwickelte. Sie begann, ihren Besucher über die Methode zu befragen, wie sie eine Begnadigung für Evans erreichen könne. Er riet ihr, zu Frau Galton zu gehen. Bei dem Namen warfen sie und Benny einander einen Blick zu und lächelten. Sie dachten beide an den Tag, als Lydia sich über die Anwesenheit der alten Dame in ihrem Haus so sehr geärgert hatte.

Am selben Morgen ging sie in Mrs. Galtons Büro. Es befand sich im zweiten Stock eines alten Gebäudes mit Blick auf den Union Square. Lydia hatte nicht daran gedacht, einen Termin zu vereinbaren, und als sie das Vorbüro erreichte, wurde ihr mitgeteilt, dass Mrs. Galton verlobt sei – und zwar für einige Zeit –, ein Mitglied des Bewährungsausschusses sei in einer Konferenz. Würde Miss Thorne warten?

Ja, Lydia würde warten. Sie setzte sich auf eine harte Bank und beobachtete die Arbeit des Vereins vor ihren Augen. Sie verfügte über einige Kenntnisse in Wirtschaft und Finanzen und wusste sehr bald, dass sie es mit einer effizienten Organisation zu tun hatte; Aber es war nicht nur die Effizienz, die sie bezauberte, sondern auch der bloße Geschäftsalltag, der ihr das Gefühl gab, nach einer Zeit auf See nach Hause zu kommen. Der klare unpersönliche Zweck des Ganzen versprach Selbstvergessenheit. Am Ende einer halben Stunde Wartezeit überkam sie der Wunsch, Teil dieser Arbeit zu werden. Hier war die Lösung ihres Problems. Als sie schließlich in Mrs.

Galtons trostloses kleines Büro geführt wurde – nicht halb so groß wie Lydias Zelle –, waren ihre ersten Worte schließlich nicht an Evans gerichtet.

„Frau Galton", sagte sie, „können Sie mich in dieser Organisation gebrauchen?"

Ohne die geringste Respektlosigkeit gegenüber Mrs. Galton zu beabsichtigen, muss man zugeben, dass diese Frage so war, als würde man einen Löwen fragen, ob er ein Lamm gebrauchen könnte. Die Organisation brauchte, wie alle anderen ihrer Art, Hingabe, brauchte Arbeitskräfte, brauchte Geld und war einer kleinen diskreten Öffentlichkeitsarbeit nicht abgeneigt. All dies bot Lydia an. Frau Galton lächelte.

„Ja", sagte sie. Die Einsilbe war ausdrucksstark.

Die ältere Frau, die vierzig Jahre in leitender Funktion hinter sich hatte, teilte alle Arbeiter grob in zwei Klassen ein: die liebenswürdigen Idealisten, die keinen Widerspruch hervorriefen und nichts erreichten, und die effektiven Arbeiter, die Wunder vollbrachten und endlose Streitereien anzettelten. Sie bevorzugte – außer in ihren allerschwächsten Momenten – Letzteres, auch wenn es ihre Bürokraft störte und ihr nervöse Verdauungsstörungen bereitete. Sie erkannte, dass Lydia zu dieser Klasse gehörte.

Und plötzlich erkannte sie als weise und erfahrene Frau eine weitere Tatsache: dass sie sich wahrscheinlich in der Gegenwart ihres Nachfolgers befand. Ein Stich durchzuckte sie. Sie war siebzig und begeisterter denn je von der Arbeit, der sie ihr ganzes Leben gewidmet hatte. Wenn sie dieses Mädchen draußen hielt , bliebe sie länger im Amt, als wenn sie sie hereinließe. Wenn sie sie hereinließe, würde das die gesamte Organisation beleben. Sie könnte die ideale Anführerin werden; Zumindest könnte man sie dazu bringen – Jugend, Schönheit, Geld, Erfahrungen mit den Gefängnisbedingungen und die Romantik ihrer Geschichte, um die öffentliche Fantasie anzuregen.

Lydia, die sich ihrer eigenen Unwürdigkeit sehr bewusst war, spürte vage ein gewisses Zögern und nahm an, dass sie auf der Waage stand. Sie ahnte nicht, dass in der ehrlichen, menschenfreundlichen Brust vor ihr ein Kampf tobte, der ihrem eigenen ähnelte. Wenige Minuten später bot ihr Frau Galton die Stelle als Schatzmeisterin an . Lydia war von der Ehre überwältigt.

„Aber ich dachte, du hättest schon einen Schatzmeister", murmelte sie. „Wenn ich ihre Assistentin sein könnte –"

„Oh, zweifellos wird sie froh sein, zurückzutreten", sagte der Präsident mit einer Gelassenheit, die darauf hindeutete, dass sie froh sein würde oder nicht, dass der Rücktritt bevorstehen würde.

Die beiden Frauen gingen zusammen zum Mittagessen. Während sie redeten, erkannte Lydia immer mehr, dass dies genau das war, was sie wollte. Das wäre ihre Rettung. Als sie wieder im Büro waren, sprach sie von Evans. Was konnte sie tun? Was getan werden muss?

„Lassen Sie mich sehen", sagte Frau Galton. „Ich nehme an, Sie waren die klagende Zeugin gegen sie. Nun, Sie müssen den Richter und den Bezirksstaatsanwalt sehen, die den Fall verhandelt haben."

Lydia gab ein komisches kleines Geräusch von sich, halb Ausruf, halb Stöhnen.

„O'Bannon!" Sie sagte.

Nein, Mrs. Galton dachte, das sei nicht der Name des Bezirksstaatsanwalts von Princess County. Sie klingelte und forderte ihre Sekretärin auf, nachzuschlagen, während sie in aller Ruhe die Einzelheiten des Eingriffs besprach. Bald darauf kam die Sekretärin mit einem Buch zurück. John J. Hillyer war Bezirksstaatsanwalt.

"Bist du sicher?" fragte Lydia. „Ich dachte, Mr. O'Bannon wäre einer."

Die Sekretärin sagte, als sie ihr Buch konsultierte, dass er vor fast zwei Jahren zurückgetreten sei.

„Aber wir müssten doch seine Unterschrift haben, oder?" sagte Frau Galton.

Sie und die Sekretärin sprachen hin und her darüber, ohne zu wissen, dass sie Lydia eine unmögliche Bedingung auferlegten. Sie konnte O'Bannon nicht fragen. Ihr ganzes Interesse an der Aussicht auf dieses neue Werk war bei dem Namen geschwunden. Sie verspürte eine tiefe Entmutigung. Es war schrecklich, herauszufinden, dass sie Evans lieber im Gefängnis zurücklassen würde, als O'Bannon zu bitten, ihr bei ihrer Freilassung zu helfen; Es war schrecklich, diesen Mann wie eine Barriere vorzufinden, die jeden Weg versperrte, dem sie zu folgen versuchte, um ihm zu entkommen. Sie dankte ihnen für die Mühe, die sie sich gemacht hatten, und stand auf, um zu gehen. Es wurde vereinbart, dass sie am darauffolgenden Montag kommen und mit der Arbeit beginnen sollte.

Es war fast Teezeit, als sie nach Hause kam. Bobby war da und die Piers, und gleich darauf kam May Swayne mit ihrem Kohlenbaron herein. Lydias erstes Gefühl, als sie sie sah, war eine warme, einladende Freude, doch bald stellte sie zu ihrer Überraschung fest, dass sie ihnen nur sehr wenig zu sagen hatte.

Die Wahrheit war, dass sie den Trick verloren hatte, ihren Mitmenschen in einer rein sozialen Beziehung zu begegnen, und die bewusste Anstrengung, sich selbst, ihre Worte und ihre Aufmerksamkeit ihnen gegenüber anzupassen, erschöpfte sie. Sie blickte verwundert auf die alten Zeiten zurück, als sie den ganzen Tag nichts anderes getan hatte.

Miss Bennett bemerkte bald, dass sie wie ein kleines Stück geschnitztes Elfenbein aussah und ihre Augen tiefschwarz waren. Als endlich alle Besucher gegangen waren , ging sie sofort zu Bett.

Am nächsten Tag ließ sie sich nach Wide Plains fahren, damit sie Richter Homans sehen konnte. Das Gericht tagte noch, als sie dort ankam, und man führte sie in den kleinen, mit Büchern gesäumten Raum des Richters, wo sie warten musste. Sie hatte erwartet, dass ihr erster Blick auf die breite Hauptstraße, auf Mr. Wooleys Laden, auf das mit Säulen geschmückte Gerichtsgebäude äußerst schmerzhaft für sie sein würde, aber das war nicht der Fall. Der große Diener, der sie hereinführte, begrüßte sie herzlich. Sie erinnerte sich deutlich daran, wie er sich während der Verhandlung des Richters gegen die Doppeltür des Gerichtssaals lehnte, um zu verhindern, dass jemand den Raum verließ.

Plötzlich kam der Richter herein, genau wie er jeden Tag zu ihrem Prozess gekommen war, mit gefalteten Händen und wallendem Gewand. Lydia stand auf. Ihr Name war ihm offenbar nicht genannt worden, denn er sah sie überrascht an. Dann leuchtete sein Gesicht auf.

„Meine liebe Miss Thorne", sagte er, „wann sind Sie rausgekommen?"

Es war der erste völlig natürliche, spontane Hinweis auf ihre Inhaftierung, den sie seit ihrer Entlassung aus dem Gefängnis gehört hatte. Es beseitigte alle Zwänge und Unbeholfenheiten und war eine Selbstverständlichkeit. Kriminelle waren im Leben des Richters keine Neuheit. Er setzte sich, winkte sie, sich gegenüber auf einen Stuhl zu setzen, stützte seine Ellbogen auf die Armlehnen seines Schaukelstuhls und verschränkte seine Knöchel.

„Ich freue mich sehr, Sie zu sehen – wirklich sehr", sagte er.

Aber er war überhaupt nicht überrascht, dass sie gekommen war. Es war offensichtlich nicht ungewöhnlich, dass der erste Besuch eines freigelassenen Sträflings dem Richter abgestattet wurde. Er fing an, sie zu befragen, als wäre sie ein Kind, das in den Ferien zu Hause ist.

„Und was hast du gelernt? Backen? Das ist doch interessant, nicht wahr? Und Nähen? Na ja!"

Er behandelte sie so einfach, dass Lydia mit ihm freier über die gesamte Erfahrung des Gefängnisses sprechen konnte, als sie jemals zuvor mit irgendjemandem hätte sprechen können. Der Grund lag, so dachte sie, darin, dass sie ihm nicht erklären musste, dass sie keine tragische Ausnahme, kein Sonderfall war. Für ihn war sie nur eine in einer langen Reihe von Gesetzesbrechern.

Sie redeten eine Stunde lang. Sie bemerkte, dass der Richter immer noch gerne redete und immer noch darauf bestand, seine Sätze abzurunden; aber sie empfand jetzt keine Ungeduld. Seine Erinnerungen interessierten sie. Es dauerte nicht lange, bis sie ihn zu einem Thema konsultierte, das sie schon lange beschäftigte: Alma Wooley. Sie wollte etwas für Alma Wooley tun, doch sie ging davon aus, dass das Mädchen alles, was von der Frau kommen würde, die …

Der Richter legte seine Hand auf ihren Arm.

„Mach dir jetzt keine Sorgen wegen Alma", sagte er. „Alma hat einen netten jungen Burschen aus der Staatsanwaltschaft geheiratet – namens Foster – und jetzt haben sie ein Baby, ein nettes kleines Baby. Ich habe ihrem Vater erst gestern gesagt, dass Foster ein viel besserer Mann für sie ist –"

Während der Richter seine Rede vor Mr. Wooley begann, wanderten Lydias Gedanken zurück zu Foster – Foster, der wie ein Welpe auf sein Abendessen wartete und auf O'Bannon wartete. Nun, sie konnte ihm sogar seine Bewunderung für diesen Mann verzeihen, da er Alma Wooley glücklich gemacht hatte. Eine Last wurde von ihrem Gewissen genommen.

Schließlich teilte sie dem Richter mit einiger Verlegenheit den Zweck ihres Besuchs mit – eine Begnadigung für Evans. Sie war bereit, sich von ihm daran erinnern zu lassen, wie O'Bannon es einst getan hatte, dass es eine Angelegenheit war, die in ihren eigenen Händen gelegen hatte, da sie sich in diesem Raum, in dem sie jetzt saß, praktisch geweigert hatte, Evans zu helfen. Aber Richter Homans erwähnte, soweit er sich erinnern konnte, keinen Bezug zur Vergangenheit.

„Ja, ja", sagte er. „Jetzt lass mich mal sehen. Es muss O'Bannon gewesen sein, der diesen Fall verhandelt hat, nicht wahr?" Lydia nickte und er fuhr fort: „Armer O'Bannon! Ich vermisse ihn sehr. Er ist zurückgetreten, wissen Sie, ungefähr zu der Zeit, als Mrs. O'Bannon starb."

"Er war verheiratet?" fragte Lydia und selbst in ihren eigenen Ohren klang ihre Stimme unnatürlich laut.

Nein, sagte der Richter, es sei die alte Dame, seine Mutter; und er erzählte Lydia weiter, was für ein toller Kerl der ehemalige Bezirksstaatsanwalt gewesen sei – ein guter Mann und ein guter Anwalt.

„Beides passt nicht immer zusammen", sagte der Richter lachend, als er spürte, wie etwas Kaltes in der Aufmerksamkeit seines Prüfers lag.

Lydia stand auf. Es täte ihr leid, sagte sie, dass sie wirklich nach Hause gehen müsse. Der Richter fand seinen weichen schwarzen Hut und begleitete sie zu ihrem Auto.

„Nicht selbst fahren?" er hat gefragt.

Sie schüttelte den Kopf. Sie würde nie wieder Auto fahren. Der Richter tätschelte ihre Hand, sagte ihr, sie solle ihn noch einmal besuchen, und ließ ihn wissen, wie es ihr ginge. Sie hat es versprochen. Sie erkannte, dass dadurch, dass sie ein Verbrechen begangen hatte und er sie dafür zu einer Staatsgefängnis verurteilt hatte, in gewisser Weise eine unzerbrechliche menschliche Bindung zwischen ihnen entstanden war.

Sie ging ermutigt nach Hause. Sie hatte es nicht nur geschafft, ihn davon zu überzeugen, O'Bannons Hilfe in der Angelegenheit von Evans' Begnadigung in Anspruch zu nehmen, sondern sie selbst hatte die Erwähnung von O'Bannons Namen mit einer fast ruhigen Art unterstützt.

Kapitel XVII

Es fiel auf – auch wenn es niemand bemerkte –, dass einen Monat, nachdem Lydia in Mrs. Galtons Organisation angefangen hatte, alle in ihrem unmittelbaren Umfeld etwas für freigelassene Sträflinge taten. Bobby, Miss Bennett, Eleanor, Wiley, alle begannen plötzlich zu denken, dass das Problem des Verbrechers das wichtigste, lebenswichtigste und interessanteste Problem der Welt sei. Die Erklärung war einfach: Ein Testament wie das von Lydia, das einem konstruktiven Zweck diente, war weitaus unwiderstehlicher als früher, als es egoistisch, krampfhaft und undiszipliniert gewesen war.

Sie bekam ein kleines Büro, ähnlich dem von Miss Galton, und war jeden Morgen um neun Uhr dort. Miss Bennett, die sich ihr ganzes Leben lang Sorgen gemacht hatte, weil Lydia ein unregelmäßiges, zielloses und müßiges Leben führte, machte sich jetzt noch mehr Sorgen, weil ihre Arbeitszeiten lang waren.

„Sicherlich", protestierte sie fast jeden Morgen, „wird es Frau Galton egal sein, wenn Sie erst um halb neun oder sogar zehn dort ankommen. An diesen kalten Tagen ist es nicht gut für Sie –"

Lydia erklärte, dass sie nicht früh ins Büro gehen würde, um Frau Galton eine Freude zu machen, die tatsächlich erst am späten Morgen dort ankam. Die Organisation brauchte dringend Geld, es gab viel zu tun. Aber die Wahrheit war, dass sie die Routine liebte – die harte, unpersönliche Arbeit. Es hat sie vor sich selbst gerettet. Sie war fast glücklich.

Eleanor hatte offensichtlich getan, worum sie gebeten worden war, denn O'Bannon schien aus der Welt verschwunden zu sein. Sein Name wurde nie erwähnt, und im Laufe der Woche kam es Lydia so vor, als würde sie ihn selbst vergessen. Vielleicht würde eine Zeit kommen, in der sie ihn überhaupt sehen konnte, ohne ihren Seelenfrieden zu zerstören. Ihr einziger Kummer war die Verzögerung bei Evans' Begnadigung. Es ist nicht gekommen. Lydia konnte ihre Freiheit nicht genießen, während Evans im Gefängnis war. Die Formulare seien alle eingehalten worden, aber der Gouverneur habe nicht gehandelt. Schließlich schlug Mrs. Galton ihr vor, nach Albany zu gehen; oder vielleicht kannte sie jemanden, der Einfluss auf den Gouverneur haben würde. Ja, Lydia kannte jemanden – Albee.

Albee war jetzt Senator seines eigenen Staates, und eine arbeitsreiche Sitzung in Washington hatte ihn dort festgehalten. Er war einer der ersten, der Lydia telegrafierte. Als sie nach Hause kam, fand sie seine Botschaft und seine Blumen im Haus. Die Nachricht klang, als käme sie von einem Freund; aber Lydia wusste, dass das nicht der Fall war; dass Albee ihr und ihrem Einfluss entkommen war oder zumindest geglaubt hatte, dass er es getan hätte. Sie hatte es schon in den Tagen ihres Prozesses gewusst, und als sie auf die Fakten und auf sich selbst zurückblickte, wunderte sie sich, dass es ihr nicht übel genommen hatte. Das waren Tage, in denen sie bereitwillig Strafen ausgesprochen hatte und Albee sich ihr gegenüber wirklich schlecht benommen hatte. Sie waren fast verlobt gewesen, und doch hatte er sie in dem Moment verlassen, als sie in Schwierigkeiten geriet. Er hatte alle Anstrengungen unternommen, um ihr zu helfen, aber im Geiste wusste sie, dass Albee an dem Tag, als sie Drummond tötete, begonnen hatte, sich zu befreien. Sie empfand nicht den geringsten Groll gegen ihn; Nur erkannte sie die Tatsache, dass seine Distanz zu ihr es schwieriger machte, ihn für Evans einzusetzen, es sei denn – das kam ihr plötzlich auf den Gedanken –, dass es es vielleicht einfacher machen würde. Er würde es vermeiden, sie zu sehen, wenn er könnte; aber wenn sie den Weg zu ihm fand, würde er vielleicht begierig darauf sein, es wiedergutzumachen, sich wiedergutzumachen, indem er ihr einen Gefallen tat.

Am Abend des Tages, an dem sie dies deutlich sah , nahm sie einen Zug nach Washington. Am nächsten Morgen wartete sie in seinem Vorbüro, bevor er es selbst erreichte. Eine neue Sekretärin – die alte war zu Hause in eine politische Führungsposition befördert worden – kannte sie nicht und war nicht namentlich vor ihr gewarnt worden. Sie saß also da, als Albee mit seinem alten fröhlichen, dominanten Löwenblick hereinkam. Nur für den Bruchteil einer Sekunde verfinsterte sich sein Gesicht, als er sie sah, und dann eilte er an ihre Seite, als sei sie die Person, die er am liebsten sehen wollte.

Man darf nicht annehmen, dass Lydia so heilig geworden war, dass sie ihre Männerkenntnis vergessen hatte. Sie wusste jetzt, dass sie sich nicht darauf verlassen konnte, dass er tat, was sie wollte, wenn sie freundlich zu Albee war. Wenn sie andererseits ihre Freundschaft verweigerte, war er sich sicher, dass er viel dafür verlangen würde. Sie ignorierte alle seine nervösen Proteste. Sie lächelte ihn an, ein Lächeln, ein wenig traurig, ein wenig kühl und unendlich distanziert.

„Ich möchte unbedingt mit dir sprechen, Stephen", sagte sie und ihr Ton verriet ihm, dass das, worüber sie reden wollte, überhaupt nichts mit ihnen selbst zu tun hatte.

Er führte sie in das innere Büro. Ihm geschah etwas Merkwürdiges. Er war nie in Lydia verliebt gewesen. Er hatte sich absichtlich von ihrer Schönheit und ihrem Reichtum blenden lassen; er hatte ihren Mut und ihre Selbstsicherheit bewundert und dies mit seiner eigenen Angst, irgendjemanden zu beleidigen, verglichen; aber manchmal hatte er sie fast gehasst. Wenn sie ihn mit einem Funken Zärtlichkeit erfüllt hätte , hätte er sie nicht im Stich gelassen. Das hatte sie nie. Er hatte sich ohne Reue von ihr getrennt. Aber jetzt, als sie dort saß, feiner und blasser und mehr – viel mehr – als zwei Jahre älter, löste sie Zärtlichkeit aus, Zärtlichkeit von einer äußerst lebhaften und beunruhigenden Art. Er konnte seinen Blick nicht von ihrem Gesicht abwenden. Er unterbrach plötzlich das, was sie über Evans sagte.

„Lydia, meine Liebe, bist du glücklich? Ja, ja, natürlich kann ich vom Gouverneur alles bekommen, was du mich fragst, aber erzähl mir von dir."

Er beugte sich vor und nahm ihre Hände in seine. Sie erhob sich und zog sie dabei langsam zurück.

„Nicht jetzt", antwortete sie und ging zur Tür.

„So darfst du nicht gehen", protestierte er. „Denk nur, meine Liebe, ich habe dich zwei Jahre lang nicht gesehen – die härtesten zwei Jahre, die ich je verbracht habe! Du kannst nicht einfach so kommen und gehen. Ich muss dich sehen, mit dir reden."

„Wenn du mir Evans' Begnadigung besorgt hast, Stephen – wenn du sie bekommst." Sie sprach immer noch sanft, aber in ihrer sanftesten Form steckte eine ganze Menge Absicht hinter Lydia.

Er fing das „Wenn" auf – fast eine Beleidigung nach seiner selbstbewussten Behauptung, aber er dachte nicht an die Beleidigung. Er spürte nichts außer dem Wunsch, dass sie ihn wieder so fröhlich und bewundernd anlächeln würde wie früher, damit er sich wie ein Jovianer fühlte.

„Ich fahre am Donnerstag nach New York", sagte er. „Am Freitagabend sollen Sie begnadigt werden. Werden Sie Freitagabend in der Oper sein?"

Sie zögerte. Sie war noch nicht in der Oper gewesen. Sie konnte die Publizität dieses lodernden Kreises nicht ertragen, aber sie hatte ihre Schachtel behalten. Schließlich, dachte sie, könne sie hinten sitzen, und Musik sei eine ihrer größten Freuden.

„Kommst du zu mir?" Sie sagte.

„Es wird wie in alten Zeiten sein."

„Nicht ganz", antwortete sie.

Immer noch mit der Hand auf dem Türknauf, als wollte er ihr gerade die Tür öffnen, hielt er sie zurück, versuchte, sie zum Reden zu bringen, fragte sie nach ihren Freunden, ihrer Arbeit, ihrer Gesundheit; Er versuchte, den Hauptschlüssel zu ihrem Geist zu finden, und schließlich fand er ihn, da er ein Mann mit langjähriger Erfahrung war.

„Und dieser verdammte Gauner, der Ihren Fall verfolgt hat", sagte er. „Hast du ihn jemals gesehen?"

Sie schüttelte den Kopf.

„Ich denke lieber nicht einmal an ihn", antwortete sie und machte diesmal eine Geste, dass er die Tür öffnen sollte. Stattdessen trat er davor. Er hatte sie geweckt; er hatte endlich ihre Aufmerksamkeit.

„Natürlich, natürlich", sagte er, „aber ich wünschte, du würdest eine Minute an ihn denken. Ich stecke ziemlich in der Klemme wegen diesem Kerl."

Sie sehnte sich danach zu wissen, was die Lösung sei, aber sie wagte nicht, es zu hören . Sie sagte leise: „Bitte lass mich nicht an ihn denken, Stephen. Ich würde es wirklich lieber nicht tun."

„Aber du musst zuhören, Lydia. Hilf mir. Ich weiß nicht, was ich tun soll. Es liegt in meiner Macht, diesen Mann zu ruinieren. Soll ich?"

Es entstand eine Pause. Albee hörte, wie ihre langen Atemzüge zitterten, als sie sie einatmete. Er dachte bei sich, dass sein Wissen über sie nicht verloren gegangen war. Sie hatte diesen Mann gehasst, und was auch immer sich sonst noch an ihr verändert hatte, das hatte es nicht getan. Sie erwachte plötzlich zum Leben und versuchte, die Tür für sich selbst zu öffnen.

„Ich muss gehen", sagte sie. Er rührte sich nicht.

„Wissen Sie", sagte er schnell, „dass er nach Ihrem Prozess zusammengebrochen ist, sein Amt niedergelegt hat, wieder getrunken hat und versucht hat, sich in New York durchzusetzen. Dort war er eine Zeit lang fast am Boden zerstört." "

Er beobachtete sie. Ein Lächeln, ein schreckliches Lächeln, begann sich um ihre Mundwinkel zu formen. Er ging weiter:

„Sein Pech konnte mir nicht wirklich leid tun. Um ehrlich zu sein: Ich habe ihm ein oder zwei Tritte verpasst, als ich die Gelegenheit dazu hatte. Aber jetzt hat er es geschafft. Er hat wie ein Hund gearbeitet, und das höre ich." Ein paar Freunde von mir, von der Firma Simpson, Aspinwall & McCarter, werden ihm eine Partnerschaft anbieten. Es ist eine große Firma, besonders in der politischen Welt." Es herrschte kurzes Schweigen. „Soll ich es ihm überlassen, Lydia?"

Sie hob verächtlich die Schultern.

„Könnten Sie verhindern, dass er es bekommt, Stephen?"

„Zweifeln Sie daran?"

Sie wandte sich gegen ihn. Ihr Kiefer war wie in alten Zeiten angespannt und angehoben.

„ Natürlich tue ich das! Wenn du es hättest, hättest du es sicherlich getan, ohne mich zu konsultieren. Es gibt einen Mann, von dem du weißt, dass es ihm an Integrität und Ehre mangelt und der darüber hinaus immer wieder behauptet, dass du versucht hast, ihn zu bestechen – und dabei gescheitert bist. Oh , er bringt es auf den Punkt – du hast versagt! Würdest du einen solchen Mann in die Firma deiner Freunde gehen lassen, wenn du es verhindern könntest? Nein, nein! Nicht, es sei denn, du bist viel sanftmütiger geworden, als ich dich in Erinnerung habe, Stephan."

Albee machte eine ausdrucksstarke Geste, so ausdrucksstark wie der gesenkte Daumen eines römischen Kaisers.

„Er soll es nicht haben", und er fügte mit einem Lächeln hinzu, das so grausam war wie Lydias eigenes: „Er glaubt sich dessen absolut sicher."

Sie lächelte ihm direkt in die Augen.

„Bring mir diesen Freitagabend", sagte sie. „Es ist wichtiger als die Begnadigung."

Er öffnete ihr die Tür und sie ging hinaus.

Das war Mittwoch. Sie konnte den Freitag kaum erwarten. Das war der richtige Weg – zuerst den Mann zu zerstören und ihn dann zu vergessen. Sie war albern und sentimental und schwach gewesen, sich vorzustellen, dass sie auf andere Weise wirklichen Frieden finden könnte, sich vorzustellen, dass sie schleichend und ängstlich durchs Leben gehen könnte. Sie war wütend auf sich selbst, als ihr einfiel, dass sie Eleanor gebeten hatte, seinen Namen nicht zu erwähnen. Sie konnte jetzt selbst seinen Namen nennen und ihn auch sehen. Sie würde es genießen, ihn zu sehen. Sie war sich des Zeitablaufs auf ihrer Rückreise nach New York kaum bewusst. Sie überlebte ein Treffen zwischen O'Bannon und sich selbst, nachdem die Partnerschaft zurückgezogen worden war. Ihm muss bewusst gemacht werden, dass sie es war.

Sie kam kurz vor dem Abendessen nach Hause und stellte fest, dass Miss Bennett auswärts aß. Gut! Lydia hatte nichts dagegen, allein zu sein. Aber Benny hatte etwas anderes vereinbart. Sie hatte Eleanor angerufen und wollte zum Essen kommen. Lydia lächelte. Das war auch angenehm.

Eleanor war eine intelligente Frau, aber keine Gedankenleserin. Sie sah, dass in Lydia eine Veränderung stattgefunden hatte, bemerkte, dass sie kein Abendessen aß, und kam zu dem Schluss, dass bei Evans' Begnadigung etwas schief gelaufen war; dass Albee wie immer ein schwacher Freund gewesen sei. Als sie nach dem Abendessen allein waren, bereitete sie sich darauf vor, die Geschichte zu hören. Stattdessen sagte Lydia: „Ich gehe am Freitag in die Oper, Nell – Samson und Delilah. Kommst du mit?"

Es gab eine kleine Pause, eine leichte Beschränkung. Dann antwortete Eleanor, dass sie es nicht könne; dass sie eine eigene Kiste hatte, die ihr jemand geschickt hatte. Lydia sprang mit einem plötzlichen, kurzen, wilden Lachen auf.

„Dieser Mann geht mit dir!" Sie sagte.

„Mr. O'Bannon? Ja, das ist er." Eleanor dachte eine Sekunde nach. „Ich werde ihn abschrecken, Lydia. Ich werde ihm sagen, er soll nicht kommen."

„Du wirst nichts dergleichen tun. Es ist perfekt. Ich weiß nicht, was neulich in mich gefahren ist, Eleanor. Du musst mich für diese erbärmliche Feigheit verachtet haben."

„Nein, meine Liebe", sagte Eleanor langsam, aber offensichtlich erleichtert, dass die Frage wieder aufgekommen war. „Aber ich hatte das Gefühl, dass du nicht den besten Weg finden würdest, um das Gift der ganzen Sache aus deiner Seele zu bekommen."

Lydia lachte wieder auf die gleiche Weise.

„Oh, mach dir darüber keine Sorgen! Ich werde das Gift loswerden."

"Wie?"

„Ich werde ihn leiden lassen. Ich werde mich rächen und dann vergessen, dass er existiert. Du kannst es ihm sagen, wenn du willst."

Eleanor starrte vor sich hin, ausdruckslos und ernst. Dann sagte sie: „Ich habe nicht mehr viele Möglichkeiten. Ich sehe ihn selten."

Lydias Augen leuchteten.

„Ah, du hast ihn herausgefunden!"

„Im Gegenteil, je länger ich ihn kenne, desto höher schätze ich ihn. Ich sehe ihn nicht, weil er beschäftigt ist. Er hatte eine schwierige Zeit – im Geschäftsleben. Er beschloss, aus der Politik auszusteigen und direkt in die Politik einzusteigen." Gesetz. New York ist für einen Mann, der einen Beruf anfängt, wie ein wildes Monster. Dan – aber das spielt keine Rolle. Seine Probleme sind jetzt vorbei."

„Tatsächlich?" sagte Lydia.

„Ja, er hat ein wunderbares Partnerschaftsangebot von einem älteren Mann bekommen, der – Oh, Lydia, Sie sollten versuchen zu erkennen, dass Ihre Sicht auf ihn voreingenommen ist – eine natürliche, aber dennoch –"

„Ist es ein konkretes Angebot, Eleanor?"

„Ja, absolut, obwohl die Papiere erst in einem Tag oder so unterschrieben werden."

Lydia atmete nachdenklich ein: „ Einen Tag oder so", und Eleanor fuhr fort.

„Es ist mir egal, was du von ihm oder er von dir denkst. Bei meinen Freunden habe ich das hinter mir und, wie gesagt, ich sehe ihn nicht mehr annähernd so oft wie früher; aber –" —"

„ Natürlich nicht", antwortete Lydia. „Er schämt sich – oder nein, es ist eher so, dass er es nicht ertragen kann, sich selbst im Gegensatz zu deiner vollkommenen Integrität zu sehen, Eleanor. Wusstest du, dass er ins Gefängnis kam, um mich zu sehen, um sich über mich zu freuen? Er wurde zu mir geschickt." komm zu ihm in meiner Gefängniskleidung –"

Lydias Atem beschleunigte sich, als sie von der Empörung sprach.

„Er ist nicht gekommen, um sich über dich zu freuen."

„Warum ist er dann gekommen?"

Zu ihrer eigenen Überraschung hörte Eleanor, wie ihre eigene Stimme sagte, als würde sie ohne fremde Hilfe eine Wissensquelle anzapfen, die ihr noch nie zuvor offen stand: „Weil du ganz genau weißt, Lydia, dass der Mann in dich verliebt ist."

Lydia sprang wie eine Katze vor.

„Sag so etwas nie wieder!" Sie sagte. „Du verstehst es nicht, aber es erniedrigt mich, es verschmutzt mich! Lieb mich! Dieser Mann! Ich würde ihn töten, wenn ich dächte, dass er es wagt!"

Nichts beruhigte Eleanor so sehr wie die Aufregung anderer.

„Nun", sagte sie, „vielleicht irre ich mich" und schien die Sache fallen zu lassen; aber der andere wollte es nicht haben.

„ Natürlich irren Sie sich! Aber Sie müssen einen Grund gehabt haben, so etwas zu sagen. Sie sind nicht die Art von Person, Eleanor, die ohne Grund solche abscheulichen Verdächtigungen hegt."

„Willst du wirklich, dass ich dir einen Grund nenne, oder wartest du nur darauf, mich in Stücke zu reißen, was auch immer ich sage?"
Lydia setzte sich und nahm die Hände zwischen die Knie, fest entschlossen, brav zu sein.
„Ich will deinen Grund", sagte sie.
Die Gründe waren nicht so einfach, fand Eleanor. Sie sprach langsam.
„Während Ihres Prozesses habe ich gesehen, dass Dan nicht wie er selbst war, dass er mit etwas Stärkerem zu kämpfen hatte als er. Er ist ein Mann, der immer schreckliche Schwächen und Versuchungen hatte –"

„Er trinkt", sagte Lydia, und in ihrem Ton lag ein Hauch von fast prahlerischem Triumph.

„Nein" – Eleanor war sich sehr sicher – „in den letzten Jahren nur einmal."

„Mehr als einmal, Eleanor."

„Nur einmal, in einer Zeit emotionaler Belastung. Was war das für eine Emotion? Du warst gerade erst verurteilt worden. Mir wurde plötzlich klar, dass es alles erklären würde, wenn er in dich verliebt wäre."

„Wenn er mich hassen würde – das würde es auch erklären."

„Die beiden Emotionen liegen ziemlich nahe beieinander, Lydia."

"Schließen?" Rief Lydia heftig aus. „Es zeigt, dass du das auch nie gefühlt hast."

"Hast du?"

„Ja, ich habe Hass gespürt. Er hat mich nun seit über zwei Jahren vergiftet und ausgetrocknet, und ich habe nicht vor, ihn noch länger zu ertragen. Ich möchte ihn auf diese Weise loswerden – diesen Mann so sehr verletzen, dass ich mich selbst befriedigen kann." ."

Eleanor erhob sich langsam und die beiden Frauen standen etwas voneinander entfernt und sahen einander an. Dann sagte Eleanor: „So wirst du es nie los. Tu es nicht, Lydia, was auch immer du vorhast."

„Du flehst für diesen Mann, Nell. Tu es nicht! Das ist schändlich."

„Ich flehe für dich, meine Liebe."

„Nicht! Das ist unverschämt."

Schlimmer noch: Eleanor wusste, dass es nutzlos war. Ihr Motor wartete auf sie und sie ging weg. Zum ersten Mal verstand sie etwas, was Dorset einmal zu ihr gesagt hatte – dass Lydia in ihrer schlechten Laune die erbärmlichste Figur der Welt war.

Kapitel XVIII

Bevor im ersten Vorraum das Licht anging, zog sich Lydia in die kleine, rot ausgekleidete Kiste eines Vorzimmers zurück und ließ sich auf das rotseidene Sofa nieder. Sie und Miss Bennett waren alleine in die Oper gekommen; aber Dorset und Albee, der sich zunächst für ein politisches Abendessen entschieden hatte, sollten sich ihnen sofort anschließen.

Schon als das Haus noch im Dunkeln lag, hatte Lydia die Umrisse von O'Bannons Kopf in einer Kiste gegenüber dem Haus erkannt. Sie hatte es gesehen, bevor sie Eleanor gesehen hatte. Miss Bennett war vorne in der Loge geblieben. Lydia war froh, dass sie es getan hatte. Sie wollte allein sein, während sie wartete. Sie konnte sie zwischen den Vorhängen sehen, wie sie mit ihrem Opernglas das Haus fegte.

Die Tür der Kiste öffnete sich und Albee kam herein. Sie sagte kein Wort, aber als sie zu ihm aufsah, spannte sich jeder Muskel ihres Körpers vor Interesse an. Er lächelte sie an und begann, seinen Hut aufzuhängen und seinen Mantel auszuziehen. Sie konnte die Spannung nicht ertragen.

"Also?" sie fragte streng.

„Es ist alles in Ordnung. Der Gouverneur wird es unterzeichnen. Es war nur geschäftlicher Druck –"

Sie unterbrach ihn.

„Und das andere? Haben Sie da versagt?" Irgendwie hatte sie nie an sein Versagen gedacht. Was sollte sie tun, wenn er es getan hätte?

Er machte einen schnellen Pass mit der rechten Hand und zeigte damit an, dass O'Bannon ausgelöscht worden war.

„Unser Freund wird niemals Teilhaber dieser Firma sein", sagte er.

Er sah sie gespannt an und bekam seine Belohnung. Sie lächelte ihn an und schüttelte gleichzeitig langsam den Kopf, als wäre er zu wunderbar, um es in Worte zu fassen.

„Stephen, du bist großartig", sagte sie und spürte es offensichtlich. „Weiß er es schon?"

„Nein, er wird es erst erfahren, wenn er morgen früh seine Post öffnet."

Lydia beugte sich vor und spähte zwischen den Vorhängen ins Haus hinaus. Dann drehte sie sich um und lächelte erneut, diesmal jedoch amüsiert.

„Er ist jetzt dort drüben bei Eleanor, zu Tode zufrieden mit sich selbst und denkt, die Welt liege ihm zu Füßen."

Albee hatte gestanden. Als nun die Lichter für die Eröffnung des zweiten Aktes zu sinken begannen , stieß er einen verärgerten Ausruf aus.

„Ich muss dir etwas zeigen", sagte er. Er setzte sich neben sie auf das schmale kleine Sofa und flüsterte mit gesenkter Stimme, um sie an das heruntergelassene Licht anzupassen: „Was würden Sie für eine Kopie von Simpsons Brief geben, in dem er sein Partnerschaftsangebot zurückzieht?"

" Sie haben es?" Ihre Stimme verriet, dass sie alles geben würde.

„Was würdest du mir dafür geben?" murmelte er, und in der Dunkelheit legte er seine Arme um sie und versuchte, sie an sich zu ziehen.

„Ich gebe dir nichts!" Ihre Stimme war wie Stahl, und ihr Körper auch.

Albees Herz versagte ihm. Es schien, als wären seine Arme gelähmt. Er wagte nicht, das zu tun, was er sich vorgestellt hatte – sie zu sich zu zwingen, ob sie nun zustimmte oder nicht. Plötzlich dachte er bei sich, dass sie in der Lage wäre, einen Aufschrei auszustoßen.

„Das unmenschliche, unweibliche Wesen!" dachte er, während er sie immer noch festhielt.

Er spürte, wie sie ihre Hand ausstreckte und ihm leise den Brief entgegennahm. Nein, das war etwas zu viel! Er packte ihr Handgelenk und hielt es fest. Dann öffnete sich die Tür, jemand kam herein, Bobbys Stimme sagte: „Bist du hier, Lydia?"

„Ja", sagte Lydia in ihrem süßesten und natürlichsten Ton. „Mach das Licht an, Bobby, sonst fällst du über etwas. Es ist einfach da rechts von dir."

Bobby brauchte einen Moment, um den Schalter zu finden. Als er das Licht anmachte, sah er Lydia und Albee nebeneinander auf dem Sofa sitzen. Lydia hielt ein gefaltetes Papier in ihrer Hand.

„Was bringt es, hier drin zu sitzen, wenn die Show läuft?" sagte Bobby. „Lass uns reingehen und sehen, wie sie den starken Mann vampert."

Lydia sprang auf, und als sie Albee ansah, steckte sie das Papier absichtlich vorn in ihr tiefes Kleid.

„Mach das Licht wieder aus, Bobby", sagte sie. „Es scheint zwischen den Vorhängen und stört mich."

Alle drei gingen zurück zur Loge, wo Miss Bennett allein gesessen hatte. Es war lange her, dass Lydia Musik gehört hatte, und die Musik des zweiten Akts von Simson und Delila, die langen, schwungvollen Akkorde auf der Harfe, begannen sie zu beunruhigen, so wie das aufziehende Gewitter Delila zu beunruhigen schien.

Ihre lange Distanzierung von jeglichem künstlerischen Eindruck machte sie so empfänglich wie ein Kind. Das Mondlicht überflutete sie mit einem primitiven Glanz, ihre Nerven kroch zur Musik des unglaublich süßen Duetts; und als Samson Delilah schließlich in ihr Haus folgte, hatte Lydia das Gefühl, der Triumph der Sopranistin sei ihr eigener.

Als der Sturm losbrach, erhob sich Albee. Er beugte sich über Miss Bennett und dann über Lydia.

„Gute Nacht, Delilah", flüsterte er.

Sie antwortete nicht, dachte aber: „Nicht zu deinem Samson, Stephen Albee."

Er war weg und sie hatte immer noch den Brief. Als der Akt zu Ende war , ging sie zurück in den Vorraum, um ihn zu lesen. Ja, da war es auf dem schweren, einfachen Briefpapier von Simpson, Aspinwall & McCarter – klar und eindeutig. Herr Simpson bedauerte so sehr, dass Umstände eingetreten waren, die es zwingend erforderlich machten –

Lydia warf einen Blick über das Haus und erwischte O'Bannon dabei, wie er über etwas lachte, was Eleanor zu ihm sagte. Sie lächelte. Was auch immer der Witz war, sie glaubte, einen besseren zu kennen.

„Wie hübsch du aussiehst, Lydia", sagte Bobby, als er das Lächeln sah. „Fast wie eine Madonna in diesem weißen Zeug – wie eine Madonna, die von einem Apache-Indianer gemalt wurde."

„Hast du etwas, was ich über Bobby schreiben könnte – ein Stück Papier?"

Bobby riss eine Seite aus einem geliebten Adressbuch heraus und gab sie ihr mit einem goldenen Bleistift an seiner Uhrenkette. Sie stand unter dem Licht und drückte die Spitze des Bleistifts gegen ihre Lippen. Dann schrieb sie schnell:

> „Ich habe Ihnen etwas Wichtiges zu sagen. Werden Sie mich am Ende der Vorstellung in der Lobby auf der Seite der Thirty-ninth Street treffen und mich Sie nach Hause fahren lassen?"
>
> „ LYDIA THORNE. "

Sie faltete es zusammen und hielt es hin.

„Wirst du das zu O'Bannon bringen und eine Antwort von ihm bekommen?"

„Nach O'Bannon?" sagte Bobby. „Ist etwas passiert?"

„Stör mich jetzt nicht, Bobby, da ist ein Schatz. Nimm es einfach." Sie stieß ihn halb aus der Kiste. „Und sei so schnell du kannst", rief sie ihm nach.

Er war wirklich schnell. Ein paar Sekunden später sah sie, wie der Vorhang der gegenüberliegenden Loge zur Seite geschoben wurde und Bobby eintrat. Er sprach einen Moment mit Eleanor, und dann, als niemand sonst zusah, sah sie, wie er mit O'Bannon sprach und ihm ihre Nachricht gab. Die beiden Männer standen auf und gingen gemeinsam in den hinteren Teil der Kiste, außer ihrem Blickfeld. Was ist passiert? War O'Bannon jetzt auf dem Weg zu ihr? Es gab eine lange Verzögerung. Miss Bennetts Stimme rief: „Klopft jemand?" Das Geräusch war Lydias unruhiges Klopfen ihrer Füße auf dem Boden. Gerade als die Lichter zu erlöschen begannen, kam Bobby zurück – allein. Er gab ihr einen Zettel.

> „Sehr geehrte Miss Thorne, ich kann nicht mit Ihnen nach Hause fahren, aber ich werde gegen halb elf oder Viertel vor zwölf für ein paar Minuten bei Ihnen anhalten, wenn das nicht zu spät ist.

> „D. O'B."

Lydia lächelte wieder. Das war noch besser. Sie würde in ihrem eigenen Salon genügend Zeit haben, die Fakten auf jede beliebige Art und Weise zu enthüllen. Sie hörte kaum die Musik des nächsten Themas, genoss das Schauspiel von Samsons Erniedrigung kaum, so sehr war sie in Erwartung des bevorstehenden Interviews versunken.

Während des Balletts sah sie in der letzten Szene , wie Eleanor aufstand und O'Bannon ihr folgte. Sie sprang sofort auf, obwohl Miss Bennett leicht protestierte.

„Oh, willst du nicht abwarten, wie er die Schläfe einreißt? Das macht so viel Spaß." Miss Bennett sah gerne zu, wie die männliche Stärke siegte. Lydia schüttelte den Kopf, gab aber keine Erklärung ab.

Es war fast halb elf, als sie das Haus betraten. Miss Bennett, die auf der Heimfahrt gegähnt hatte, ging direkt zur Treppe. Morson hatte seine Pflichten für den Abend an das Stubenmädchen, eine junge Schwedin, delegiert, und sie begann fleißig, die Riegel der Haustür zu ziehen und sich darauf vorzubereiten, das Licht auszumachen. Lydia hielt sie auf.

„Bring mir bitte ein Glas Wasser, Frieda?" Sie sagte.

„Es wird eine in Ihrem Zimmer sein, Liebes", rief Miss Bennett zurück, die durch und durch die Haushälterin war. Sie blieb jedoch nicht stehen, sondern ging weiter nach oben und verschwand um die Wende in der Treppe.

Als das Mädchen zurückkam, sagte Lydia: „Frieda, ich erwarte in ein paar Minuten einen Herrn. Nachdem du ihn hereingelassen hast, brauchst du nicht aufzustehen. Ist das Feuer im Wohnzimmer angezündet? Dann zünde es bitte an." ."

Sie stand einen Moment da, nippte an dem langen, kühlen Glas und lauschte, wie Miss Bennetts Schritte immer weiter entfernt wurden; Ich lausche auch auf einen Schritt auf der Straße.

Im Wohnzimmer sprang bereits der Feuerschein auf und überstrahlte das Licht der Lampenschirme. Allein gelassen streifte Lydia ganz leise ihren Opernumhang ab, als wolle sie nicht das kleinste Geräusch machen, das ihr Zuhören stören könnte. Im Haus war es still, und sogar der Lärm der Stadt begann nachzulassen. Der stetige Lärm des Verkehrs auf dem Rückweg vom Theater war fast vorbei. Ab und zu hörte sie einen Fifth-Avenue-Bus auf seinen schweren Gummireifen dahinrollen; ab und zu das Zuschlagen einer Motortür, wenn einige ihrer Nachbarn von einem abendlichen Vergnügen zurückkamen.

Sie beugte sich über das Feuer und versuchte, ihre Hände zu wärmen. Sie waren wie Eis, und das musste von der Kälte herrühren, nicht von der Aufregung, dachte sie, denn ihr Geist fühlte sich so ruhig an wie ein Brunnen. Sie drehte die kleine Uhr – ganz aus lila Emaille und Strasssteinen –, sodass sie ihr winziges Zifferblatt sehen konnte. Es war Viertel vor zwölf. Sie ballte die Hände. Hatte er vor, sie warten zu lassen?

Sie zuckte zusammen, denn die Tür hatte sich sanft geöffnet. Miss Bennett trat in einem ihrer wunderschönen Morgenmäntel aus purpurrotem Satin und leuchtend blauen Vögeln ein.

„Liebes Kind", sagte sie, „du solltest im Bett sein."

„Ich warte auf jemanden, der mich besuchen kommt, Benny; und da er jeden Moment hier sein kann, und ich glaube nicht, dass du in deinem jetzigen Kostüm erwischt werden willst –"

Miss Bennett hob ihre Schultern.

„Oh, in meinem Alter!" Sie sagte. „Was nützen schließlich schöne Morgenmäntel, wenn sie niemand sieht?"

„Es ist Dan O'Bannon, der kommt", sagte Lydia, „und ich möchte ihn alleine sehen."

„O'Bannon kommt hierher! Aber, Lydia, du kannst ihn nicht allein sehen – zu dieser Stunde. Es ist doch Mitternacht!"

Miss Bennetts Augen hingen an ihr.

„Noch elf Minuten", sagte Lydia und blickte auf die Uhr. „Ich wünschte, du würdest gehen, Benny."

Miss Bennett zögerte.

„Ich glaube nicht, dass du ihn alleine sehen solltest. Ich finde es nicht ganz – ganz nett.“

„Oh, das wird sehr schön!“

„Nein, ich meine, ich glaube nicht, dass es sicher ist. Angenommen, es passiert etwas.“

"Sollte passieren?" sagte Lydia und für einen Moment sah sie aus wie die alte hochmütige Lydia. "Was könnte passieren?"

Miss Bennett hob beide Arme und ließ sie mit einer ganz französischen Geste sinken, womit sie zum Ausdruck brachte, dass sie beide wussten, was Männer waren.

„Er könnte versuchen, mit dir zu schlafen“, sagte sie.

Kaum hatte sie das gesagt, wünschte sie, sie hätte es nicht getan, denn Lydias feine dunkle Stirn zog sich zusammen.

„Was für widerliche Ideen du doch hast, Benny! Dieser Mann!“ Sie hielt sich zurück. „Ich wünschte fast, er würde es tun. Wenn er es täte, würde ich ihn meiner Meinung nach töten.“

Für Miss Bennett schien dies nur ein Ausdruck zu sein; Aber für Lydia, deren Blick auf eine riesige Schere aus Stahl und Silber gerichtet war, die auf dem Schreibtisch lag, war es mehr als eine Phrase.

Miss Bennett beschloss, sich zurückzuziehen.

„Bleib in meinem Zimmer, wenn du hochkommst“, sagte sie. „Ich werde meine Augen nicht schließen, bis du es tust.“ Dann zog sie ihre glänzenden Vorhänge um sich und verließ das Zimmer.

Selbst nachdem Miss Bennett gegangen war, blieb ihr Vorschlag bei Lydia. Hätte dieser Mann eine solche Idee? Würde er glauben, dass es eine schmeichelhafte Bedeutung hätte, wenn sie zu dieser Stunde nach ihm rief? Oder würde er sehen, dass es ein Beweis für ihre völlige Verachtung für ihn war – für ihren Glauben, dass sie seine Vorgesetzte war, die Meisterin der beiden, egal in welcher Situation sie sich befanden? Was das Liebesspiel angeht – lass ihn es versuchen! Ihr Schlag wäre umso effektiver, wenn er auf den Knien ausgeführt werden könnte.

Mit einem absurden, hastigen, kribbelnden Schlag schlug die kleine Uhr Mitternacht. Seltsam, dachte sie, dass das Warten auf etwas Bestimmtes die Nerven mehr beanspruchte als die Ungewissheit. Sie wusste, dass O'Bannon kommen würde – oder doch? Würde er es wagen, das zu tun? Sie sitzen lassen und auf ihn warten und überhaupt nicht kommen? Zweifellos hatte er

Eleanor in ihr Hotel zurückgebracht. Lachten sie gemeinsam über ihre Notiz?

In diesem Moment hörte sie in der Ferne das Klingeln der Haustürklingel. Jeder Nerv in ihrem Körper vibrierte bei dem Geräusch. Dann öffnete und schloss sich die Tür zum Salon hinter O'Bannon.

Die Fliege war in den Salon gekommen, sagte sie sich – eine große, makellos gekleidete Fliege. Als sie ihn dort vor sich sah, verschwand ihre ganze Nervosität, und sie spürte nichts als Freude – eine Freude, die so inspirierend war, als ob sie auf etwas Heiligerem als Hass beruhte; Freude, dass endlich ihr Moment gekommen war.

Sie wartete eine Sekunde auf seine Entschuldigung und sagte dann ganz in der Art einer großen Dame, die ohne zu klagen weiß, was ihr zusteht: „Sie sind zu spät."

„Ich bin hinaufgegangen", sagte er. „Es ist eine schöne Nacht."

„Du hast dich gefragt, warum ich nach dir geschickt habe?"

"Natürlich."

Sie ließ sich träge auf einen Stuhl am Feuer sinken.

„Setzen Sie sich", sagte sie gnädig, als würde sie das Privileg einem alten Diener gewähren, der sonst vielleicht zögern würde.

Er schüttelte den Kopf.

„Nein", antwortete er; „Ich kann nicht länger als eine Minute bleiben. Es ist nach zwölf."

Er stützte seinen Ellbogen auf den Kaminsims, nahm den Jadehund hoch, der dort stand, und untersuchte seine polierten Oberflächen. Lydia war mit diesem Arrangement sehr zufrieden. Dadurch fühlte sie sich wohler. Sie ließ eine Stille hereinbrechen, und in der Stille hob er den Blick von dem Hund und sah sie an, als ob es ihm widerstrebte, dies zu tun.

Er sagte: „Ich freue mich, Sie hier zu sehen – zurück in Ihrer normalen Umgebung."

Dem Himmel sei Dank musste sie nicht mehr wie eine Taube aussehen.

"Oh bist du?" sagte sie spöttisch. „Hat dir dein kleiner Besuch bei mir im Gefängnis nicht gefallen?"

Er schüttelte langsam den Kopf.

„Darf ich dann fragen, warum du gekommen bist?"

„Ich glaube nicht, dass ich dir das sagen werde."

„Glaubst du, ich weiß es nicht?" fragte sie mit plötzlicher Heftigkeit.

„Ich habe wirklich nicht darüber nachgedacht, ob du es wusstest oder nicht."

„Sie sind gekommen, um genau das zu bekommen, was Sie bekommen haben – den vollen Geschmack der Demütigung meiner Position."

„Mein Gott", antwortete er kühl, „und man sagt, Frauen hätten Intuition!"

Sein Ton, ebenso wie seine Worte, irritierten sie, und sie wollte nicht irritiert sein. Sie hob ihr Kinn.

„Es ist eigentlich egal, warum du gekommen bist, zumindest nicht zu mir. Lass mich dir sagen, warum ich heute Abend nach dir geschickt habe."

Aber er verfolgte seinen eigenen Gedankengang und schien sie nicht zu hören.

„Können Sie wieder ins Leben zurückkommen? Sind Sie" – er zögerte – „sind Sie glücklich?"

„Nein. Aber dann war ich nie sehr glücklich. Ich kann Ihnen eines sagen: Ich würde meine Gefängniserfahrung in meinem ganzen Leben nicht gegen irgendetwas eintauschen. Sie haben mir etwas gegeben, Mr. O'Bannon, als Sie mich ins Gefängnis schickten, das konnte mir niemand sonst geben, nicht einmal mein Vater, obwohl er es versuchte. Ich meine ein Gefühl für die Konsequenzen meines eigenen Charakters. Das ist der einzige Aspekt der Bestrafung, der den Menschen von Nutzen ist."

Seine Augen leuchteten.

„Du meinst nicht, dass du mir dankbar bist!" er sagte.

„Nein, nicht dankbar", antwortete sie und ein kleines Lächeln verzog sich um ihre Mundwinkel. „Ich bin Ihnen nicht dankbar, denn Sie sehen, ich werde die Verpflichtung erwidern – Ihnen die gleiche freundliche Tat zu erweisen."

„Für mich? Ich glaube nicht, dass ich es verstehe."

„Das glaube ich nicht. Aber seien Sie geduldig. Das werden Sie. Während meines Prozesses stelle ich mir vor – das haben mir sogar Ihre Freunde gesagt –, dass Sie den Standpunkt vertraten, dass Sie mich so behandelten, wie Sie jeden Kriminellen behandelten, dessen Fall Sie behandelten strafrechtlich verfolgt."

„Welchen anderen Standpunkt könnte ich vertreten?"

„Oh, offiziell keine. Aber in deinem Kopf musst du gewusst haben, dass du ein anderes Motiv hattest. Manche Leute denken, es sei der natürliche Durst eines jungen Mannes nach Schlagzeilen, aber ich weiß – und ich möchte, dass du weißt, dass ich es weiß –, dass es deins war persönliche Rachsucht mir gegenüber.

„Sag das nicht!" er unterbrach ihn scharf.

„Ich werde es sagen", fuhr Lydia fort, „und dir, weil du die einzige Person bist , der ich es sagen kann. Oh, du wusstest sehr gut, wie es sein würde! Ich muss still sitzen, während Eleanor mir sagt, wie edel es ist." Ihre Motive bestanden darin, mich strafrechtlich zu verfolgen. Sie wissen – oh, Sie können sich so sicher sein –, dass ich niemandem sagen werde, dass Ihr Hass auf mich auf den Abend zurückgeht, als ich mich nicht empfänglich für Ihre Faszinationen zeigte, als Sie versuchten, mich zu küssen mich und ich--"

„Ich habe dich geküsst", sagte O'Bannon.

„Ich glaube, das hast du, aber –"

„Du weißt, dass ich es getan habe."

Da sprang sie auf.

„Und ist das etwas, worauf Sie stolz sind, etwas, an das Sie sich mit Genugtuung erinnern können?"

„Der Schärfste."

Sie stampfte mit dem Fuß auf.

„Dass du eine Frau gegen ihren Willen geküsst hast? Du hast sie in deinen Armen gehalten, weil du körperlich stärker warst? Du erinnerst dich gerne daran –"

„Es war nicht gegen deinen Willen", sagte er.

"Es war!"

"Es war nicht!" er wiederholte. „Glaubst du, ich habe diesen Moment nicht oft genug erlebt, um sicher zu sein, was passiert ist? Du warst nicht wütend! Du warst froh, dass ich dich in meine Arme genommen habe! Du hättest dich gefreut, wenn ich es früher getan hätte!"

"Lügner!" sagte Lydia. „Lügner und Schurke – so etwas zu sagen!" Sie zitterte so heftig, dass ihre Zähne klapperten wie bei einer Person mit Fieber . „Wenn du wüsstest – wenn du den Abscheu und das Grauen einer Frau erraten könntest, die von einem Mann umarmt wird, den sie verabscheut und verachtet! es hat ihr gefallen, sie wollte es, sie hat es sich selbst angetan –"

„Warte einfach einen Moment", sagte er. „Ich glaube, dass du mich jetzt hasst, ganz gleich, was auch immer du damals gefühlt hast."

„Das tue ich, ich hasse dich", antwortete sie, „und ich habe die Macht, es zu beweisen. Ich kann dir Schaden zufügen."

„Du wirst immer die Macht haben, mich zu verletzen."

„Stellen Sie sicher, dass ich es verwenden werde."

„Das wage ich zu behaupten."

„Das habe ich. Ich habe überhaupt keine Zeit verschwendet."

„Worum geht es hier? Was hast du getan?" fragte er ohne großes Interesse.

Sie zog den Brief aus der Vorderseite ihres Kleides und reichte ihn ihm mit einer Hand, die so sehr zitterte, dass das gefaltete Papier klapperte. Er nahm es, faltete es auseinander und las es. Als sie ihn beobachtete, bemerkte sie keine Veränderung in seinem Gesicht, bis er aufsah und lächelte.

„Ist es das?" er hat gefragt. „Das liegt mir sehr am Herzen – nicht in die Simpson-Firma zu gehen! Du verstehst deine Macht nicht. Die Dinge, die mich leiden ließen – nun, wenn du zugelassen hättest, dass das Gefängnis dich bricht, wenn du ihm deine Liebe geschenkt hättest." Dieser korrupte Politiker, der hergekommen ist, um mich in Ihrem Namen zu bestechen – Als Sie mir im Empfangszimmer in Auburn zu Füßen fielen , habe ich mehr gelitten als in meinem ganzen Leben zuvor oder seitdem, weil ich Sie liebe."

"Stoppen!" sagte Lydia. „Wage es nicht, mir das zu sagen!"

„Ich liebe dich", sagte er. „Nach solchen Dingen muss man nicht suchen", und er warf den Brief verächtlich ins Feuer. „Du lässt mich leiden, nur weil du existierst."

„Ich werde nicht auf dich hören!" sagte Lydia und entfernte sich.

„ Natürlich wirst du mir zuhören", antwortete er und stellte sich zwischen sie und die Tür. „Seit ich dich zum ersten Mal gesehen habe, hast du nichts getan, was mir auch nur die geringste Freude, Frieden oder Glück bereitet hat – nichts als Unruhe und Schmerz. Wenn du hart und verbittert bist, leide ich, und wenn du sanft bist." und freundlich--"

Sie lachte darüber.

„Wann hast du mich jemals sanft und freundlich gesehen?" Sie fragte.

„Oh, ich weiß, wie wunderbar du dich einem Mann hingeben könntest, wenn du ihn liebst."

„Sag so etwas nicht!" sagte sie und schauderte tatsächlich. „Es macht mich krank! Denken Sie nicht einmal daran!"

„Denken Sie nach! Mein Gott, was ich denke!"

„Betrachte mich überhaupt nicht, außer als deinen unerbittlichen Feind. Wenn es wahr wäre, was du gerade gesagt hast, dass du mich liebst –"

"Es stimmt."

„Das hoffe ich. Es gibt mir mehr Kraft, dich zu verletzen. Es muss es für dich noch schlimmer machen, zu wissen, wie ich dich hasse, wie ich dich verachte, alles an dir; dass du dein Aussehen und deine schöne Figur benutzt, um einfache Leute wie dich zu hypnotisieren." Eleanor und Miss Bennett und der arme Evans; die Eitelkeit, die dich dazu bringt, mich dafür zu hassen, dass ich deinen Reizen entledigt bin; und all die kleinlichen, hinterhältigen Dinge, die du im Prozess getan hast; all deine sentimentale Dummheit mit dem armen kleinen Wooley-Mädchen; und deine Verdrehungen Gesetz – das Gesetz, das Sie einhalten sollen –, um dieses Armband vor die Jury zu bekommen; Ihre Mundpropaganda und Ihre billigen Künste mit der Jury; und vor allem Ihr Kommen nach Auburn, um Ihre Augen an meiner Demütigung zu erfreuen. Oh, wenn Allen anderen könnte ich verzeihen , das könnte ich dir nie verzeihen!"

„Ich bin nicht besonders daran interessiert, dass du mir verzeihst", sagte er.

Zu ihrem Entsetzen stellte sie fest, dass der Abbau der Barrieren, die sie all diese Monate davon abgehalten hatten, ihre Beschwerden vor irgendjemandem zu äußern, ihre Selbstbeherrschung zerstörte. Sie wusste, dass sie weinen würde.

„Du kannst jetzt gehen", sagte sie. Sie machte eine ausladende Geste in Richtung Tür. Die Muskeln in ihrem Hals begannen sich bereits zusammenzuziehen. Er stand da und blickte ins Feuer, als hätte er sie nicht gehört. Sie stampfte mit dem Fuß auf. „Verstehst du mich nicht?" Sie sagte. "Ich möchte, dass du gehst."

„Ich gehe, aber ich möchte dir etwas sagen." Er versuchte offenbar, etwas in Worte zu fassen.

„Ich werde dir nie mehr etwas zu sagen haben", antwortete sie.

Sie ließ sich auf das Sofa sinken und lehnte ihren Kopf zwischen den Kissen zurück. Sie schloss die Augen, um ihre Tränen zurückzuhalten, und saß starr vor dem Kampf da. Wenn sie nicht noch einmal sprach – und das würde sie auch nicht –, würde sie ihn vielleicht loswerden, bevor der Sturm losbrach. Er nahm eine Zigarette und zündete sie an. Sogar New York war eine Minute lang still, und die kleine Uhr auf dem Tisch schaffte es, ihr leises, schnelles Ticken hörbar zu machen. Lydia merkte, dass Tränen langsam unter ihre Lider schossen, dass sie hörbar schluckte. Sie legte ihre Hände auf ihren Mund, um ein Schluchzen zu unterdrücken. Und O'Bannon begann zu sprechen, ohne sie anzusehen.

„Ich weiß nicht, ob ich es Ihnen verständlich machen kann", sagte er. „Ich weiß nicht, ob es darauf ankommt, ob Sie es verstehen oder nicht, aber in Ihrem gesamten Fall habe ich genau das getan, was ein Bezirksstaatsanwalt tun sollte, nur dass es wahr ist, dass hinter meiner Tat –"

Er wurde von einem Schluchzen gestoppt.

"Ja ja!" „Es stimmt, ich weine, aber wenn du in meine Nähe kommst, bringe ich dich um."

„Das werde ich nicht", antwortete er. „Weine in Frieden."

Sie nahm ihn beim Wort. Sie weinte, nicht friedlich, sondern wild. Sie warf sich mit dem Gesicht nach unten auf das Sofa und schluchzte, den Kopf in den Kissen vergraben, während ihr ganzer Körper zitterte. Sie hatte seit ihrer Kindheit nicht mehr so geweint. Es war ein wilder, luxuriöser Verzicht auf jegliche Selbstbeherrschung. Einmal hörte sie, wie sich O'Bannon bewegte.

Sie warf sich mit dem Gesicht nach unten auf das Sofa und weinte.

„Fass mich nicht an!" wiederholte sie, ohne den Kopf zu heben.

„Das werde ich nicht", antwortete er.

Er begann im Zimmer auf und ab zu gehen – sie konnte ihn gehen hören. Einmal ging er zum Kaminsims, stützte die Ellbogen auf das Regal und hielt sich die Ohren zu. Und dann kam er ohne Vorwarnung, setzte sich neben sie auf das Sofa und nahm sie wie ein Kind in seine Arme.

„Nein, nein!" sagte sie mit dem Rest ihrer Stimme.

„Oh, welchen Unterschied macht das?" er antwortete.

Sie gab keine Antwort. Sie schien kaum zu bemerken, dass er ihren Kopf und ihre Schultern über seinen aufrechten Körper gezogen hatte, sodass ihr Gesicht in seiner Armbeuge verborgen war. Er legte seine Hand auf ihre zitternde Schulter und blickte auf den wirren Knoten ihres schwarzen Haars hinunter. Ein paar Minuten zuvor hätte er gesagt, dass er ihre Hand nicht hätte berühren können, ohne sein starkes Verlangen nach ihr zu entfachen. Und hier war sie, sanft in seinen Armen, und sein einziges Gefühl war eine Zärtlichkeit, die so umfassend war, dass alle über diesen Moment hinausgehenden Wünsche darin verschlungen wurden.

Er lächelte fast, als er sich an die Sinnlosigkeit der Erklärung erinnerte, die er versucht hatte. Das war die eigentliche Erklärung zwischen ihnen. Wie wenig Unterschied Worte machen, dachte er, und doch wie wir alle an ihnen festhalten! Er nahm seine freie Hand von ihrer Schulter und schob wie ein vorsichtiger Krankenpfleger eine Haarnadel zurück, die gerade dabei war, aus der krassen Masse ihres Haares zu fallen.

Allmählich hörte ihr Schluchzen auf, sie atmete tief durch und plötzlich sah er, dass sie eingeschlafen war.

Es gab nie eine Stunde in O'Bannons Leben, die er neben dieser Stunde schätzte. Er saß da wie ein Mann in Trance und war sich doch aller Dinge um ihn herum äußerst bewusst; von den Holzscheiten im Feuer, die beim Durchbrennen auseinanderfielen wie eine lodernde Zugbrücke über die Feuerböcke; eines gelegentlichen Schrittes auf der Straße; und schließlich an die unvermeidliche Annäherung des klappernden Milchwagens, an sein Anhalten vor der Tür, an die Gittertabletts, an das Öffnen des Thorne-Kellerfensters und das langsame Poltern der Lieferung der zugeteilten Flaschenanzahl.

Nach einer langen Zeit starrte ihn ein kleines verängstigtes Gesicht an der Tür an. Er drehte langsam den Kopf und sah Miss Bennett, ihr graues Haar glatt aus dem Gesicht gestrichen und mit großen, starrenden Augen.

„Ist sie tot?" Sie flüsterte.

O'Bannon schüttelte den Kopf, und ohne einen Laut von sich zu geben, formten seine Lippen die Worte: „Geh weg."

Miss Bennett konnte das wirklich nicht.

„Es ist fast fünf Uhr", sagte sie vorwurfsvoll.

Er nickte.

„Geh weg", sagte er.

In ihrem hellen Morgenmantel aus Satin setzte sie sich, aber er konnte sehen, dass sie nervös und unsicher war. Er nutzte alle Willenskräfte, die er besaß; er richtete seinen Blick auf sie und zwang sie, ihn anzusehen; und als er spürte, dass er sie um sich versammelt hatte, hob er seine rechte Hand und deutete sanft, aber bestimmt auf die Tür. Sie stand auf und ging hinaus.

Das Feuer war inzwischen vollständig ausgebrannt und die Kälte der Stunden vor der Morgendämmerung begann in den Raum einzudringen. O'Bannon begann zu befürchten, dass diese Nacht irgendwann enden musste – dass Lydia bald aufwachen musste. Er fürchtete den Moment, in dem es noch mehr Wut, mehr Ablehnung der offensichtlichen Bindung zwischen ihnen, mehr Folter und Trennung geben würde. Er zitterte, beugte sich vor, zog sanft ihren Umhang von einem benachbarten Stuhl, legte ihn über sie und stopfte ihn ihr um die Schultern. Er hatte Angst, die Bewegung könnte sie geweckt haben, aber sie schien weiterzuschlafen.

Wieder begannen die Minuten wie verzaubert zu vergehen, und dann hörte er weit weg im Haus, in einem abgelegenen Obergeschoss, einen Schritt. Hausmädchen. Innerlich werde der Fluch des Himmels auf sie herabgerufen. Er warf einen Blick auf Lydia und wusste plötzlich – woher er es wusste, konnte er nicht sagen –, dass sie es auch gehört hatte; dass sie schon lange wach war, seit er ihr den Umhang übergezogen hatte – vielleicht seit Miss Bennett das Zimmer verlassen hatte.

Wach und zufrieden! Sein Herz begann laut und heftig zu schlagen.

„Lydia", sagte er.

Sie bewegte sich nicht und antwortete nicht, nur er spürte, wie sich ihr Kopf enger in seine Armbeuge drückte.

DAS ENDE

Milton Keynes UK
Ingram Content Group UK Ltd.
UKHW011822120624
444110UK00004B/250